国务院参事室　中央文史研究馆　编

纲鉴易知录评注

三

中华书局

纲鉴易知录卷二八

卷首语：本卷起蜀汉后主建兴七年(229)，止后主景耀元年(258)，所记为三国三十年之史事。蜀汉在诸葛亮北伐无果后进入了蒋琬、费祎执政的时期，后由姜维转变作战策略，蜀汉北伐得以延续。曹魏明帝死后以曹爽辅政，后司马懿发动高平陵政变，诛杀曹爽，司马氏从此掌控朝政。孙吴在孙权称帝后政局动荡，孙权死后诸葛恪、孙峻、孙綝相继执政，权力变动频繁、政治斗争激烈。孙休即位不久诛杀孙綝，结束了权臣执政局面。

后汉纪

后皇帝

纲 己酉，七年（建兴七年，229）①，春，右将军亮伐魏，拔武都、阴平②，复拜丞相。

〔孙权称帝〕

纲 夏四月，吴王孙权称皇帝。

目 吴王权即皇帝位，大赦改元。追尊父坚为武烈皇帝，兄策为长沙桓王，立子登为太子。以诸葛恪为太子左辅，张休为右弼，顾谭为辅正，陈表为翼正，谢景、范慎、羊衜（dào）等为宾客，于是东宫号多士。太子使侍中胡综作《宾友目》曰："英才卓越则诸葛恪，精识时机则顾谭，凝辩宏达则谢景，究学甄微则范慎。"羊衜私驳之曰："元逊才而疏③，子嘿精而狠④，叔发辩而浮⑤，孝敬深而狭⑥。"恪等恶之。其后皆败，如衜所言。

纲 秋九月，吴迁都建业，使上大将军陆逊辅太子登守武昌。

---

① 魏太和三年，吴黄龙元年。
② 武都：郡名，治今甘肃成县。阴平：郡名，治今甘肃文县。
③ 元逊：诸葛恪字。
④ 子嘿：顾谭字子默，一云子嘿。
⑤ 叔发：谢景字。
⑥ 孝敬：范慎字。

目南阳刘廙(yì)尝著《先刑后礼论》,同郡谢景称之于逊,逊呵景曰:"礼
之长于刑久矣,廙以细辩而诡先圣之教,君侍东宫,宜遵仁义以彰德
音,若彼之谈,不须讲也!"

纲庚戌,八年(230)①,春二月,魏立郎吏课试法。尚书诸葛诞等有
罪,免。

〔曹魏名士互相标榜〕

目魏尚书诸葛诞、中书郎邓飏等结为党友,更相题表②,以夏侯玄等为
"四聪",诞辈为"八达"。中书监刘放子熙、中书令孙资子密③、吏部
尚书卫臻子烈④,以父居势位,容之为"三豫"。行司徒事董昭上疏
曰:"凡有天下者,莫不贵朴忠之士,疾虚伪之人,以其毁教乱治,败俗
伤化也。窃见当今年少不复以学问为本,专以交游为业,国士不以孝
悌清修为首,乃以趋势游利为先。合党连群,互相褒叹,此皆法之所
不取,刑之所不赦也。"魏主叡善其言,诏:"郎吏学通一经,才任牧民,
博士课试⑤,擢其高第者,亟用,其浮华不务道本者罢退之!"仍免诞、
飏等官。

纲秋七月,魏寇汉中,丞相亮出次成固⑥。九月,魏师还。

---

① 魏太和四年,吴黄龙二年。
② 题表:品题,标榜。
③ 中书监、中书令:中书省主官,掌草诏审奏,参与决策。
④ 吏部尚书:尚书省吏部主官,掌官员铨选,居诸尚书之首。
⑤ 博士:通经博学、教授生徒的官职。
⑥ 次:临时驻扎。成固:县名,今陕西城固县。

纲 冬十二月,丞相亮以蒋琬为长史①。

目 亮数外出,琬常足食足兵,以相供给。亮每言:"公琰托志忠雅②,当
　与吾共赞王业者也。"

纲 辛亥,九年(231)③,春二月,丞相亮伐魏,围祁山。

纲 自十月不雨至于三月。

纲 夏五月,亮败魏司马懿于卤城④,杀其将张郃。

目 魏遣司马懿屯长安,督将军张郃、郭淮等以御汉。懿留精兵四千守上
　邽⑤,余众悉救祁山。亮分兵攻祁山,自逆懿于上邽,与懿遇于上邽
　之东。懿敛军依险,兵不得交,亮引还。懿蹑其后,至于卤城,又登山
　掘营,不肯战。贾诩、魏平数请战⑥,曰:"公畏蜀如虎,奈天下笑何!"
　懿病之。乃使张郃攻南围⑦,自按中道向亮。亮使魏延等逆战,魏兵
　大败,懿还保营。亮以粮尽退军,懿遣郃追之,至木门⑧,与亮战,中
　伏弩而卒。

纲 秋八月,中都护李平有罪,废徙梓潼⑨。

---

① 长史:丞相长史,相府最高属官。
② 公琰:蒋琬字。
③ 魏太和五年,吴黄龙三年。
④ 卤城:在今甘肃礼县。
⑤ 上邽:县名,今甘肃天水市西南。
⑥ 贾诩:应为贾栩,非著名曹魏谋士贾诩。
⑦ 围:军事据点。
⑧ 木门:木门山,在今甘肃礼县。
⑨ 梓潼:郡名,蜀置,治今四川梓潼县。

目丞相亮之攻祁山也,命李严以中都护署府事①,更名平。会天霖雨,平主督运,恐粮不继,遣参军谕指,呼亮来还。亮既退军,平乃更言"军粮饶足,何为而退!"欲杀督运以解不办之责。又表言:"军伪退,以诱贼。"亮出其前后手书,本末违错。平辞穷谢罪,于是亮表其前后过恶,免官,削爵土,徙梓潼郡。复以平子丰为中郎将、参军事,出教敕之曰:"吾与君父子戮力以奖王室,谓至心感动,终始可保,何图中乖乎! 若都护思负一意,君与公琰推心从事,否可复通,逝可复还也。"又与蒋琬、董允书曰:"孝起前为吾说②,正方腹中有鳞甲③,乡党以为不可近。吾谓鳞甲者,但不当犯之耳,不图复有苏、张之事也④。"

纲癸丑,十一年(233)⑤,春正月,青龙见魏摩陂(bēi)井中⑥。二月,魏主叡往观之。

纲甲寅,十二年(234)⑦,春二月,丞相亮伐魏。

目初,丞相亮劝农讲武,作木牛、流马,运米集斜谷口,治邸阁⑧。息民休士,三年而后用之。至是,悉众十万由斜谷伐魏,遣使约吴同时大举。

纲三月,魏山阳公卒⑨。

---

① 署府事:署汉中丞相府之事。除成都相府外,诸葛亮又在汉中沔阳分置相府。
② 孝起:陈震字。
③ 正方:李平字。
④ 苏、张:苏秦、张仪,战国纵横之士。
⑤ 魏青龙元年,吴嘉禾二年。
⑥ 摩陂:亦名龙陂,在今河南郏县东南。
⑦ 魏青龙二年,吴嘉禾三年。
⑧ 邸阁:储存粮食物资的仓库。
⑨ 即汉献帝。

纲 夏四月,丞相亮进军渭南,魏大将军司马懿引兵拒守,亮始分兵屯田。

目 丞相亮至郿(méi)①,军于渭水之南。司马懿引军渡渭,背水为垒以拒之,谓诸将曰:"亮若出武功②,依山而东,诚为可忧,若西止五丈原③,诸将无事矣。"亮果屯五丈原。亮以前者数出,皆以运粮不继,使己志不伸,乃分兵屯田为久驻之基,耕者杂于渭滨居民之间,而百姓安堵,军无私焉。

〔诸葛亮之死〕

纲 秋八月,丞相武乡侯诸葛亮卒于军。长史杨仪引军还。前军师魏延作乱,仪击斩之。

目 亮数挑战,懿不出,乃遗以巾帼妇人之服。懿怒,上表请战。亮谓姜维曰:"彼本无战情,所以固请者,以示武于众耳。"亮遣使者至懿军,懿问其寝食及事之烦简,而不及戎事。使者曰:"诸葛公夙兴夜寐,罚二十已上,皆亲览焉,所啖食不至数升。懿告人曰:"孔明食少事烦,其能久乎!"

亮病笃,帝使仆射李福省侍,因谘大计。亮曰:"公所问者,公琰其宜也。"又请其次,亮曰:"文伟可④。"又问,亮不答。八月,薨。长史杨仪整军而出,百姓奔告懿,懿追之。姜维令仪反旗鸣鼓,若将向懿者,懿不敢逼。于是仪结陈而去,入谷然后发丧。百姓为之语曰:"死诸

---

① 郿:县名,今陕西眉县。
② 武功:县名,治今陕西咸阳市杨陵区。
③ 五丈原:在今陕西岐山县。
④ 文伟:费祎字。

葛走生仲达①。"懿闻之,笑曰:"吾能料生,不能料死故也。"

亮尝推演兵法,作八阵图。至是,懿案行其营垒,叹曰:"天下奇才也!"追至赤岸②,不及而还。

初,前军师魏延勇猛过人③,善养士卒。每欲请兵万人,与亮异道会于潼关,如韩信故事,亮不许。延常谓亮怯,不能尽用己才。仪为人干敏,亮每出军,仪规画分部,筹度粮谷,咸取办焉。延性矜高,当时皆下之,惟仪不假借,延以为至忿。亮病笃,作退军节度,令延断后,姜维次之。亮薨,延曰:"魏延何人,当为杨仪作断后将乎!"仪等案亮成规引还,延率所领先归,逆击仪等。仪遣将斩之,夷三族。

初,亮表于帝曰:"臣成都有桑八百株,薄田十五顷,子弟衣食,自有余饶,不别治生,以长尺寸。臣死之日,不使内有余帛,外有赢财,以负陛下。"至是,卒如其言。长史张裔尝称亮曰:"公赏不遗远,罚不阿近,爵不可以无功取,刑不可以贵势免,此贤愚所以佥忘其身者也。"

初,长水校尉廖立④,自谓才名宜为亮副,怏怏怨谤,亮废立为民,徙之汶山⑤。及亮薨,立垂泣曰:"吾终为左衽矣⑥!"李平闻之,亦发病死。平常冀亮复收己,得自补复,策后人不能故也。

评诸葛亮:

诸葛亮是中国历史上的杰出政治家。在汉末战乱中,他为蜀汉政权

---

① 仲达:司马懿字。
② 赤岸:在今陕西汉中市境。
③ 前军师:蜀汉官职。诸葛亮时蜀汉设中军师、前军师、后军师,地位颇高。
④ 长水校尉:禁军五校尉之一。
⑤ 汶山:郡名,治今四川汶川县。
⑥ 左衽:古代某些少数民族服装衣襟向左掩,故左衽常用以指少数民族。

的建立和发展明确了方向,又力主与孙吴共同抗曹,促成了三国鼎立局面的形成。刘备去世后,诸葛亮执掌朝政,对内调和不同政治群体的关系,加强凝聚力,对外重建孙刘联盟,使蜀汉转危为安。诸葛亮治理蜀地,严明法纪,安定社会秩序,促进经济生产;经略南中,尊重少数民族,促进边疆稳定。诸葛亮鞠躬尽瘁、死而后已的精神,感动与激励了千百年来的中国人。

纲 以吴懿为车骑将军,督汉中。蒋琬为尚书令,总统国事。

目 时新丧元帅,远近危悚,琬拔处群僚之右,既无戚容,又无喜色,神守举止,有如平日,由是众望渐服。

纲 冬十一月,魏洛阳地震。

纲 乙卯,十三年(235)①,夏四月,以蒋琬为大将军,录尚书事②。费祎为尚书令。

[魏明帝大兴土木]

纲 魏作洛阳宫。

目 魏主叡好土功,既作许昌宫,又治洛阳宫,起昭阳太极殿,筑总章观,高十余丈,力役不已,农桑失业。陈群谏曰:“昔禹承唐、虞之盛,犹卑宫室而恶衣服。况今丧乱之后,人民至少,边境有事乎!汉明帝欲起德阳前殿,钟离意谏而止,后复作之,谓群臣曰:‘钟离尚书在,不得成

---

① 魏青龙三年,吴嘉禾四年。
② 录尚书事:特命非尚书台的重要大臣兼任,协助皇帝处理尚书事务。

此殿也。'夫王者岂惮一臣,盖为百姓也。"叡为之少省。

纲秋七月,魏崇华殿灾。

纲八月,魏立子芳为齐王,询为秦王。

目魏主叡无子,养二王为己子,宫省事秘,莫知其所由来者。或云芳任城王楷之子也。

纲魏复立崇华殿。

目魏主叡复立崇华殿,更名九龙。作者三四万人。陵霄阙始构,有鹊巢其上。魏主以问高堂隆①,对曰:"诗曰:'惟鹊有巢,惟鸠居之。'今始构阙,而鹊巢之,天意若曰:宫室未成,身不得居,将有他姓制御之耳。'天道无亲,惟与善人。'今宜休罢百役,增崇德政,则可以转祸为福矣。"

叡性严急,督修宫室有稽限者②,亲召问之,言犹在口,身首已分。散骑常侍王肃谏曰③:"人命至重,难生易杀,是以圣贤重之。昔汉文帝欲杀犯跸者,张释之曰:'方其时,上使诛之则已,今下廷尉④,廷尉天下之平,不可倾也。'臣以为大失其义。廷尉,天子之吏也,犹不可以失平,而天子之身反可以惑谬乎!斯重于为己而轻于为君,不忠之甚也,不可不察。"

纲冬十月,魏张掖涌石负图。

---

① 高堂:复姓。
② 稽限:延迟原定的期限,逾期。
③ 散骑常侍:内廷近臣,掌侍从规谏。
④ 廷尉:九卿之一,掌刑狱。

目 张掖柳谷口水溢涌①，宝石负图，有文曰"大讨曹"，诏书班天下，以为
　　嘉瑞。任令于绰以问巨鹿张臶(jiàn)，臶曰："夫神以知来，不追已往，
　　祥兆先见，而后废兴从之。今汉久亡，魏已得之，何所追兴祥兆乎！
　　此石，当今之变异，而将来之符瑞也。"

〔孙吴货币改革〕

纲 丙辰，十四年(236)②，春，吴铸大钱。

目 一当五百。

纲 二月，吴娄侯张昭卒。

目 昭容貌矜严，有威风，吴主权以下皆惮之。卒年八十一。

纲 冬十月，有星孛(bèi)于大辰③，又孛于东方。

目 魏高堂隆上疏曰："夫采椽、卑宫④，唐、虞、大禹之所以重皇风也；玉
　　台、琼室，夏癸、商辛之所以犯昊天也。今宫室过盛，天彗章灼，斯乃
　　慈父恳切之训。当崇孝子祗耸之礼，不宜有忽，以重天怒。"魏主叡不
　　悦。侍中卢毓进曰："臣闻君明则臣直，古之圣王惟恐不闻其过，此臣
　　等所以不及隆也。"叡意乃解。

纲 魏司空陈群卒。

---

① 柳谷口：在祁连山北麓，今甘肃民乐县南古镇柳谷城村。
② 魏青龙四年，吴嘉禾五年。
③ 星孛：彗星。大辰：即十二星次之大火，对应星宿为氐五度之尾九度，故或称氐、房、
　 心，或称房、心、尾。
④ 采椽：取木为椽，不刮削，形容简朴。

目群前后数上封事,辄削其草,虽子弟莫知也。或讥其居位拱默。及正始中①,诏撰名臣奏议,朝士乃见群谏事,皆叹息焉。

纲魏令公卿举才德兼备之士。

目时司马懿以兖州刺史王昶(chǎng)应选②。昶为人谨厚,名其兄子曰默,曰沈,子曰浑,曰深,为书戒之曰:"吾以四者为名,欲尔曹顾名思义,不敢违也。夫物速成则疾亡,晚就则善终。朝华之草,夕而零落,松柏之茂,隆冬不衰,是以君子戒于阙党也③。夫能屈以为伸,让以为得,弱以为强,鲜不遂矣。毁誉者,爱恶之原而祸福之机,不可轻也。人或毁己,当退而求之于身。若己有可毁则彼言当矣,无可毁则彼言妄矣。当则无怨于彼,妄则无害于身,又何报焉!谚曰'救寒莫如重裘,止谤莫如自修',斯言善矣。"

纲丁巳,十五年(237)④,春正月,魏黄龙见。以三月为夏四月。

〔魏明帝改正朔〕

目高堂隆以"魏得土德,故其瑞黄龙见,宜改正朔,易服色,以变民耳目"。魏主叡从之,遂以建丑之月为正⑤,服色尚黄,牲用白。

纲夏六月,魏地震。

---

① 正始:魏主曹芳年号。
② 兖州:辖境约为今河南东部及山东西部。
③ 阙党:阙里。此处用孔子评阙里童子典故,戒人勿求速成。
④ 魏景初元年,吴嘉禾六年。
⑤ 建丑之月:腊月。正:岁首。

纲 魏以陈矫为司徒。

目 魏主叡尝卒至尚书门，矫跪问曰："陛下欲何之？"曰："欲案行（háng）
文书耳①。"矫曰："此自臣职分，非陛下所宜临也。若臣不称职，请就
黜退。"叡惭而反。叡尝问矫："司马公忠贞②，可谓社稷之臣乎？"矫
曰："朝廷之望也，社稷未之知也。"

纲 秋七月，皇后张氏崩。

纲 冬十月，魏铸铜人，起土山于芳林园。

目 魏主叡徙长安钟虡（jù）、橐佗（tuó tuó）、铜人、承露盘于洛阳③。盘折，
声闻数十里。铜人重，不可致，大发铜铸铜人二，号曰"翁仲"，列坐于
司马门外④。又铸黄龙、凤皇，置内殿前。起土山于芳林园，使公卿
皆负土，树杂木善草，捕禽兽致其中。

纲 魏光禄勋高堂隆卒。

目 隆疾笃，口占上疏曰⑤："黄初之际⑥，天兆其戒，异类之鸟，育长燕巢，
此大异也，宜防鹰扬之臣于萧墙之内。可选诸王，使典兵跱
（zhì）⑦，镇抚皇畿，翼亮帝室。"魏主叡手诏慰劳之。未几而卒。

纲 魏作考课法，不果行。

———————————

① 案行：巡视。
② 指司马懿。
③ 钟虡、橐佗、铜人皆秦始皇所铸，承露盘为汉武帝所作。
④ 司马门：宫城外门。
⑤ 口占：口授。
⑥ 黄初：曹丕年号。
⑦ 跱：立。

目魏主叡深疾浮华之士,诏吏部尚书卢毓曰:"选举勿取有名,名如画地作饼,不可啖也。"毓对曰:"名不足以致异人,而可以得常士。常士畏教慕善,然后有名,非所当疾也。今考绩之法废,而以毁誉为进退,故真伪浑杂,虚实相蒙。"叡纳其言。诏散骑常侍刘邵作都官考课法七十二条,下百官议。议久不决,事竟不行。

纲戊午,延熙元年(238)①,春正月,魏遣太尉司马懿击辽东②。

纲二月,立皇后张氏③。

纲立子璿为皇太子。

目大司农孟光问太子读书及情性好尚于秘书郎郤(xì)正,正曰:"奉亲虔恭,举动仁恕,有古世子之风。"光曰:"此皆家户所有耳,吾欲知其权略智调何如也。"正曰:"世子之道,在于承志竭欢,既不得妄有施为。智调藏于胸怀,权略应时而发,此之有无,焉可豫知也!"光曰:"今天下未定,智意为先,储君读书,宁当效吾等竭力博识以待访问,如博士探策讲试以求爵位邪④? 当务其急者。"正深然之。

纲吴铸当千大钱。

纲秋八月,魏司马懿克辽东,斩公孙渊。

纲冬十二月,蒋琬出屯汉中。

---

① 魏景初二年,吴赤乌元年。
② 辽东:郡名,治今辽宁辽阳市。
③ 张氏:张飞之女,前张皇后之妹。
④ 探策:即射策,不知主文所问何策,试取而答之。

纲 魏主叡有疾,立郭夫人为后,召司马懿入朝,以曹爽为大将军。

〔曹爽、司马懿辅政〕

纲 己未,二年(239)①,春正月,魏司马懿至洛阳,与爽受遗辅政。魏主
　　叡卒,太子芳立。

纲 司马懿至洛阳,入见,魏主叡执其手曰:“吾以后事属君,君与曹爽辅
　　少子。死乃可忍,吾忍死待君,得相见,无恨矣!”乃召二王示懿,别指
　　齐王芳曰:“此是也,君谛视之②,勿误也!”又教芳前抱懿项,懿顿首
　　流涕。于是芳年八岁,即日立为太子。叡寻卒。
　　芳嗣位,尊皇后曰皇太后,爽、懿并加侍中,都督中外诸军、录尚书事③。

纲 二月,魏以司马懿为太傅④,何晏为尚书⑤。

纲 夏,以蒋琬为大司马。

目 东曹掾杨戏素简略⑥,琬与言论,戏时不应。或谓琬曰:“戏慢公矣!”
　　琬曰:“人心不同,各如其面,面从后言,古人所诫。戏欲赞吾是邪,则
　　非其本心,欲反吾言,则显吾之非,是以默然耳。”督农杨敏尝毁琬曰:
　　“作事愦愦⑦,诚不及前人⑧。”主者请推治之,琬曰:“吾实不及前人,

---

① 魏景初三年,吴赤乌二年。
② 谛:仔细。
③ 都督中外诸军:总领京城内外禁军及驻军,魏晋以来为权臣要职。
④ 太傅:位上公,皇帝之师傅。
⑤ 何晏为吏部尚书。
⑥ 东曹:蒋琬大司马府东曹,主管人事。
⑦ 愦愦:昏庸,昏聩。
⑧ 前人:指诸葛亮。

无可推。"主者请问愦愦之状，琬曰："苟其不如，则事不理，事不理，则愦愦矣。"后敏坐事系狱，众犹惧其必死，琬心无適莫，敏得免重罪。

纲 冬十二月，魏复以建寅之月为正①。

纲 辛酉，四年（241）②，夏四月，吴太子登卒。

纲 蒋琬徙屯涪③。

纲 魏置淮南北屯田，广漕渠。

纲 管宁卒于魏。

目 宁名行高洁，人望之者邈然若不可及，即之熙熙和易。能因事导人于善，人皆化服。年八十四卒，天下知与不知，闻之无不嗟叹。

纲 壬戌，五年（242）④，春正月，监军姜维自汉中徙屯涪⑤。

纲 吴立子和为太子，霸为鲁王。

纲 癸亥，六年（243）⑥，夏五月朔，日食，既⑦。

纲 冬十月，遣前监军王平督汉中。

纲 十一月，以费祎为大将军，录尚书事。

————————

① 建寅之月：农历正月。
② 魏正始二年，吴赤乌四年。
③ 涪：县名，今四川绵阳市。
④ 魏正始三年，吴赤乌五年。
⑤ 监军：蜀汉军职，有前、中、后监军。
⑥ 魏正始四年，吴赤乌六年。
⑦ 既：全食。

纲 甲子,七年(244)①,春正月,吴以陆逊为丞相。

纲 三月,魏曹爽寇汉中。闰月,费祎督诸军救之。

目 魏征西将军夏侯玄,爽姑子也。辟李胜为长史②,胜及邓飏欲爽立威
名于天下,劝使伐蜀。司马懿止之,不得。三月,爽至长安,发卒十余
万,与玄自骆谷入汉中③。汉中守兵不满三万,诸将皆恐,欲守城不
出,以待涪兵。王平曰:"此去涪垂千里,贼若得关,便为深祸。"遂遣
护军刘敏据兴势④,多张旗帜,弥亘百余里。闰月,帝遣费祎救汉中,
将行,光禄大夫来敏诣祎别,求共围棋。时羽檄交至,人马擐(huàn)
甲⑤,严驾已讫⑥,祎与对戏,了无倦色。敏曰:"向聊观试君耳,君信
可人,必能办贼也。"

纲 夏五月,魏军退走。

纲 冬,以费祎兼益州刺史,董允守尚书令。

目 蒋琬以病固让州职于祎。时国务烦猥,祎识悟过人,为尚书令,省读
文书,举目究意,终亦不忘。常以朝晡(bū)听事⑦,其间接纳宾客,饮
食博戏,尽人之欢,而事无废阙。及允代祎,始欲斆(xiào)之⑧,旬日之

---

① 魏正始五年,吴赤乌七年。
② 辟:举用。
③ 骆谷:傥骆道,穿越秦岭连接汉中盆地与关中平原的通道之一。
④ 兴势:蜀汉据点,在今陕西洋县北。
⑤ 擐:穿。
⑥ 严驾:整备车马。
⑦ 晡:申时,下午三至五时。
⑧ 斆:效法。

中,已多愆滞。乃叹曰:"人才相远如此,非吾所及也!"乃听事终日,而犹有不暇焉。

纲 乙丑,八年(245)①,春,吴丞相陆逊卒。

纲 秋八月,皇太后吴氏崩。冬十一月,大司马蒋琬卒②。

纲 十二月,尚书令董允卒③,以宦者黄皓为中常侍④。

目 董允秉心公亮,献替尽忠⑤,帝甚惮之。宦者黄皓,便辟佞慧,有宠,允数责之。皓畏允,不敢为非,终允之世,位不过黄门丞⑥。费祎以选曹郎陈祗代允为侍中,祗矜厉有威容,多技艺,挟智数,祎以为贤,越次用之。祗与皓相表里,皓始预政,迁中常侍,操弄威柄,终以覆国。

纲 丙寅,九年(246)⑦,秋九月,赦。

目 大司农孟光于众中责费祎曰:"赦者,偏枯之物,非明世所宜有也。必不得已,乃可权而行之。今有何急,而数施非常之恩,以惠奸宄(guǐ)乎!"祎顾谢蹴踖(cù jí)而已⑧。

初,丞相亮时,有言公惜赦者,亮答曰:"治世以大德,不以小惠,故匡衡、吴汉不愿为赦。先帝亦言:'吾周旋陈元方、郑康成间⑨,每见启

---

① 魏正始六年,吴赤乌八年。
② 蒋琬卒于延熙九年十一月,此处有误。
③ 董允卒于延熙九年,此处有误。
④ 中常侍:皇帝近臣官职。
⑤ 献替:进献可行者,废去不可行者。
⑥ 黄门丞:黄门令之副。
⑦ 魏正始七年,吴赤乌九年。
⑧ 蹴踖:恭敬而不安的样子。
⑨ 元方:陈纪字。康成:郑玄字。

告,治乱之道悉矣,曾不语赦也。若刘景升父子①,岁岁赦宥,何益于治乎!’”

纲 以姜维为卫将军②,与费祎并录尚书事。

纲 丁卯,十年(247)③,春二月,魏迁其太后于永宁宫。

目 曹爽用何晏等谋,迁太后,擅朝政,多树亲党。司马懿不能禁,遂称疾,不与政事。

纲 戊辰,十一年(248),夏四月,魏以徐邈为司空④,不受。

目 魏以光禄大夫徐邈为司空。邈叹曰:“三公论道之官,无其人则阙,岂可以老病忝(tiǎn)之哉!”遂固辞不受。

纲 五月,费祎出屯汉中。

〔高平陵政变〕

纲 己巳,十二年(249)⑤,春正月,魏司马懿杀曹爽及何晏等,夷其族。

目 曹爽骄奢无度,饮食衣服拟于乘舆⑥。又私取先帝才人以为伎乐,作窟室,与何晏等纵酒其中。弟羲泣谏,不听。又兄弟数俱出游,司农

---

① 景升:刘表字。
② 卫将军:高级将军号,在大将军及骠骑、车骑将军之下。
③ 魏正始八年,吴赤乌十年。
④ 司空:三公之一,掌水利、土木。
⑤ 魏嘉平元年,吴赤乌十二年。
⑥ 乘舆:指天子。

桓范谓曰①："总万机,典禁兵,不宜并出。若有闭城门,谁复内入者?"爽曰:"谁敢尔邪!"

是月,魏主芳谒高平陵②,爽与弟羲、训、彦皆从。司马懿与子师、昭谋诛之,以太后令召桓范。范欲应命,其子曰:"车驾在外,不如南出。"范乃出。懿谓蒋济曰:"智囊往矣!"济曰:"驽马恋栈豆,必不能用也。"

范劝爽以天子诣许昌,发四方兵自辅。爽兄弟不从,自甲夜至五鼓③,爽乃投刀于地曰:"我亦不失作富家翁!"范哭曰:"曹子丹佳人④,生汝兄弟,犹(tún)犊耳⑤!何图今日坐汝族灭也!"

爽兄弟归家,懿发吏卒围守之。有司奏:"黄门张当私以所择才人与爽⑥,疑有奸。"收付廷尉考实,辞云:"爽与何晏、邓飏、丁谧、毕轨、李胜等谋逆。"于是收爽、羲等并桓范、张当,俱夷三族。

先是,宗室曹冏上书曰:"古者必建同姓以明亲亲,必树异姓以明贤贤,亲疏并用,故能保其社稷。今州郡牧守,皆跨有千里,兼军武之任,或比国数人,或兄弟并据,而宗室子弟,王空虚之地,君不使之民,曾无一人间厕其间⑦,与相维制,非所以强干弱枝,备万一之虞也。语曰:'百足之虫,至死不僵。'以其扶之者众也。此言虽小,可以譬大。"冏欲以感寤曹爽,爽不能用。

_____

① 司农:九卿之一,掌租税、钱谷、盐铁及国家财政收支。
② 高平陵:魏明帝曹叡陵墓,在今河南汝阳县。
③ 甲夜:初更。
④ 子丹:曹爽父曹真字。
⑤ 犹:同"豚",猪。
⑥ 才人:宫中女官名。
⑦ 厕:杂。

及懿闭门,爽司马鲁芝闻变,欲出赴难。呼参军辛敞欲与俱,敞谋于其姊宪英曰:"天子在外,太傅闭城门,人云将不利国家,于事可得尔乎?"宪英曰:"以吾度之,太傅诛曹爽耳。""然则事就乎?"曰:"得无殆就!爽才非太傅偶也。""然则可以无出乎?"曰:"职守,人之大义也。凡人在难,犹或恤之,执鞭而弃其事,不祥莫大焉。且为人任,为人死,亲昵之职也,从众而已。"敞遂出。事定之后,叹曰:"吾不谋于姊,几不获于义!"先是,爽辟王沈、羊祜,沈劝祜应命。祜曰:"委质事人,复何容易!"沈遂行。及爽败,沈以故吏免,谓祜曰:"吾不忘卿前语。"祜曰:"此非始虑所及也!"

爽从弟文叔妻夏侯令女,早寡无子,其父欲嫁之,令女截耳自誓,居常依爽。爽诛,其家上书绝婚,强迎以归,复将嫁之,令女又断其鼻。其家惊惋,谓之曰:"人生世间,如轻尘栖弱草,何至自苦乃尔!且夫家夷灭已尽,守此欲谁为哉!"令女曰:"吾闻仁者不以盛衰改节,义者不以存亡易心。曹氏前盛时,尚欲保终,况今衰亡,何忍弃之!此禽兽之行,吾岂为乎!"懿闻而贤之,听使乞子字养,为曹氏后。

何晏等方用事,自以为一时才杰,人莫能及。尝为名士品目曰:"'唯深也,故能通天下之志',夏侯泰初是也[1]。'唯几也,故能成天下之务',司马子元是也[2]。'唯神也,故不疾而速,不行而至',吾闻其语,未见其人。"盖以自况也。

晏闻平原管辂(lù)明术数,请与论《易》。邓飏在座,谓辂曰:"君自谓善《易》,而语不及《易》中词义,何也?"辂曰:"夫善《易》者不言《易》

---

[1] 泰初:夏侯玄字。
[2] 子元:司马师字。

也。"晏笑而赞之曰:"可谓要言不烦!"因谓辂曰:"试为作一卦,当至三公不?"又问:"连梦青蝇数十,来集鼻上,何也?"辂曰:"元、恺辅舜①,周公佐周,皆以和惠谦恭,享有多福。今君侯位尊势重,而怀德者鲜,畏威者众,殆非小心求福之道。愿君侯裒(póu)多益寡②,非礼不履,然后三公可至,青蝇可驱也。"飏曰:"此老生之常谈。"辂曰:"老生者见不生,常谈者见不谈。"辂舅闻之,责其言太切。辂曰:"与死人语,何所畏邪!"舅怒以为狂。至是,辂之舅谓辂曰:"尔前何以知何、邓之败?"辂曰:"邓之行步,筋不束骨,脉不制肉,起立倾倚,若无手足,此为鬼躁。何之视候,魂不守宅,血不华色,精爽烟浮,容若槁木,此为鬼幽。二者皆非遐福之象也。"

晏性自喜③,粉白不去手,行步顾影。尤好老、庄书,与夏侯玄、荀粲、王弼之徒竞为清谈,祖尚虚无,谓六经为圣人之糟粕。由是天下士大夫慕效之,遂成风俗,不可复制。

纲 魏以司马懿为丞相,加九锡,不受。

纲 秋,姜维伐魏雍州④,不克。

纲 冬十二月,魏光禄大夫徐邈卒。

目 卢钦曰:"徐公志高行洁,才博气猛,其施之也,高而不狷(juàn),洁而不介,博而守约,猛而能宽。"或问钦:"徐公当武帝之时⑤,人以为通,

---

① 元、恺:八元、八恺,辅助舜的上古贤臣。
② 裒:聚集。
③ 何晏自负俊美。
④ 雍州:辖境主要包括关中平原及陇右地区,约为今陕西中部及甘肃黄河以东部分。
⑤ 武帝:魏武帝曹操。

自为凉州刺史还①,人以为介,何也?"钦曰:"往者毛孝先、崔季珪用事②,贵清素之士,时皆变易车服以求名,而徐公不改其常,故人以为通。比来天下奢靡相效,而徐公雅尚自若。故前日之通,乃今日之介也,是世人无常而徐公有常耳。"

綱 庚午,十三年(250)③,秋,吴废其太子和,杀鲁王霸及将军朱据。冬十一月,立子亮为太子。

目 初,潘夫人有宠于吴主权,生少子亮,权爱之。全公主与太子和有隙④,欲豫自结,数称亮美。权以鲁王霸结朋党以害其兄,心亦恶之,谓侍中孙峻曰:"子弟不睦,将有袁氏之败⑤,为天下笑。若使一人立者,安得不乱乎!"遂有废和立亮之意,至是,乃幽太子和。将军朱据谏曰:"太子,国之本根,加以雅性仁孝,天下归心。昔晋献用骊姬而申生不存,汉武信江充而戾太子冤死,臣窃惧太子不堪其忧,虽立思子之宫⑥,无及矣!"不听。遂废和为庶人,赐霸死。据寻亦赐死。明年,立潘氏为后。

〔淮南三叛之王凌〕

綱 辛未,十四年(251)⑦,夏四月,魏司马懿杀王凌及楚王曹彪,遂置诸

———————————

① 凉州:辖境主要包括河湟谷地与河西走廊,约为今青海东北部及甘肃黄河以西部分。
② 孝先:毛玠字。季珪:崔琰字。
③ 魏嘉平二年,吴赤乌十三年。
④ 全公主:孙权长女,嫁与全琮。
⑤ 袁绍子袁谭、袁尚兄弟相攻,为曹操所灭。
⑥ 思子之宫:汉武帝怜戾太子无辜而死,乃作思子宫。
⑦ 魏嘉平三年,吴太元元年。

王公于邺。

目 初,魏扬州都督王凌①,与其甥兖州刺史令狐愚并典重兵,阴谋以魏主制于强臣,楚王彪有智勇,欲共立之,迎都许昌。愚遣其将与楚王相闻。凌子广谏,凌不从,会愚病卒。至是,凌遣将军杨弘以废立事告兖州刺史黄华,华、弘连名以白司马懿。懿将中军乘水道讨凌,凌势穷,面缚水次,懿解其缚,送诣京师,道饮药死。懿至洛阳,穷治其事,诸相连者悉夷三族。发凌、愚冢,剖棺暴尸,赐楚王彪死。尽录诸王公置邺,使有司察之,不得与人交关。

初,愚为白衣时,常有高志,众谓必兴令狐氏。族父邵独以为:"愚性倜傥,不修德而愿大,必灭我宗。"愚甚不平。及愚仕进,有名称,从容谓邵曰:"先时闻大人谓愚为不继,今竟云何邪?"邵熟视而不答,私谓妻子曰:"公冶性度犹如故也②。不知我当坐之不邪。必逮汝曹矣。"邵没十余年而愚灭族。

纲 秋八月,魏太傅司马懿卒,以其子师为抚军大将军,录尚书事。

〔吴诸葛恪辅政〕

纲 冬十一月,吴以诸葛恪为太子太傅,总统国事。

目 时权颇寤太子和之无罪,十一月,祀南郊还,得风疾,欲召和还。全公主及侍中孙峻、中书令孙弘固争之,乃止。权以太子亮幼,议所付托,峻荐恪可付大事。权嫌其刚很自用,峻曰:"朝臣才无及恪者。"乃召

① 扬州:曹魏扬州主要统辖今安徽中部,约北至淮水,南至巢湖、天柱山。
② 公冶:令狐愚字。

之。恪将行，吕岱戒之曰："世方多难，子每事必十思。"恪曰："昔季文子三思而后行，夫子曰：'再，斯可矣。'今君令恪十思，明恪之劣也！"岱无以答，时咸谓之失言。恪至建业，见吴主于卧内，受诏床下，以大将军领太子太傅，孙弘领少傅。有司诸务，一统于恪。

纲 费祎北屯汉寿①，以陈祗守尚书令。

纲 壬申，十五年（252）②，春正月，魏以司马师为大将军。

纲 吴立故太子和为南阳王。

目 吴主权复封和为南阳王，居长沙。奋为齐王，居武昌。休为琅邪王，居虎林③。

纲 夏四月，吴主权卒，太子亮立。以诸葛恪为太傅。

纲 吴徙其齐王奋于豫章④。

目 诸葛恪不欲诸王处滨江兵马之地，乃徙齐王奋于豫章，琅邪王休于丹阳。奋不肯徙，恪遗之笺曰："帝王之尊，与天同位，是以仇雠有善，不得不举，亲戚有恶，不得不诛。所以承天理物，先国后身，盖圣人立制，百代不易之道也。闻大王顷至武昌以来，多违诏敕，不循制度，擅发诸将，私杀左右，小大惊怪，莫不寒心。俚语曰：'明鉴所以照形，古事所以知今。'大王宜深以鲁王为戒，改易其行，若弃忘先帝法教，怀

---

① 汉寿：县名，今四川广元市昭化区昭化古城。
② 魏嘉平四年，吴建兴元年。
③ 虎林：今安徽池州市。
④ 豫章：郡名，治今江西南昌市。

轻慢之心,臣下宁负大王,不敢负先帝遗诏。"奋惧,遂行。

纲 冬十月,吴诸葛恪修东兴堤①。十二月,魏人击之,恪与战于徐塘,魏
　人败走。

纲 癸酉,十六年(253)②,春正月,盗杀大将军费祎。

目 初,姜维攻魏西平③,获中郎郭循,以为左将军。循欲刺帝,不得近,每
　因上寿,且拜且前,为左右所遏,事辄不果。至是,费祎与诸将大会于
　汉寿,欢饮沉醉,循刺杀之。祎泛爱不疑,待新附太过,张嶷尝与书,
　引岑彭、来歙(xī)为戒④。祎不从,故及。

纲 二月⑤,吴诸葛恪击魏。

[姜维北伐]

纲 夏四月,姜维伐魏,围狄道⑥。

目 维负其才武,每欲大举,费祎常裁制不从,与兵不过万人,曰:"丞相犹
　不能定中夏,况吾等乎!不如保国治民,谨守社稷,如其功业,以俟能
　者。无为徼幸,决成败于一举,若不如志,悔之无及!"及祎死,维遂将
　数万人伐魏,围狄道。

---

① 东兴堤:在今安徽含山县,濡须水所经。
② 魏嘉平五年,吴建兴二年。
③ 西平:郡名,治今青海西宁市。
④ 岑彭、来歙东汉光武帝大将,皆为刺客所杀。
⑤《三国志·诸葛恪传》作"三月"。
⑥ 狄道:陇西郡属县,今甘肃临洮县。据《三国志》,姜维此次北伐围南安,非狄道。

纲 吴师围魏新城①，不克。

〔诸葛恪被杀〕

纲 冬十月，吴杀其太傅诸葛恪，以孙峻为丞相。

目 恪还建业，陈兵入府，愈治威严，多所罪责。孙峻因民怨众嫌，构恪于
　　吴主亮，云欲为变。遂与亮谋置酒请恪，伏兵杀之。以苇席裹尸，投
　　之石子冈，并夷三族。初，恪少有盛名，大帝深器重之②，而恪父瑾常
　　以为戚，曰："非保家之子也。"陆逊常谓恪曰："在我前者，吾必奉之
　　同升，在我下者，则扶接之。今君气陵其上，意蔑其下，非安德之基
　　也。"至是果败。
　　吴群臣共推峻为太尉，滕胤为司徒。有媚峻者言："万机宜在公
　　族③。"乃表峻为丞相、大将军，都督中外诸军事。峻骄矜淫暴，国人
　　侧目。

纲 吴杀其南阳王和。

目 和妃张氏，恪甥也，峻因此赐和死，张妃亦自杀。其妾何氏曰："若皆
　　从死，谁当字孤④！"遂抚育其子皓，及诸姬子德、谦、俊皆赖以全。齐
　　王奋亦坐废为庶人。

纲 甲戌，十七年（254）⑤，春二月，魏司马师杀中书令李丰及太常夏侯

---

① 新城：合肥新城，今安徽合肥市庐阳区。
② 大帝：孙权。
③ 公族：孙吴宗室。
④ 字：抚养。
⑤ 魏正元元年，吴五凤元年。

玄、光禄大夫张缉,遂废其后张氏。

目初,李丰年十七八,已有清名。其父恢不悦,敕使闭门断客。后司马师秉政,以丰为中书令。时太常夏侯玄有天下重名,以曹爽亲,故不得在势任,居常怏怏。张缉以后父家居,亦不得意。丰皆与亲善。虽为师所擢用,而心在玄。魏主芳又数独召丰语,师知其议己,诘之,不以实告。师怒,以刀镮(huán)筑杀之①,遂收玄、缉下廷尉,皆夷三族,并废张后。

纲夏,姜维伐魏。

[魏司马师行废立]

纲秋九月,魏司马师废其主芳为齐王,迁之河内②。冬十月,迎高贵乡公髦立之。

[淮南三叛之毌丘俭]

纲乙亥,十八年(255)③,春正月,魏扬州都督毌(guàn)丘俭④、刺史文钦起兵讨司马师,师击败之,钦奔吴,俭走死。

纲魏大将军司马师卒。二月,师弟昭自为大将军、录尚书事。

目师疾笃,还许昌。昭自洛阳往省之,师令总统诸军而卒。诏以昭为大

———————
① 筑:击。
② 河内:郡名,治今河南武陟县。
③ 魏正元二年,吴五凤二年。
④ 毌丘:复姓。

将军、录尚书事。

纲 秋八月，姜维伐魏，败其兵于洮西①，遂围狄道，不克而还。

纲 丙子，十九年(256)②，春正月，以姜维为大将军。

纲 夏四月，魏司马昭始服衮冕、赤舄(xì)③。

〔姜维段谷之败〕

纲 秋七月，姜维伐魏，与其将邓艾战，败绩。

目 秋，维复出祁山，闻邓艾有备，乃回趣南安④。艾与战于段谷⑤，大破
　　之，死者甚众。蜀人由是怨维。

纲 八月，魏司马昭自为大都督，奏事不名，假黄钺⑥。

纲 吴孙峻卒，以其从弟綝(chēn)为侍中，辅政。

纲 吴大司马吕岱卒。

目 始岱亲近徐原，赐以巾褠(gōu)⑦，与共言论，后遂荐拔，官至侍御史⑧。
　　原好直言，岱有得失，辄谏诤，又公论之。或以告岱，岱叹曰："是我所

---

① 洮：洮水。
② 魏甘露元年，吴太平元年。
③ 衮冕：皇帝和上公的礼服、礼冠。赤舄：古代天子、诸侯所穿的鞋，赤色，重底。
④ 南安：郡名，治今甘肃陇西县。
⑤ 段谷：在今甘肃天水市东南。
⑥ 黄钺：帝王所用镀金大斧，亦赐予重臣以专杀伐。
⑦ 巾褠：头巾和单衣，古代士人盛服。
⑧ 侍御史：御史台官，分曹监察、理务，或出使巡行。

以贵德渊者也①!"及原死,哭之甚哀,曰:"德渊,岱之益友,今不幸,岱复于何所闻过乎!"

纲 冬十月,魏以卢毓为司空。

目 魏以卢毓为司空。毓固让司隶校尉王祥,诏不许。

祥至孝,继母朱氏遇之无道,祥愈恭谨。朱氏子览,年数岁,每见祥被棰,辄涕泣抱其母。母以非理使祥,览辄与俱。及长,娶妻,母虐使祥妻,览妻亦趋之,母为少止。祥渐有时誉,母深疾之,密使鸩祥。览径起取酒,祥不与,母夺而反之。后母赐祥馔,览辄先尝,母惧,遂止。汉末遭乱,隐居三十余年,不应州郡之命。母终,毁瘁,杖而后起。徐州刺史吕虔檄为别驾②,委以州事,政化大行,时人歌之曰:"海沂之康,实赖王祥。邦国不空,别驾之功。"

纲 丁丑,二十年(257)③,夏四月,吴主亮始亲政。

目 吴主亮亲政事,大将军孙綝表奏,多见难问。数出中书④,视大帝时旧事,问左右侍臣曰:"先帝数有特制,今大将军问事,但令我书可邪?"尝食生梅,使黄门至中藏取蜜,蜜中有鼠矢⑤。召问藏吏,藏吏叩头。亮曰:"黄门从尔求蜜邪?"吏曰:"向求,实不敢与。"黄门不服。亮令破鼠矢,矢中燥,因大笑谓左右曰:"若矢先在蜜中,中外俱湿,今外湿里燥,必黄门所为也。"诘(jié)之,果服。左右惊悚。

---

① 德渊:徐原字。
② 别驾:全称别驾从事史,为州之上佐。
③ 魏甘露二年,吴太平二年。
④ 中书:此指所藏文书。
⑤ 矢:通"屎"。

〔淮南三叛之诸葛诞〕

纲 魏扬州都督诸葛诞起兵讨司马昭。六月,昭奉其主髦攻之,吴人救之,不克而还。

纲 姜维伐魏。

目 姜维闻魏分关中兵赴淮南,率数万人出骆谷。时长城积谷多而守兵少①,魏都督司马望及邓艾进据之,以拒维。维数挑战,不应。

〔谯周《仇国论》〕

是时,维数出兵,蜀人愁苦。谯周作《仇国论》讽之,曰:"或问:'往古能以弱胜强者,其术何如?'曰:'吾闻之,处大无患者,常多慢;处小有忧者,常思善。多慢则生乱,思善则生治,理之常也。故周文养民,以少取多;句践恤众,以弱毙强。此其术也。'或曰:'曩(nǎng)者项强汉弱,约分鸿沟,各归息民。张良以为民志既定,则难动也,率兵追羽,终毙项氏。岂必由文王之事乎?'曰:'商、周之际,王侯世尊,君臣久固,深根者难拔,据固者难迁。当此之时,虽汉祖安能杖剑鞭马取天下乎!及秦罢侯置守之后,民疲秦役,天下土崩。于是豪强并争,虎裂狼分,疾搏者获多,迟后者见吞。今我与彼皆传国易世矣,既非秦末鼎沸之时,实有六国并据之势,故可为文王,难为汉祖。'"

---

① 长城:在今陕西周至县,位于骆谷北段。

纲 戊寅,景耀元年(258)①,春二月,魏司马昭拔寿春②,杀诸葛诞。

纲 姜维引兵还。

目 维闻诸葛诞死而还。

〔相国、晋公、九锡皆未受〕

纲 夏五月,魏司马昭自为相国,封晋公,加九锡,复辞不受。

〔吴主孙休诛杀孙綝,孙吴权臣执政终结〕

纲 秋九月,吴孙綝废其主亮为会稽王。冬十月,迎立琅邪王休。休以綝
　 为丞相,封兄子皓为乌程侯。

纲 十二月,吴孙綝伏诛。

纲 诏汉中兵屯汉寿,守汉、乐二城③。

单敏捷 评注

楼　劲 审定

――――――――――

① 魏甘露三年,吴永安元年。

② 寿春:扬州都督治所,今安徽寿县。

③ 汉、乐二城:皆诸葛亮所筑,扼守汉中盆地两端,汉城在西,乐城在东。汉城即沔阳,
　 在今陕西勉县。乐城即成固,今陕西城固县。

纲鉴易知录卷二九

卷首语：本卷起蜀汉后主景耀二年（259），止晋武帝太康元年（280），所记为魏晋之际二十二年之史事。此时曹魏大权已为司马氏牢牢掌控，蜀汉姜维北伐渐渐难以为继，孙吴孙休、孙皓相继在位，三国进入尾声。本卷集中展现了蜀、吴后期严重的内部矛盾，以及司马代魏并统一三国的进程。

后汉纪

后皇帝

纲 己卯,二年(景耀二年,259)①,春正月,黄龙二见魏宁陵井中②。

目 先是,魏地井中屡有龙见,群臣以为吉祥,魏主髦曰:"龙者,君德也。上不在天,下不在田,而数屈于井,非嘉兆也。"作《潜龙诗》以自讽,司马昭见而恶之。

纲 庚辰,三年(260)③,春正月朔,日食。

〔司马昭之心,路人皆知〕

纲 夏五月,魏司马昭弑其主髦于南阙下,尚书王经死之。

目 魏主髦见威权日去,不胜其忿,召侍中王沈、尚书王经、散骑常侍王业谓曰:"司马昭之心,路人所知也。吾不能坐受废辱,今日当与卿自出讨之。"于是入白太后。沈、业奔走告昭,呼经欲与俱,经不从。髦遂拔剑升辇,率殿中宿卫苍头官僮鼓噪而出④。中护军贾充入,与战南阙下。太子舍人成济问充曰:"事急矣,当云何?"充曰:"司马公畜养汝等,正为今日。今日之事,无所问也!"济即抽戈前刺髦,殒于车下。

---

① 魏甘露四年,吴永安二年。
② 宁陵:县名,今河南宁陵县。
③ 魏景元元年,吴永安三年。
④ 苍头:以青巾裹头,指仆隶。

昭闻之,大惊,自投于地。太傅孚奔往①,枕其股而哭甚哀,曰:"杀陛下者,臣之罪也!"

昭入殿中,召群臣会议。尚书仆射陈泰不至,昭使其舅尚书荀顗(yǐ)召之。泰曰:"论者以泰方舅,今舅不如泰也。"子弟逼之,乃入,见昭,悲恸,昭亦对之泣曰:"玄伯②,卿何以处我?"泰曰:"独有斩贾充,少可以谢天下耳!"昭久之曰:"更思其次。"泰曰:"泰言惟有进于此者,不知其次。"昭乃不复言。以太后令,罪状髦,废为庶人,葬以民礼。收王经及其家属付廷尉。经谢其母,母笑曰:"人谁不死,正恐不得其所,以此并命③,何恨之有!"及就诛,故吏向雄哭之,哀恸一市。王沈以功封安平侯。太傅孚等请以王礼葬髦,许之。昭言成济大逆不道,夷三族。

纲 六月,魏主奂立。

目 奂,燕王宇之子也。本名璜,封常道乡公,司马昭迎立之,更名奂,年十五矣。

纲 辛巳,四年(261)④,冬,以董厥、诸葛瞻为将军,共平尚书事,樊建为尚书令。

目 时中常侍黄皓用事,厥、瞻皆不能矫正,士大夫多附之,惟建不与皓往来。秘书令郤正久在内职⑤,与皓比屋,周旋三十余年,淡然自守,以

---

① 太傅孚:司马孚,司马懿之弟。
② 玄伯:陈泰字。
③ 言与其主并死。
④ 魏景元二年,吴永安四年。
⑤ 秘书令:秘书寺长官,掌图书秘记。

书自娱,既不为皓所爱,亦不为所憎,故官不过六百石,而亦不罹
其祸。

纲 壬午,五年(262)①,冬十月,姜维伐魏洮阳②,不克。

纲 魏司马昭杀中散大夫嵇康③。

〔竹林七贤〕

目 康文辞壮丽,好言老、庄而尚奇任侠,与阮籍、籍兄子咸、山涛、向秀、
王戎、刘伶相友善,号"竹林七贤"。皆崇尚虚无,轻蔑礼法,纵酒昏
酣,遗落世事。

籍为步兵校尉④,其母卒,方与人围棋,对者求止,籍留与决赌。既而
饮酒二斗,举声一号,吐血数升,毁瘠骨立。居丧,饮酒无异平日。司
隶何曾面质籍于司马昭座曰⑤:"卿纵情背礼,败俗之人,不可长也!"
因谓昭曰:"公方以孝治天下,而听籍以重哀饮酒食肉于公座,何以训
人! 宜摈之四裔,无令污染华夏。"昭爱籍才,常拥护之。

咸素幸姑婢,姑将婢去,咸方对客,遽借客马追之,累骑而还。

伶尤嗜酒,常乘鹿车,携一壶酒,使人荷锸随之,曰:"死便埋我。"当时
士大夫皆以为贤,争慕效之,谓之放达。

钟会闻康名,造之,康箕踞而锻,不为之礼。会将去,康曰:"何所闻而

---

① 魏景元三年,吴永安五年。
② 洮阳:县名,今甘肃临潭县西南。
③ 中散大夫:官职名,掌议论。
④ 步兵校尉:禁军五校尉之一。
⑤ 司隶:司隶校尉,掌察举百官以下及京师近郡犯法者,兼领司州数郡,如州刺史。

来,何所见而去?"会曰:"闻所闻而来,见所见而去!"遂深衔之①。

涛为吏部郎,举康自代。康与涛书,自说不堪流俗,而非薄汤、武。昭闻而怒之。康与东平吕安亲善,安兄巽(xùn)诬安不孝,康为证其不然。会因谮:"康尝欲助毌丘俭,与安皆有盛名于世,而言论放荡,害时乱教,宜因此除之。"昭遂杀安及康。康尝诣隐者孙登,登曰:"子才多识寡,难乎免于今之世矣!"

[魏灭蜀]

纲 魏以钟会都督关中军事。

目 魏司马昭患姜维数北伐,欲大举伐汉,朝臣多以为不可,独钟会劝之。

昭谕众曰:"自定寿春已来,息役六年,治兵缮甲以拟二虏。今吴地广大而下湿,攻之用力差难,不如先定巴、蜀,三年之后,因顺流之势,水陆并进,此灭虢取虞之势也。今绊姜维于沓中②,使不得东顾,直指骆谷,出其空虚之地以袭汉中,以刘禅之暗,而边城外破,士女内震,其亡可知也。"乃以会为镇西将军,督关中。邓艾以蜀未有衅,屡陈异议,昭使人谕之,艾乃奉命。

姜维表遣左、右车骑张翼、廖化督诸军,分护阳安关口及阴平之桥头③,以防未然。黄皓信巫鬼,谓敌终不自致,启帝寝其事④,群臣莫知。

---

① 衔:恨。
② 沓中:在今甘肃临潭县以西,至青海黄河东北岸等地。
③ 阳安关:今陕西宁强县阳平关。阴平桥头:在今甘肃文县。
④ 寝:搁置。

綱 癸未,炎兴元年(263)①,秋,魏遣邓艾、钟会将兵入寇,关口守将傅佥
　　死之②,姜维战败,还守剑阁③。

目 魏遣邓艾督三万余人自狄道、甘松、沓中以缀姜维④。雍州刺史诸
　　葛绪督三万余人自祁山趣武街、桥头⑤,绝维归路。钟会统十万余
　　众,分从斜谷、骆谷、子午谷趣汉中。以卫瓘持节监军事,行镇西
　　军司。

　　会过幽州刺史王戎⑥,问计。戎曰:"道家有言:'为而不恃。'非成功
　　难,保之难也。"或以问参相国军事刘寔曰:"钟、邓其平蜀乎?"寔曰:
　　"破蜀必矣,而皆不还。"客问其故,寔笑而不答。

　　八月,军发洛阳,汉人遣廖化为姜维继援,张翼、董厥诣阳安关口为诸
　　围外助,敕诸围不得战,退保汉、乐二城。会平行至汉中⑦,使兵围二
　　城,径趣阳安口。使护军胡烈为先锋,攻关口。守将傅佥拒守,其下
　　蒋舒率众迎降,烈乘虚袭城,佥格斗而死。会遂长驱而前。

　　维闻会已入汉中,引兵还,艾遣兵追蹑于彊川口⑧,大战,维败走。还
　　至阴平,遇化、翼、厥等,合兵守剑阁以拒会。

――――――――――

① 魏景元四年,吴永安六年。
② 关口:即阳安关口。
③ 剑阁:在今四川剑阁县。其地险峻,扼守巴蜀北部门户,蜀国于此设剑门关,又在大、
　　小剑山之间修筑阁道,故称剑阁。
④ 狄道:今甘肃临洮县。甘松:即甘松岭,在今四川松潘县一带。
⑤ 武街:即武街城,在下辨,今甘肃成县。桥头:即阴平桥头。
⑥ 幽州:辖境约为今河北北部、北京、天津及辽宁等地。
⑦ 平行:安然行进。
⑧ 彊川口:即潐川口,今甘肃宕昌县两河口。

[司马昭为晋公]

纲 冬十月，魏司马昭始称相国、晋公，受九锡。

纲 卫将军诸葛瞻及邓艾战于绵竹①，败绩，及其子尚皆死之。

目 邓艾进至阴平，欲与诸葛绪自江油趣成都②。绪以西行非本诏，遂引
兵与钟会合。会欲专军势，密白绪畏懦不进，槛车征还，军悉属会。
姜维列营守险，会攻之不能克，粮道险远，军食乏，欲引还。艾上言：
"贼已摧折，宜遂乘之。"遂自阴平行无人之地七百余里，凿山通道，造
作桥阁。山高谷深，又粮运将匮，濒于危殆，艾以毡自裹，推转而下。
将士皆攀木缘崖，鱼贯而进。先登至江油，守将马邈降。诸葛瞻督诸
军拒艾，至涪不进。尚书郎黄崇屡劝瞻速行据险，无令敌得入平地，
瞻不从。艾遂长驱而前，瞻退往绵竹。艾以书诱瞻曰："若降者，表为
琅邪王。"瞻斩其使，列陈以待。艾大破之，斩瞻及崇。瞻子尚曰："父
子荷国重恩，不早斩黄皓，使败国殄民，用生何为！"策马冒陈而死。

纲 邓艾至成都，帝出降，皇子北地王谌死之，汉亡。

目 汉人不意魏兵卒至，不为城守调度。闻艾已入平地，帝使群臣会议，
或劝奔吴，或劝入南中。谯周以为："自古无寄他国为天子者，魏能并
吴，吴不能并魏。等为称臣，为小孰与为大，再辱何与一辱？若欲奔
南，当早为计。今大敌已近，群臣无可保者，恐发道之日，其变不测。"
乃遣使奉玺绶，诣艾降。北地王谌怒曰："若理穷力屈，祸败将及，便

————————

① 绵竹：今四川德阳市旌阳区。
② 江油：今四川平武县江油关。

当父子君臣背城一战，同死社稷，以见先帝可也，奈何降乎！"帝不听。谌哭于昭烈之庙①，先杀妻子，而后自杀。帝别敕姜维使降。艾至成都城北，帝率群臣面缚舆榇（chèn）②，诣军门降。艾收黄皓，将杀之，皓赂左右以免。维等得敕，诣会降。

右后汉二帝共四十三年。合两汉二十六帝，共四百六十九年。

〔邓艾、钟会、姜维之死〕

|纲| 甲申（264）③，春正月，魏以槛车征邓艾。钟会谋反，伏诛。监军卫瓘袭艾，杀之。

|目| 邓艾在成都，颇自矜伐，以书言于晋公昭曰："兵有先声而后实者，今因平蜀之势以乘吴，吴必震恐，席卷之时也。然大举之后，将士疲劳，不可便用，宜留陇右及蜀兵煮盐兴冶④，并作舟船，豫为顺流之事。且王刘禅以显归命之宠，如此则吴人畏威怀德，望风而从矣！"昭使卫瓘喻艾："事当须报，不宜辄行。"艾曰："《春秋》之义，大夫出疆，有可以安社稷、利国家者，专之可也。今吴人未宾，势与蜀连，不可拘常，以失事机。艾虽无古人之节，终不自嫌以损国家计也！"

钟会有异志，姜维知之，欲构成扰乱，乃说会曰："君自淮南已来，算无遗策，今复定蜀，威德振世，欲以此安归乎！何不法陶朱公泛舟绝迹⑤，全功保身邪！"会曰："君言远矣，我不能行。"维曰："其他则君智

---

① 昭烈之庙：蜀汉宗庙，祭祀昭烈帝刘备，在今四川成都市武侯祠博物馆内。

② 榇：空棺。舆榇即用车载运棺材，自明有死罪或以死自誓。

③ 魏咸熙元年，吴元兴元年。

④ 冶：冶铁、铸钱等。

⑤ 陶朱公：范蠡。

力之所能，无烦于老夫矣。"由是情好欢甚。因艾承制专事，乃与瓘密白艾有反状。诏以槛车征艾。昭恐艾不从命，敕会进军成都。会遣瓘先至成都收艾。瓘夜至成都，平旦，开门，瓘乘使者车径入，艾卧未起，遂执艾父子，置之于槛车。会至成都，送艾赴京师。

会所惮惟艾，艾既就擒，遂决意谋反。会郭太后卒，会乃悉召诸将，为太后发哀，称遗诏，使起兵废司马昭。

维欲使会尽杀北来诸将，己因杀会，复立故汉帝。会护军胡烈绐(dài)言会欲尽坑外兵①，一夜转相告皆遍。诸军鼓噪，争先赴城，斩会及维，死丧狼藉。瓘分部诸将，数日乃定。

艾本营将士，追出艾于槛车，迎还。瓘自以与会共陷艾，恐其为变，乃遣护军田续袭艾父子于绵竹西，斩之。艾之入江油也，续不进，艾欲斩续，既而舍之。及是，瓘谓曰："可以报江油之辱矣。"镇西长史杜预言于众曰："伯玉其不免乎②！身为名士，位望已高，既无德音，又不御下以正，将何以堪其责乎！"瓘闻之，不俟驾而谢预。艾余子在洛阳者悉被诛。

会功曹向雄收葬会尸③，昭召而责之曰："往者王经之死，卿哭于东市而我不问。今会为叛逆，又辄收葬，若复相容，其如王法何？"雄曰："昔先王掩骼埋胔(zì)，仁流朽骨，当时岂卜其功罪而后收葬哉！今王诛既加，于法已备，雄感义收葬，教亦无阙。法立于上，教弘于下，以此训物，不亦可乎！"昭悦，与宴谈而遣之。

会之伐汉也，辛宪英谓其夫之从子羊祜曰："会在事纵恣，非持久处下之

---

① 绐：诳骗。
② 伯玉：卫瓘字。
③ 功曹：长官府中的属吏之一，主管人事，多为长官亲信。

道,吾畏其有他志也。"会请其子琇(xiù)为参军,宪英忧曰:"他日吾为国忧,今日难至吾家矣。"琇固辞,不听。宪英谓曰:"行矣,戒之,军旅之间,可以济者,其惟仁恕乎!"琇竟以全归。诏以琇尝谏会反,赐爵关内侯。

纲 三月,魏晋公昭进爵为王。

目 太尉王祥、司徒何曾、司空荀顗共诣晋王,顗谓祥曰:"相王尊重,何侯与朝臣皆已尽敬,今日便当相率而拜,无疑也。"祥曰:"王、公相去一阶而已,安有天子三公可辄拜人者!君子爱人以礼,我不为也。"及入,顗拜而祥独长揖。昭谓祥曰:"今日然后知君见顾之重也!"

纲 魏封故汉帝禅为安乐公。

目 禅举家迁洛阳,大臣无从行者,惟秘书令郤正及殿中督张通舍妻子单身从行。正相导宜适,举动无阙,禅乃慨然叹息,恨知正之晚。

魏封禅为安乐公,他日与宴,为之作蜀技,旁人皆感怆,而禅喜笑自若。昭谓贾充曰:"人之无情,乃至于是。虽使诸葛亮在,不能辅之久全,况姜维邪!"他日,问禅曰:"颇思蜀否?"禅曰:"此间乐,不思蜀也。"正闻之,谓曰:"若王复问,宜泣而答曰:'先人坟墓,远在岷、蜀,乃心西悲,无日不思。'因闭其目。"会昭复问,禅对如前,昭曰:"何乃似郤正语邪!"禅惊视曰:"诚如尊命。"左右皆笑之。

纲 秋七月,吴主休殂,乌程侯皓立。

纲 八月,魏晋王昭以其子中抚军炎为副相国。冬十月,立为晋世子。

目 初,晋王昭娶王肃之女,生炎及攸,以攸继景王后①。攸性孝友,多材

---

① 景王:司马师。

艺,清和平允,名过于炎。昭爱之,常曰:"天下者,景王之天下也,吾百年后,大业宜归攸。"炎立发委地,手垂过膝。羊琇又教以宜察时政所宜损益,豫记以备访问。昭欲以攸为世子,山涛曰:"废长立少,违礼不祥。"贾充、何曾、裴秀曰:"中抚军聪明神武,有超世之才,人望既茂,天表如此,固非人臣之相也。"乃立炎为世子。

晋　纪

西晋世系表

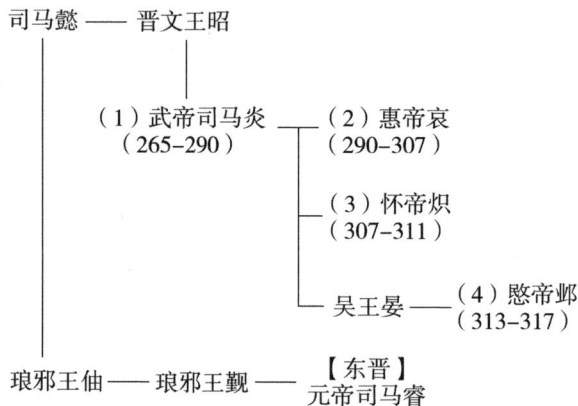

司马懿 —— 晋文王昭

（1）武帝司马炎（265–290） —— （2）惠帝衷（290–307）

（3）怀帝炽（307–311）

吴王晏 ——（4）愍帝邺（313–317）

琅邪王伷 —— 琅邪王觐 ——【东晋】元帝司马睿

世祖武皇帝

纲乙酉（265）①，夏五月，魏晋王昭号其妃曰后，世子曰太子。

纲秋八月，魏晋王昭卒，太子炎嗣。

纲冬，吴迁都武昌②。

[司马炎称帝，代魏立晋]

纲十二月，晋王炎称皇帝，废魏主为陈留王。

———————————

① 魏咸熙二年，晋泰始元年，吴甘露元年。

② 武昌：县名，今湖北鄂州市。

目魏主禅位于晋,出舍金墉城①。太傅司马孚拜辞,流涕歔欷不自胜,
曰:"臣死之日,固大魏之纯臣也。"晋王即皇帝位,奉魏主为陈留王。
即宫于邺②,追尊宣王、景王、文王为皇帝③,尊王太后曰皇太后。时
晋主承魏氏刻薄奢侈之后,欲矫以仁俭。将有事于太庙,有司言御牛
青丝绖(zhèn)断④,诏以青麻代之。

纲晋以傅玄、皇甫陶为谏官。

右魏五主,共四十六年。

纲丙戌(266)⑤,秋八月,晋主谒崇阳陵⑥。

目文帝之丧,臣民皆从权制,三日除服。既葬,晋主亦除之,然犹素冠疏
食,哀毁如居丧者。至是谒陵,诏以衰绖从行,群臣自依旧制。尚书
令裴秀奏曰:"既除复服,义无所依。"遂止。中军将军羊祜谓傅玄曰:
"三年之丧,虽贵遂服,礼也,而汉文除之⑦,毁礼伤义。今主上至孝,
虽夺其服,实行丧礼。若因此复先王之法,不亦善乎!"玄曰:"以日易
月,已数百年,一旦复古,殆难行也。"祜曰:"不能使天下如礼,且使主
上遂服,不犹愈乎!"玄曰:"主上不除而天下除之,此为有父子而无君
臣也。"乃止。群臣请易服复膳,诏曰:"每念不得终苴绖(jū dié)之

①　金墉城:魏明帝曹叡所筑,位于洛阳宫西北。
②　邺:今河北临漳县。
③　宣王:司马懿。景王:司马师。文王:司马昭。
④　绖:牛鼻绳。
⑤　晋泰始二年,吴宝鼎元年。
⑥　崇阳陵:司马昭墓,在今河南洛阳市偃师区。
⑦　汉文遗诏令天下吏民皆三日除服。

礼①,以为沉痛。况食稻、衣锦乎！朕本诸生家,传礼来久,何至一旦易此情于所天②！可试省孔子答宰我之言,无事纷纭也！"遂以疏素终三年。

纲 吴以陆凯、万彧为左、右丞相。

目 吴主居武昌,扬州之民溯流供给,甚苦之。凯上疏曰:"武昌土地险瘠,非王者之都。且童谣云:'宁饮建业水③,不食武昌鱼;宁还建业死,不止武昌居。'此足明民心与天意矣。"

纲 冬十二月,吴还都建业。

纲 丁亥(267)④,春正月,晋立子衷为太子。

目 有司奏:"东宫施敬二傅⑤,其仪不同。"晋主曰:"崇敬师傅,所以尊道重教也,何言臣不臣乎？其令太子申拜礼。"

纲 晋杀其故立进令刘友⑥。

目 司隶校尉李憙劾奏故立进令刘友及前尚书山涛、中山王睦、尚书仆射武陔各占官稻田。诏曰:"友侵剥百姓,其考竟以惩邪佞⑦。涛等不贰其过,皆勿问。憙亢志在公,当官而行,可谓邦之司直矣。其申敕

---

① 苴绖:丧服中麻布所制,无顶冠与腰带。亦指居丧。
② 臣以君为天,子以父为天。
③ 建业:今江苏南京市。
④ 晋泰始三年,吴宝鼎二年。
⑤ 二傅:太子太傅,太子少傅。
⑥ 立进:县名,未详处所。
⑦ 考竟:考问究竟。

群僚,各慎所司,宽宥之恩,不可数遇也!"

纲 晋征犍(qián)为李密①,不至。

目 晋主征犍为李密为太子洗(xiǎn)马②,密以祖母老,固辞,许之。密与人交,每公议其得失而切责之,常言:"吾独立于世,顾影无俦(chóu),然而不惧者,以无彼此于人故也。"

纲 戊子(268)③,春三月,晋太后王氏殂。

目 晋主居丧,一遵古礼。既葬,有司请除衰服。诏曰:"受终身之爱而无数年之报,情所不忍也。"有司固请,诏曰:"患在不能笃孝,勿以毁伤为忧。前代礼典,质文不同,何必限以近制,使达丧阙然乎!"群臣请不已,乃许之,然犹素服以终三年。

纲 夏四月,晋太保王祥卒④。

目 祥卒,门无杂吊之宾。其族孙戎叹曰:"太保当正始之世⑤,不在能言之流。及间与之言,理致清远,岂非以德掩其言乎!"

纲 秋七月,众星西流,如雨而陨。

纲 己丑(269)⑥,春二月,晋以羊祜都督荆州军事。

———————

① 犍为:郡名,治今四川眉山市彭山区。
② 太子洗马:东宫属官,以文学政事侍从太子。
③ 晋泰始四年,吴宝鼎三年。
④ 太保:上公之一,西晋仿古制设此官。
⑤ 正始:魏主曹芳年号。
⑥ 晋泰始五年,吴建衡元年。

目晋主有灭吴之志,使祜都督荆州,镇襄阳,东莞王伷都督徐州,镇下
邳①。祜绥怀远近,甚得江、汉之心。与吴人开布大信,降者欲去,皆
听之。减戍逻之卒,以垦田八百余顷②。其始至也,军无百日之粮。
及其季年,乃有十年之积。祜在军,常轻裘缓带,身不被甲,铃阁之
下,侍卫不过十数人。

纲晋录用故汉名臣子孙。

目济阴太守文立言:"故蜀名臣子孙,宜量才叙用,以慰巴、蜀之心,倾吴
人之望。"晋主从之。诏曰:"诸葛亮在蜀,尽其心力,子瞻临难死义,
其孙京宜随才署吏。蜀将傅佥父子死于其主,息著、募没入奚官③,
宜免为庶人。"又以立为散骑常侍。汉故尚书程琼雅有德业④,与立
深交,晋主闻其名,以问立。对曰:"臣至知其人,但年垂八十⑤,禀性
谦退,无复当时之望,故不以上闻耳。"琼闻之,曰:"广休可谓不党
矣⑥,此吾所以善夫人也。"

纲庚寅(270)⑦,夏四月,吴以陆抗都督诸军,治乐乡⑧。

---

① 下邳:今江苏睢宁县古邳镇。
② 百亩为顷。
③ 息:子。奚官:少府下属机构。
④ 雅:很。
⑤ 垂:接近。
⑥ 广休:文立字。
⑦ 晋泰始六年,吴建衡二年。
⑧ 乐乡:今湖北松滋市。

纲辛卯(271)①,春正月,吴主大举兵,游华里②,不至而还。

目吴人刁玄诈增谶文云:"黄旗紫盖,见于东南,终有天下者,荆、扬之
君。"吴主信之,大举兵出华里,载太后及后宫数千人,西上。行遇大
雪,兵士寒冻殆死,皆曰:"若遇敌,便当倒戈。"吴主乃还。

纲冬十一月,晋安乐公刘禅卒。

纲壬辰(272)③,春二月,晋太子衷纳妃贾氏。

目晋主初欲为太子娶卫瓘女,贾充妻郭槐赂杨后左右,使后说纳其女。
晋主曰:"卫公女有五可,贾公女有五不可:卫氏种贤而多子,美而长、
白;贾氏种妒而少子,丑而短、黑。"后固以为请。至是,荀勖又与荀
顗、冯紞(dǎn)皆称充女绝美,且有才德,晋主遂从之。贾妃年十五,
长太子二岁,妒忌多权诈,太子嬖(bì)而畏之④。

纲夏,晋益州杀其刺史⑤,广汉太守王濬讨平之⑥,以濬为益州刺史。

目时汶山白马胡掠诸种⑦,益州刺史皇甫晏欲讨之。牙门张弘作乱⑧,
杀晏。广汉太守王濬发兵讨弘,斩之。诏以濬为益州刺史。
初,濬为羊祜参军,祜深知之。濬至益州,明立威信,蛮夷归附。俄迁

---

① 晋泰始七年,吴建衡三年。
② 华里:在今江苏南京市西南,由此可经牛渚渡江向北。
③ 晋泰始八年,吴凤凰元年。
④ 嬖:宠幸。
⑤ 益州:辖境约为今四川中南部及云贵地区。
⑥ 广汉:郡名,治今四川射洪市。
⑦ 汶山:郡名,治今四川茂县。
⑧ 牙门:牙门将,益州官署中的统兵将领。

大司农①。时晋主与羊祜谋伐吴,祜以为宜借上流之势,密表留濬,加龙骧将军,监梁、益军②。诏使罢屯田兵,大作舟舰。时作船木柹(fèi)蔽江而下③,吴建平太守吾彦取以白吴主曰④:"晋必有攻吴之计,宜增建平兵以塞其冲。"吴主不从,彦乃为铁锁,横断江路。

纲 秋七月,晋以贾充为司空⑤。

纲 九月,吴步阐据西陵⑥,叛,降晋。

纲 冬十一月,吴陆抗拔西陵,诛步阐。晋羊祜等救之,不及。

目 吴主既克西陵,志益张大,使术士尚广筮取天下,对曰:"吉,庚子岁,青盖当入洛阳。"吴主喜,不修德政,专为兼并之计。

羊祜归自江陵⑦,务修德信以怀吴人。每交兵,刻日方战⑧,不为掩袭之计。将帅有欲进谲计者,辄饮以醇酒,使不得言。军行吴境,刈谷为粮,皆计所侵,送绢偿之。每游猎,常止晋地,所得禽兽或先为吴人所伤者,皆送还之。于是吴边人皆悦服。祜与陆抗对境,使命常通:抗遗祜酒,祜饮之不疑;抗疾,祜与之成药,抗即服之。人多谏抗,抗曰:"岂有鸩人羊叔子哉⑨!"抗告其边戍曰:"彼专为德,我专为暴,是

① 大司农:九卿之一,掌租税钱谷盐铁等事。
② 梁州:魏灭蜀后分益州为益梁二州,梁州约辖今重庆、四川东北部及陕西南部地区。
③ 柹:削下木片。
④ 建平:郡名,治今重庆巫山县。
⑤ 司空:三公之一,掌水土工程。
⑥ 西陵:今湖北宜昌市。
⑦ 江陵:县名,今湖北荆州市。
⑧ 刻日:限定日期。
⑨ 鸩:毒害。叔子:羊祜字。

不战而自服。各保分界而已,无求细利。"

羊祜不附结中朝权贵,荀勖、冯紞之徒皆恶之。从甥王衍尝诣陈事,辞甚清辩,祜不然之,衍拂衣去。祜顾谓客曰:"王夷甫方当以盛名处大位①,然败俗伤化,必此人也。"及攻江陵,祜以军法将斩王戎。衍,戎之从弟也,故皆憾之。时人为之语曰:"二王当国,羊公无德。"

纲 晋免其国子祭酒庾纯官②,寻复用之。

目 贾充与朝士宴,河南尹庾纯醉③,与充争言。充曰:"父老,不归养,卿为无天地!"纯曰:"高贵乡公何在?"充惭怒,上表解职,纯亦自劾。诏免纯官,仍下五府④,正其臧否。石苞以纯荣宦忘亲,当除名。齐王攸以为纯于礼律未有违者。诏复以纯为祭酒。

纲 癸巳(273)⑤,夏四月,晋以邓艾孙朗为郎中⑥。

目 初,邓艾之死,人皆冤之,而无为之辨者。及晋主即位,议郎段灼上疏谓⑦:"宜听艾归葬,还其田宅,继封定谥。则艾死无所恨,而天下徇名之士,思立功之臣,必投汤火,乐为陛下死矣!"晋主善其言而不能从也。至是,问给事中樊建以诸葛亮之治蜀⑧,曰:"吾独不得如亮者而臣之乎?"建稽首曰:"陛下知邓艾之冤而不能直,虽得亮,得无如冯

---

① 夷甫:王衍字。
② 国子祭酒:国子学长官。
③ 河南尹:西晋首都洛阳属河南郡,长官为尹,不称太守。
④ 五府:应指太傅、太保、大将军、太尉、司徒五公之官署。
⑤ 晋泰始九年,吴凤凰二年。
⑥ 郎中:郎官,入值宫中,侍卫皇帝。
⑦ 议郎:光禄勋所属郎官之一,掌顾问应对,无常事。
⑧ 给事中:门下省官,给事于宫中,备顾问应对。

唐之言乎!"晋主笑曰:"卿言起我意。"乃以朗为郎中。

纲 甲午(274)①,秋七月,晋以山涛为吏部尚书②。

目 涛典选十余年,甄拔人物,各为题目而奏之③,时称"山公启事"。

纲 晋后杨氏殂。

纲 晋以嵇绍为秘书丞④。

目 绍以父康得罪,屏居私门。至是,山涛荐征之,绍辞不就。涛谓曰:
"为君思之久矣,天地四时,犹有消息,况于人乎!"绍乃应命。

初,东关之败⑤,文帝问寮属曰:"近日之事,谁任其咎?"安东司马王
仪对曰:"责在元帅。"文帝怒曰:"司马欲委罪于孤邪!"斩之。仪子
裒痛父非命,隐居教授,三征七辟,皆不就。未尝西向而坐,庐于墓
侧,旦夕攀柏悲号,涕泪着树,树为之枯。读《诗》至"哀哀父母,生我
劬劳",未尝不三复流涕,门人为之废《蓼莪(lù é)》。

纲 吴大司马、荆州牧陆抗卒。

目 抗疾病,上疏曰:"西陵、建平,国之蕃表,既处上流,受敌二境。若敌
泛舟顺流,星奔雷迈,非可恃援他郡以救倒悬,此乃社稷安危之机也。
臣父逊昔上言:'西陵,国之西门,虽云易守,亦复易失。若有不守,非
但失一郡,荆州非吴有也。'臣死之后,乞以西方为属。"及卒,吴主使

---

① 晋泰始十年,吴凤凰三年。
② 吏部尚书:尚书吏部主官,掌铨选及吏部诸曹之事,位居诸尚书之首。
③ 题目:评论,品题。
④ 秘书丞:秘书省官员,佐秘书监掌图籍文书。
⑤ 东关:即东兴堤。

其子晏、景、玄、机、云分将其兵。机、云皆善属文,名重于世。

初,周鲂之子处,膂力绝人,不修细行,乡里患之。处尝问父老曰:"今时和岁丰而人不乐,何邪?"父老叹曰:"三害不除,何乐之有!"处曰:"何谓也?"曰:"南山白额虎,长桥蛟,并子为三矣。"处曰:"若所患止此,吾能除之。"乃射虎,杀蛟,遂从机、云受学。笃志读书,砥节砺行,比及期年,州府交辟。

纲 晋邵陵公曹芳卒。

目 初,芳之废也,太宰中郎陈留范粲素服拜送①,哀动左右。遂称疾,阳狂不言,寝所乘车,足不履地。子乔等侍疾家庭,足不出邑里。及晋代魏,诏以二千石禄养病,加赐帛百匹,乔以父疾笃,辞不敢受。粲不言凡三十六年,年八十四,终于所寝之车。

纲 丙申(276)②,秋八月,吴临平湖开③,石印封发。

目 吴人或言于吴主曰:"临平湖自汉末蔽(huì)塞④,长老言:'湖塞天下乱,湖开天下平。'近者无故忽开,此天下当太平,青盖入洛之祥也。"初,吴人掘地得银尺,上有刻文,吴主因改元天册。至是,或献小石刻"皇帝"字,又改元天玺。八月,历阳长又上言:"历阳山石印封发,俗谓当太平。"又改明年元曰天纪。

纲 冬十月,晋加羊祜征南大将军。

---

① 太宰中郎:即太宰从事中郎,太宰府属官。
② 晋咸宁二年,吴天玺元年。
③ 临平湖:古代湖泊,旧址在今浙江杭州市临平区临平山东南。
④ 蔽:同"秽"。

目 祜上疏请伐吴曰："期运虽天所授,而功业必因人而成,不一大举扫灭,则兵役无时得息也。夫蜀之为国,皆云一夫荷戟,千人莫当。及进兵之日,曾无藩篱之限,乘胜席卷,径至成都。今江淮之险,不如剑阁;孙皓之暴,过于刘禅;吴人之困,甚于巴蜀。而大晋兵力盛于往时,而不于此际平一四海,而更阻兵相守,使天下困于征戍,经历盛衰,不可长久也。今若引梁、益之兵,水陆俱下,虽有智者不能为吴谋矣。"晋主深纳之。议者多有不同,贾充、荀勖、冯紞尤以为不可。祜叹曰:"天下不如意事,十常居八九。天与不取,岂非更事者恨于后时哉!"唯杜预及中书令张华与晋主意合,赞成其计。

纲 晋立后杨氏,以后父骏为车骑将军①。

目 晋主初聘后,后叔父珧(yáo)上表曰:"自古一门二后,未有能全其宗者,乞藏此表于宗庙,异日得以免祸。"晋主许之。竟立后,而以骏为将军,封侯。骏骄傲自得,镇军胡奋谓曰:"卿恃女更益豪邪! 历观前世,与天家婚,未有不灭门者,但早晚事耳!"

纲 丁酉(277)②,春正月朔,日食。

纲 秋七月,晋诏遣诸王就国,封功臣为公侯。

目 羊祜封南城郡侯,固辞不受。祜每拜官爵,多避让,诚心素著,故特见申于分列之外。历事二世,职典枢要。凡谋议皆焚其草,世莫得闻,所进达之人,皆不知所由。常曰:"拜官公朝,谢恩私门,吾所不

---

① 车骑将军:高级将军号,位在大将军、骠骑将军下。
② 晋咸宁三年,吴天纪元年。

取也。"

纲 戊戌(278)①,春正月朔,日食。

纲 夏六月,晋羊祜入朝。

目 祜以病求入朝,既至,面陈伐吴之计,晋主善之。以祜病,不宜数入,
更遣张华就问筹策。祜曰:"孙皓暴虐已甚,于今可不战而克。若皓
没更立令主,虽有百万之众,长江未可窥也。"华深然之。祜曰:"成吾
志者,子也。"晋主欲使祜卧护诸军,祜曰:"取吴不必臣行,但既平之
后,当劳圣虑耳。功名之际,臣不敢居。若事了,当有所付授,愿审择
其人也。"

纲 秋,晋大水,螟。

目 诏以水灾问主者:"何以佐百姓?"杜预上疏,以为:"今者水灾,东南
尤剧,宜敕兖、豫等州,留汉氏旧陂以畜水,余皆决沥,令饥者得鱼菜
螺蚌之饶,此目下日给之益也。水去之后,填淤之田,亩取数钟②,此
又明年之益也。典牧种牛有四万五千余头,可给民,使耕种,责其租
税,此又数年以后之益也。"晋主从之,民赖其利。预在尚书七年,损
益庶政,不可胜数,时人谓之"杜武库",言其无所不有也。

纲 冬,晋以卫瓘为尚书令。

目 是时,朝野咸知太子昏愚,不堪为嗣。瓘欲启而不敢。会侍宴凌云
台,瓘阳醉,跪晋主前,欲言而止者三,因以手抚床,曰:"此座可惜!"

———————————————

① 晋咸宁四年,吴天纪二年。
② 钟:古代大容量单位,一钟相当于六百四十升。

晋主意悟,因谬曰:"公真大醉邪?"贾充密遣人语贾妃,云:"卫瓘老奴,几破汝家!"

纲 十一月,晋诏毋得献奇技异服。

目 晋太医司马程据献雉头裘,晋主焚之于殿前,因有是诏。

纲 晋以杜预为镇南大将军,督荆州诸军事。巨平侯羊祜卒。

目 祜疾笃,举预自代而卒。晋主哭之甚哀。南州民闻祜卒,罢市巷哭,吴守边将士亦为之泣。祜好游岘山①,襄阳人建碑立庙于其地,岁时祭祀,望其碑者无不流涕,因谓之"堕泪碑"。

纲 晋清泉侯傅玄卒。

目 玄性峻急,为司隶,每有奏劾,或值日暮,捧白简,整簪笏,竦诵不寐,坐而待旦。由是贵游震慑,台阁生风。卒谥曰刚。

纲 己亥(279)②,春正月,树机能陷晋凉州,晋遣将军马隆讨之。

纲 晋以匈奴刘渊为左部帅。

目 渊,豹之子也,幼而俊异,师事上党崔游,博习经史。尝谓同门生曰:"吾常耻随、陆无武③,绛、灌无文④。随、陆遇高帝而不能建封侯之业,绛、灌遇文帝而不能兴庠序之教,岂不惜哉!"于是兼学武事。及长,猿臂善射,膂力过人,姿貌魁伟。为任子在洛阳,王浑及

———————————

① 岘山:在今湖北襄阳市。
② 晋咸宁五年,吴天纪三年。
③ 随、陆:随何、陆贾,皆事汉高祖。
④ 绛、灌:绛侯周勃、灌婴,共立汉文帝。

其子济皆重之,屡荐于晋主,晋主召与语,悦之。济曰:"渊有文武长才,陛下任以东南之事,吴不足平也。"孔恂、杨珧曰:"非我族类,其心必异。渊才器诚少比,然不可重任也。"及凉州覆没,晋主问将于李熹,对曰:"陛下诚能发匈奴五部之众①,假渊一将军之号,使将之而西,树机能之首可指日而枭也。"恂曰:"渊果枭树机能,则凉州之患方更深耳。"晋主乃止。齐王攸言于晋主曰:"陛下不除刘渊,臣恐并州不得久安②。"王浑曰:"大晋方以信怀殊俗,奈何以无形之疑杀人侍子乎? 何德度之不弘也!"晋主然之。会豹卒,以渊代为左部帅。

〔晋灭吴〕

纲 冬十一月,晋大举兵分道伐吴。

目 吴主每宴群臣,咸令沉醉。又置黄门郎十人为司过③,宴罢之后,各奏阙失,或剥人面,或凿人眼。由是上下离心,莫为尽力。王濬上疏曰:"孙皓荒淫凶逆,宜速征伐。若皓死,更立贤王,则强敌也。臣作船七年,日有朽败,臣年七十,死亡无日。三者一乖,则难图矣。愿陛下无失事机。"晋主于是决意伐吴。会王浑言孙皓欲北上,边戍皆戒严,乃更议明年出师。杜预上表曰:"羊祜不博谋而与陛下计,故令朝臣多异同之议。凡事当以利害相校,今此举之利十有八九,而其害止于无功耳。自秋已来,讨贼之形颇露,今若又中止,孙皓怖而生计,徙都武

---

① 曹操分南匈奴为五部,置之于并州。
② 并州:辖境约为今山西中北部。
③ 黄门郎:指黄门侍郎、给事黄门侍郎等,门下省官,位次侍中。

昌,完修江南诸城,远其居民,城不可攻,野无所掠,则明年之计亦无及矣!"晋主方与张华围棋,预表适至,华推枰敛手曰①:"陛下圣武,国富兵强,吴主淫虐,诛杀贤能,今讨之可不劳而定,愿勿以为疑!"晋主乃许之。山涛退而告人曰:"'自非圣人,外宁必有内忧。'今释吴为外惧,岂非算乎!"十一月,遣琅邪王伷、王浑、王戎、胡奋、杜预、王濬、唐彬分道伐吴,东西二十余万。

纲 十二月,晋马隆破树机能,斩之,凉州平。

纲 晋诏议省员吏。

目 诏问朝臣以政之损益,司徒长史傅咸上书,以为:"公私不足,由设官太多。当今之急,在并官省役,务农而已。"遂议省州、郡、县半吏以赴农功。中书监荀勖以为:"省吏不如省官,省官不如省事,省事不如清心。昔萧、曹相汉,载其清静,民以宁一,所谓清心也。抑浮说,简文案,略细苛,宥小失,变常以徼利者必诛,所谓省事也。以九寺并尚书②,兰台付三府③,所谓省官也。若直作大例,天下之吏悉省其半,恐郡国职业,剧易不同,不可以一概施之。"

纲 庚子,晋世祖武皇帝太康元年(280),春,诸军并进,吴丞相张悌迎战,死之。三月,龙骧将军王濬以舟师入石头④,吴主皓出降。

―――――――――

① 枰:棋局。
② 九寺:九卿办公场所内。
③ 兰台:御史台。三府:指三公之府,太尉、司徒、司空。
④ 石头:石头城,孙权所筑,今江苏南京市秦淮河畔。

目正月，王浑出横江①，所向皆克。二月，王濬、唐彬击破丹阳监盛纪②。吴人于江碛要害处③，并以铁锁横截之，又作铁锥长丈余，暗置江中，逆拒舟舰。濬作大筏数十，方百余步，缚草为人，披甲持杖，令善水者以筏先行，遇铁锥，锥辄着筏而去。又作大炬，长十余丈，大数十围，灌以麻油，在船前。遇锁，燃炬烧之，须臾，融液断绝。于是船无所碍，遂克西陵、荆门、夷道④。杜预遣牙门周旨等帅奇兵八百夜渡江，袭乐乡，多张旗帜，起火巴山⑤。吴都督孙歆惧，与江陵督伍延书曰："北来诸军，乃飞渡江也。"预进克江陵，斩吴将伍延。于是沅、湘以南⑥，接于交、广⑦，州郡皆望风送印绶。王戎遣罗尚与濬合攻武昌，降之。预与众军会议，或曰："百年之寇，未可尽克，方春水生，难于久驻。宜俟来冬，更为大举。"预曰："今兵威已振，譬如破竹，数节之后，皆迎刃而解，无复着手处也。"遂指授群帅方略，径造建业。

吴丞相张悌督沈莹、诸葛靓帅众至牛渚⑧。三月，渡江与晋扬州刺史周浚战，大败于板桥⑨。靓欲遁去，使迎悌，悌不肯，靓自往牵之。悌垂涕曰："仲思⑩，今日是我死日也！且我为儿童时，便为卿家丞相所

————————

① 横江：今安徽和县东南，与牛渚隔江相望，为长江重要渡口。
② 丹阳：今湖北秭归县东。
③ 江碛：多石江岸。
④ 荆门：山名，今湖北宜都市西北长江南岸。夷道：县名，今宜都市。
⑤ 巴山：一名"麻山"，今湖北松滋市西南。
⑥ 指今湖南一带。
⑦ 交、广：交州、广州，约为今广东、广西及越南北部等地。
⑧ 牛渚：在今安徽马鞍山市，即采石矶。
⑨ 板桥：即版桥，在今安徽和县长江西岸。
⑩ 仲思：诸葛靓字。

识拔①,常恐不得其死,负名贤知顾。今以身徇社稷,复何道邪!"靓流涕而去,悌遂为晋兵所杀,并斩莹等,吴人大震。

濬自武昌顺流而下,吴主遣将军张象帅舟师万人御之,望旗而降。吴人大惧。时琅邪王伷亦临近境,吴主分遣使者奉书浑、濬请降,而送玺绶于伷。濬舟师过三山②,浑遣信要与论事,濬举帆直指建业,报曰:"风利,不得泊也。"是日,濬戎卒八万,方舟百里③,鼓噪入于石头。吴主皓面缚舆榇④,诣军门降。

朝廷闻吴已平,群臣皆贺上寿,帝执爵流涕曰:"此羊太傅之功也⑤。"骠骑将军孙秀不贺,南向流涕曰:"昔讨逆弱冠⑥,以一校尉创业,今后主举江南而弃之,悠悠苍天,此何人哉!"

右吴四主,共五十九年。

评三国:

汉末、三国时期的战乱和分裂造成了严重的人口下降与经济衰退,三国后期在籍人口仅相当于东汉巅峰时的 15% 左右,商品经济严重萎缩,在北方基本被以物易物取代。统治者加重对人民的压榨:曹魏屯田制把民众纳入军事化屯田体系,士家制强制民众世为兵士,以严酷的军法确保劳动力与兵源。孙吴的领兵复客制使豪强大族世世为将领兵,拥有私家部曲,对底层百姓压迫深重。蜀汉之制亦与魏、吴相仿,连年北伐

---

① 丞相:指诸葛恪,曾任吴丞相。
② 三山:一名"护国山",有三峰,在今江苏南京市西南江边。
③ 方舟:指大舟。
④ 舆榇:用车载运棺材,自明有死罪或以死自誓。
⑤ 羊太傅:羊祜。
⑥ 讨逆:指讨逆将军孙策。

给人民造成了沉重负担。

　　三国统治者均曾进行影响深远的改革。如曹魏以九品中正制选拔人才,后期在司马氏主持下建立了新的官品序列,三省制、租调制和兵制、军制等方面,均有明显发展而承前启后。曹魏使北方地区渐趋安定,蜀、吴两国也推进了西南和江南的开发,各族联系愈加紧密,华夏文明得到进一步传播与发展。

纲 夏四月,赐孙皓爵归命侯。遣使行荆、扬,除吴苛政。

目 赐孙皓爵归命侯。遣使分诣荆、扬抚慰牧、守已下,除其苛政,吴人大悦。

　　五月,皓至。帝临轩大会,引见皓。谓曰:“朕设此座以待卿久矣。”皓曰:“臣于南方,亦设此座以待陛下。”贾充谓皓曰:“闻君在南方凿人目,剥人面,此何等刑也?”皓曰:“人臣有弑其君及奸回不忠者,则加此刑耳①。”充默然甚愧。

纲 封拜平吴功臣。

目 王濬之入建业也,其明日,王浑乃济江,以濬不待己,意甚愧忿,将攻濬。濬参军何攀劝濬送皓与浑,由是事得解。

　　浑、濬争功,帝命廷尉刘颂校其事②,进浑爵为公,以濬为辅国大将军,与杜预、王戎皆封县侯。濬自以功大,而为浑父子党与所抑,每进见陈说,或不胜忿愤,径出不辞。益州护军范通谓曰:“卿功则美矣,然

---

① 暗指贾充指使成济杀魏主曹髦。
② 廷尉:九卿之一,掌刑狱。校:查对。

恨所以居美者未尽善也。卿旋旆(pèi)之日,角巾私第①,口不言平吴之事。若有问者,辄曰:'圣主之德,群帅之功,老夫何力之有?'此蔺生所以屈廉颇也。"濬曰:"吾始惩邓艾之祸,不得无言,其终不能遣诸胸中,是吾褊也②。"时人咸以濬功重报轻,为之愤邑③。博士秦秀等上表讼之,帝乃迁濬镇军大将军。

杜预还襄阳,以为天下虽安,忘战必危,乃勤于讲武,申严戍守。预身不跨马,射不穿札④,而用兵制胜,诸将莫及。在镇数饷遗洛中贵要,或问其故,预曰:"吾但恐为患,不求益也。"

纲 冬十月,诏罢州郡兵。

单敏捷 评注

楼 劲 审定

---

① 角巾:方巾,有棱角的头巾,为古代隐士冠饰。借指隐士或布衣。
② 褊:狭小,狭隘。
③ 邑:通"悒",忧愁不安。
④ 札:铠甲上的叶片。

纲鉴易知录卷三〇

　　卷首语:本卷起晋武帝太康二年(281),止晋惠帝光熙元年(306),所记为西晋二十六年之史事。本卷主要涵盖了西晋自统一走向混乱分裂的历程,以八王之乱、五胡争雄为全卷高潮,至惠帝被害结束。统一后的西晋经历了一段时间的繁荣安定,但各种隐忧也逐渐显现,统治集团奢靡成风,士庶之隔日趋深化,边疆与民族问题隐患重重,加之武帝立储不当,托孤非人,终酿成八王之乱。西晋统治集团互相残杀之时,各少数民族乘势崛起,席卷北方,长期的南北分裂对峙即将拉开帷幕。

晋　纪

世祖武皇帝

〔晋武帝优游怠政〕

纲 辛丑,二年(太康二年,281),春三月,选吴伎妾五千人入宫。

目 帝既平吴,颇事游宴,怠于政事,掖庭殆将万人①。常乘羊车,恣其所之,至便宴寝。宫人竞以竹叶插户,盐汁洒地,以引帝车。后父杨骏及弟珧(yáo)、济始用事,势倾内外,时人谓之三杨,旧臣多被疏退。山涛数有规讽,帝虽知而不能改。

纲 冬十月,鲜卑慕容涉归寇昌黎②。

目 初,鲜卑莫护跋始自塞外入居辽西棘城之北③,号慕容部。至孙涉归,迁于辽东之北,世附中国,数从征讨有功,拜大单于。至是,始叛寇昌黎。

自汉魏以来,羌、胡、鲜卑降者,多处之塞内诸郡。其后数因忿恨,杀害长吏,渐为民患。侍御史郭钦上疏曰④:"戎狄强犷,历古为患。宜及平吴之威,谋臣猛将之略,渐徙内郡杂胡于边地。峻四夷出入之

---

① 掖庭:内廷后宫,妃嫔居所。
② 鲜卑:魏晋南北朝时期影响最大的少数民族。昌黎:郡名,治今辽宁义县。
③ 辽西:指汉魏辽西郡一带。棘城:在今辽宁义县。
④ 侍御史:御史台官,分曹监察、理务,或出使巡行。

防,明先王荒服之制,此万世长策也。"不听。

纲 壬寅,三年(282),春正月,朔,帝亲祀南郊。

目 礼毕,帝问司隶校尉刘毅曰:"朕可方汉何帝①?"对曰:"桓、灵。"帝曰:"何至于此?"对曰:"桓、灵卖官,钱入官库;陛下卖官,钱入私门。以此言之,殆不如也。"帝大笑曰:"桓、灵不闻此言,今朕有直臣,固为胜之。"

〔羊琇、石崇、王恺斗富〕

中护军羊琇②,景献后之从父弟也③。后将军王恺,文明后之弟也④。散骑常侍石崇⑤,苞之子也。三人皆富于财,竞以奢侈相高。车骑司马傅咸上书曰⑥:"先王之治天下,食肉衣帛,皆有其制,奢侈之费,甚于天灾。古者人稠地狭,而有储蓄,由于节也。今土广人稀,而患不足,由于奢也。欲时人崇俭,当诘其奢,奢不见诘,转相高尚,无有穷极矣!"

纲 以张华都督幽州军事。

纲 夏四月,鲁公贾充卒。

目 充老病,自忧谥传。从子模曰:"是非久自见,不可掩也!"至是薨,无

_____

① 方:比拟。
② 中护军:魏晋时期禁军将领之一,负责武官铨选。
③ 景献后:景帝后羊氏。
④ 文明后:文帝后王氏。
⑤ 散骑常侍:侍从皇帝左右,掌规谏应对,常为显职。
⑥ 车骑司马:车骑将军府佐官,位次长史。

嗣,妻郭槐欲以外孙韩谧为世孙①,曹轸(zhěn)谏曰:"礼无异姓为后之文。"槐表陈之,云充遗意,帝许之。及太常议谥②,博士秦秀曰:"充悖礼溺情,以乱大伦。昔鄫(zēng)养外孙莒(jǔ)公子为后,《春秋》书'莒人灭鄫'。绝父祖之血食③,开朝廷之乱原。按谥法'昏乱纪度曰荒',请谥荒公。"帝更曰"武"。

纲 癸卯,四年(283),夏,琅邪王伷卒。

目 谥曰武,子觐嗣。

纲 冬,归命侯孙皓卒。

纲 甲辰,五年(284),春正月,龙见武库井中。

纲 乙巳,六年(285),春正月,尚书左仆射刘毅卒④。

〔刘毅批评九品中正制〕

目 初,陈群以吏部不能审核天下之士,故令郡国及州各置中正,皆取本土之人任朝廷官,德充才盛者为之,使铨次等级,以为九品。有言行修著则升之,道义亏缺则降之,吏部凭以补授。行之浸久,中正或非其人,奸敝日滋。毅尝上疏曰:"中正之设,损政者八:高下逐强弱,是非随爱憎;一人之身,旬日异状;上品无寒门,下品无势族,一也。置州都者⑤,

---

① 世孙:继承爵位的嫡孙。
② 太常:九卿之首,掌礼乐郊庙之事。
③ 血食:谓受享祭品。古代杀牲取血以祭,故称。
④ 尚书左仆射:尚书省长官,位次尚书令。
⑤ 州都:州中正。

本取州里清议所服，将以镇异同，一言议也，今重其任而轻其人，使驳论横于州里，嫌隙结于大臣，二也。本立格于九品者，谓才德有优劣，伦辈有首尾也，今乃优劣易地，首尾倒错，三也。陛下赏善罚恶，无不裁之以法，独中正无赏罚之防及禁人诉讼，使受枉者不获上闻，四也。一国之士多者千数，或流徙异邦，面犹不识，不过采誉于台府，纳毁于流言，任己则有不识之蔽，听受则有彼此之偏，五也。凡求人才以治民也，今当官著效者或附卑品，在官无绩者更获高叙，抑功实而隆虚名，长浮华而废考绩，六也。凡官不同事，人不同能，今不状其才之所宜，而但第为九品；以品取人，或非才能之所长，以状取人，则为本品之所限；徒结白论，品状相妨，七也。所下不彰其罪，所上不列其善，各任爱憎，以植其私，天下之人焉得不懈德行而锐人事，八也。由此论之，职名中正，实为奸府；事名九品，而有八损。宜罢中正，更立一代之制。"帝虽善其言，而终不能改。

评九品中正制：

九品中正制又称九品官人法，是曹魏对官员选拔体系的重大改革。朝廷在各州郡设中正，综合考察士人出身和才行，评定品级，确定相应的任官资格。中正品不是官品，但较高的品级意味着优越的仕途前景。随着时间推移，中正定品出现了种种弊端，形成了"上品无寒门，下品无势族"的局面。这是魏晋时期士族形成和地位上升的结果，九品中正制则最终成为高门大族巩固权位的工具。

纲 冬，慕容廆(wěi)寇辽西①。

———————————

① 慕容廆：慕容涉归之子。

纲 丙午,七年(286),春正月朔,日食。

纲 司徒魏舒罢①。

目 舒称疾,逊位。舒所为,必先行而后言,逊位之际,莫有知者。卫瓘与书曰:"每与足下共论此事,日日未果,可谓'瞻之在前,忽焉在后'矣。"

纲 丁未,八年(287),春正月朔,日食。

纲 戊申,九年(288),春正月朔,日食。

纲 秋八月,星陨如雨。

纲 己酉,十年(289),夏四月,慕容廆降,以为鲜卑都督。

纲 冬十一月,尚书令荀勖卒②。

目 勖有才思,善伺人主意,以是能固其宠。久在中书,专管机事。及迁尚书,甚罔怅。人有贺之者,勖曰:"夺我凤凰池,诸君何贺邪!"

纲 遣诸王假节之国,督诸州军事。封子孙六人为王。

目 帝极意声色,遂至成疾。杨骏忌汝南王亮,以为大司马、都督豫州诸军事,镇许昌;又徙皇子南阳王柬为秦王,都督关中;玮为楚王,都督荆州③;允为淮南王,都督扬、江二州诸军事④;并假节之国。立皇子

---

① 司徒:三公之一,掌民事。魏晋以来三公职权已被尚书等侵夺,渐成尊荣之衔。
② 尚书令:尚书省长官,魏晋尚书省主管举国行政,事剧务繁。
③ 荆州:辖境约为今河南南阳市及两湖地区。
④ 扬州:辖境约为今安徽中南部、江苏南部、上海、浙江等地。江州:西晋置,辖境约为今江西、福建等地。

义为长沙王,颖成都王,晏吴王,炽豫章王,演代王,孙遹(yù)广陵王。初,帝以才人谢玖赐太子,生遹。宫中尝夜失火,帝登楼望之,遹年五岁,牵帝裾入暗中①,曰:"暮夜仓猝,宜备非常,不可令照见人主。"帝奇之。尝称遹似宣帝②,故天下咸归仰之。帝知太子不才,然恃遹明慧,故无废立之心。帝为遹高选僚佐,以散骑常侍刘寔志行清素,命为之傅。寔以时俗喜进趣,少廉让,尝著《崇让论》,以为:"人情争,则欲毁己所不如,而优劣难分;让,则竞推于胜己,而贤智显出。当此时也,能退身修己,则让之者多矣。驰骛进趣,而欲人见让,犹却行而求前也。"

纲 以刘渊为匈奴北部都尉。

目 渊轻财好施,倾心接物。五部豪杰③,幽、冀名儒,多往归之。

孝惠皇帝

纲 庚戌,孝惠皇帝永熙元年(290),夏四月,以杨骏为太尉,辅政。

纲 帝崩。太子衷即位,尊皇后曰皇太后,立皇后贾氏。

纲 五月,葬峻阳陵④。诏群臣增位赐爵有差。

纲 以杨骏为太傅、大都督,假黄钺,录朝政,百官总己以听⑤。

---

① 裾:衣服大襟。
② 宣帝:司马懿。
③ 五部:曹操分南匈奴为五部。
④ 峻阳陵:晋武帝墓,在今河南洛阳市偃师区。
⑤ 总己:总摄己职。

纲 秋八月,立广陵王遹为太子。以刘渊为匈奴五部大都督。

纲 琅邪王觐卒。

目 谥曰恭,子睿嗣①。

〔贾后夺权〕

纲 辛亥,元康元年(291),春三月,皇后贾氏杀太傅杨骏,废皇太后为庶人。

目 贾后不以妇道事太后,又欲预政,而为杨骏所抑。殿中中郎孟观、李肇皆骏所不礼也,贾后使黄门董猛与观、肇谋诛骏,废太后。又使报楚王玮,玮许之,乃求入朝。至是,观、肇启帝,夜作诏,诬骏谋反,命东安公繇帅殿中四百人讨之,玮屯司马门。皇太后题帛为书,射城外,曰:"救太傅者有赏。"贾后因宣言太后同反。寻殿中兵出,烧骏府,骏逃于厩,就杀之。遂收珧、济②,夷三族。珧临刑,告东安公繇曰:"表在石函③。"繇不听。贾后矫诏送太后于永宁宫。有司奏请废太后为庶人,诣金墉城。诏可。

纲 征汝南王亮为太宰,与太保卫瓘录尚书事④。

目 亮颇专权势,御史中丞傅咸谏⑤,亮不从。贾后族兄模、从舅郭彰、女

---

① 睿即晋元帝。
② 俱杨骏弟。
③ 石函:宗庙中藏神主的石室。
④ 太宰、太保:皆位在三公上。
⑤ 御史中丞:御史台主官,掌举劾非法。

弟之子贾谧①,与楚王玮、东安公繇并预政。后暴戾日甚,繇密谋废后,繇兄澹素恶繇,屡谮于亮,诏免繇官,废徙带方②。于是谧、彰权势愈盛。谧虽骄奢,而喜延士大夫,彰与石崇、陆机、机弟云、潘岳、挚虞、左思、牵秀、刘舆、舆弟琨等皆附于谧,号"二十四友"。

〔贾后杀汝南王亮,八王之乱始〕

纲 夏六月,皇后杀太宰亮、太保瓘及楚王玮。

目 太宰亮、太保瓘以楚王玮刚愎好杀,谋遣玮之国。玮长史公孙宏、舍人岐盛劝玮自昵于贾后,后留玮领太子少傅。盛素善于杨骏,瓘恶其反复,将收之。盛乃因将军李肇矫称玮命,谮亮、瓘于贾后,云将谋废立。后素怨瓘,且患二公秉政,己不得专恣,六月,使帝作手诏赐玮曰:"太宰、太保欲为伊、霍之事③,王宜宣诏,屯诸宫门,免亮、瓘官。"玮亦欲因此复私怨,遂遣宏、肇以兵围亮府,清河王遐收瓘。亮遂为肇所执,与世子矩俱死。初,瓘为司空,帐下督荣晦有罪,斥遣之。至是,晦从遐收瓘,辄杀瓘及子孙共九人。张华使董猛说贾后曰:"楚王既诛二公,则威权尽归之矣,人主何以自安!宜以专杀之罪诛之。"遂执玮,斩之。宏、盛夷三族。

卫瓘女与国臣书曰④:"先公名谧未显,一国无言,《春秋》之失⑤,其咎

---

① 即韩谧。
② 带方:郡名,在朝鲜半岛北部。
③ 伊霍之事:指废立之事。伊尹放逐商王太甲三年,霍光废昌邑王刘贺。
④ 国臣:卫瓘封国及太保府官属。
⑤ 《春秋》有褒贬之义,此处指舆论、公议。

安在?"太保主簿刘繇等执黄幡①,挝登闻鼓②,讼瓘冤。乃诏族诛荣晦,追复亮、瓘爵位,谥亮曰文成,谥瓘曰成。

纲 以贾模、张华、裴頠(wěi)为侍中③,并管机要。

目 华尽忠帝室,弥缝遗阙,后虽凶险,犹知敬重,与模、頠同心辅政,故数年之间,虽暗主在上,而朝野安静。

纲 壬子,二年(292),春二月,皇后贾氏弑故皇太后杨氏于金墉城。

目 时太后尚有侍御十余人,贾后悉夺之,绝膳八日而卒。贾后覆而殡之④。

纲 甲寅,四年(294),司隶校尉傅咸卒。

目 咸性刚简,风格峻整。初为司隶,上言"货赂流行,所宜深绝",奏免河南尹澹等官,京师肃然。

纲 慕容廆徙居大棘城。

纲 丙辰,六年(296),春,以张华为司空。

〔齐万年起事〕

纲 秋八月,秦、雍氏、羌齐万年反⑤。冬十一月,遣将军周处等讨之。

目 初,御史中丞周处弹劾不避权威,梁王肜(róng)尝违法,处按劾之。至

---

① 主簿:太保府僚,主文书簿籍及印鉴。
② 登闻鼓:帝王为表示听取臣民谏议或冤情,在朝堂外悬鼓,许臣民击鼓上闻。
③ 侍中:门下省长官,侍从顾问,参与决策,出纳帝命。
④ 被发覆面,施以镇压。
⑤ 秦:秦州,辖区主要位于陇山以西,约为今甘肃黄河以东部分。雍:雍州,主要位于陇山以东,约为今陕西中部。

是,秦、雍氏、羌悉反,其帅齐万年僭帝号,围泾阳①。诏以处为建威将军,隶安西将军夏侯骏以讨之。万年闻处来,曰:"周府君有文武才,若专断而来,不可当也,或受制于人,此成禽耳!"

纲丁巳,七年(297),春正月,将军周处及齐万年战,败,死之。

目齐万年屯梁山②,有众七万。梁王肜、夏侯骏使周处以五千兵击之。处曰:"军无后继,必败。不徒身亡,为国取耻。"肜、骏逼遣之。处攻万年,自旦战至暮,斩获甚众,弦绝矢尽,救兵不至。左右劝处退,处按剑曰:"是吾效节致命之日也!"遂力战而死。

纲秋九月,以王戎为司徒。

〔将无同、三语掾〕

目戎为三公,与时浮沉,无所匡救,委事僚寀(cǎi)③,轻出游放。性复贪吝,园田遍天下,每自执牙筹,昼夜会计,常若不足。家有好李,卖之恐人得种,常钻其核。凡所赏拔,专事虚名。阮咸之子瞻尝见戎,戎问曰:"圣人贵名教,老、庄明自然,其旨异同?"瞻曰:"将无同④!"戎咨嗟良久,遂辟之。时人谓之"三语掾"。

〔名士清谈〕

是时,王衍为尚书令,乐广为河南尹,皆善清谈,宅心事外,名重当世,

———————

① 泾阳:县名,今甘肃平凉市西北。
② 梁山:在今陕西乾县西北。
③ 僚寀:同僚。
④ 将无同:大概没有不同。

朝野争慕效之。衍与弟澄，好品题人物，举世以为仪准。衍神清明秀，少时山涛见之，曰："何物老妪，生宁馨儿①！然误天下苍生者，未必非此人也！"广性冲约清远，与物无竞。每谈论，以约言析理，厌人之心，而其所不知，默如也。凡论人，必先称其所长，则所短不言自见。澄及阮咸、咸从子脩、胡毋辅之、谢鲲、王尼、毕卓，皆以任放为达。辅之尝酣饮，其子谦之厉声呼之曰："彦国②！年老，不得为尔！"辅之欢笑，呼入共饮。卓比舍郎酿熟，因夜至瓮间盗饮，为掌酒者所缚，明旦视之，乃毕吏部也。广闻而笑之曰："名教内自有乐地③，何必乃尔！"

初，何晏等祖述老、庄，立论以为："天地万物，皆以无为本。无也者，开物成务，无往不存者也。阴阳恃以化生，贤者恃以成德。故无之为用，无爵而贵矣！"衍等爱重之。由是士大夫皆尚浮诞，废职业。裴頠著《崇有论》以释其蔽曰："利欲可损而未可绝有也，事务可节而未可全无也。谈者深列有形之累，盛称空无之美。遂薄综世之务，贱功利之用，高浮游之业，卑经实之贤。人情所徇，名利从之，于是立言藉于虚无，谓之玄妙；处官不亲所职，谓之雅远；奉身散其廉操，谓之旷达；故悖吉凶之礼，忽容止之表，渎长幼之序，混贵贱之级，无所不至。夫万物之生，以有为分者也。故心非事也，而制事必由于心，不可谓心为无也；匠非器也，而制器必须于匠，不可谓匠非有也。由此而观，济有者皆有也，虚无奚益于已有之群生哉！"

---

① 宁馨：如此。
② 彦国：胡毋辅之字。
③ 名教：以儒家所定的名分与伦常道德为准则的礼法。

纲 戊午,八年(298),秋九月,遣将军孟观讨齐万年。

纲 己未,九年(299),春正月,观击万年,获之。

〔江统《徙戎论》〕

目 太子洗马江统,以为戎、狄乱华,宜早绝其原。乃作《徙戎论》以警朝
廷,曰:"四夷之中,戎、狄为甚,弱则畏服,强则侵叛。是以有道之君,
待之有备,御之有常。虽稽颡执贽而边城不弛固守,强暴为寇而兵甲
不加远征,期令境内获安,疆场不侵而已。夫关中帝王所居,未闻戎、
狄宜在此土也。非我族类,其心必异。而士庶玩习①,侮其轻弱,以
贪悍之性,挟愤怒之情,候隙乘便,辄为横逆,此必然之势也。夫为邦
者忧,不在寡而在不安,以四海之广,士民之富,岂须夷虏在内,然后
取足哉!此等皆可申谕发遣,还其本域,慰彼土思②,惠此中国,于计
为长也。"朝廷不能用。

纲 秋八月,侍中贾模卒,以裴頠为尚书仆射。

目 贾后淫虐日甚,私于太医令程据等。贾模数为后言祸福,后反以模为
毁己而疏之。模忧愤而卒。裴頠虽后亲属,然雅望素隆,四海惟恐其
不居权位。頠拜尚书仆射,又诏专任门下事,頠上表固辞。或谓曰:
"君可以言,当尽言于中宫,言而不从,当远引而去。傥二者不立,虽
有十表,难以免矣。"頠不能从。

---

① 玩习:习以为常,放松警惕。
② 土思:怀土之思。

〔何不食肉糜〕

　　帝为人戆騃(zhuàng ái)①,尝在华林园闻虾蟆,谓左右曰:"此鸣者,为官乎,为私乎?"时天下荒馑,百姓饿死,帝闻之曰:"何不食肉糜②!"由是权在群下,政出多门,贾、郭恣横③,货赂公行。南阳鲁褒作《钱神论》以讥之。

　　颖荐平阳韦忠于张华,华辟之,忠辞疾不起。人问其故,忠曰:"张茂先华而不实④,裴逸民欲而无厌⑤,弃典礼而附贼后,此岂大丈夫之所为! 常恐其溺于深渊,而余波及我,况可褰(qiān)裳而就之哉⑥!"

　　关内侯索靖知天下将乱,指洛阳宫门铜驼,叹曰:"会见汝在荆棘中耳!"

綱 冬十二月,废太子遹为庶人。

綱 庚申,永康元年(300),春正月,幽故太子遹于许昌。

綱 三月,尉氏雨血,妖星见南方,太白昼见,中台星拆⑦。

目 张华少子韙(wěi)劝华逊位,华曰:"天道幽远,不如静以待之。"

綱 皇后杀故太子遹。

————————————

① 戆騃:愚痴。
② 肉糜:煮烂成糊状的肉。
③ 贾、郭:贾后家及贾后母郭槐家。
④ 茂先:张华字。
⑤ 逸民:裴頠字。
⑥ 褰:撩起。古人上衣下裳。
⑦ 中台星:三台之一。拆:裂。

[赵王伦主政,八王之乱进入高潮]

纲 夏四月,赵王伦废皇后贾氏为庶人,杀之,遂杀司空张华、仆射裴頠,
自为相国,追复故太子位号。

目 赵王伦矫诏敕三部司马①,曰:"中宫与贾谧等杀太子,今使车骑入废
中宫,不从者诛三族。"众皆从之。遣齐王冏将百人排閤迎帝幸东堂,
召贾谧斩之,遂废后为庶人。伦阴与孙秀谋篡位,欲先除朝望,且报
宿怨。乃执张华、裴頠等于殿前,皆斩之,夷三族。伦送贾庶人于金
墉城,诛董猛、孙虑、程据等。于是,伦自为都督中外诸军事、相国、侍
中,孙秀等并据兵权。

伦素庸愚,复受制于秀。秀为中书令,威权振朝廷,天下皆事秀,而无
求于伦。诏追复故太子遹位号,立臧为临淮王②。有司奏:"尚书令
王衍备位大臣,太子被诬,志在苟免,请禁锢终身。"从之。伦遂矫诏,
遣使赍(jī)金屑酒赐贾后,死于金墉城。

纲 五月,立临淮王臧为皇太孙。

纲 秋八月,淮南王允讨赵王伦,不克而死。

纲 赵王伦杀黄门郎潘岳、卫尉石崇等③。

目 初,孙秀尝为小吏,岳屡挞之。崇之甥欧阳建素与伦有隙,崇有爱妾
绿珠,秀求之,不与。及淮南王允败,秀因称崇、岳、建奉允为乱,收

---

① 三部司马:西晋宫廷禁卫设有前驱、由基、强弩三部,各以司马掌之。
② 臧:遹子。
③ 卫尉:九卿之一,掌守卫宫门。

之。崇叹曰："奴辈利吾财耳！"收者曰："知财为祸,何不早散之！"崇不能答。

初,岳母常诮责岳曰："汝当知足,而干没不已乎①！"及败,岳谢母曰："负阿母！"遂皆族诛。

纲 冬十一月,立皇后羊氏。

纲 辛酉,永宁元年(301),春正月,赵王伦自称皇帝,迁帝于金墉城,杀太孙臧。

目 赵王伦逼夺玺、绶,备法驾入宫,即位。帝出居金墉城,尊为太上皇。废皇太孙为濮阳王,杀之。以孙秀为侍中、中书监,其余党与皆为卿、将,奴卒亦加爵位。每朝会,貂蝉盈坐②,时人为之谚曰："貂不足,狗尾续。"府库之储,不足以供赐与。应侯者多,铸印不给,或以白版封之。

纲 三月,齐王冏及成都王颖、河间王颙等举兵讨伦,伦遣兵拒之。

纲 闰月朔,日食。

纲 自正月至于是月,五星互经天,纵横无常。

纲 夏四月,成都王颖击败伦兵,帅师济河。左卫将军王舆等迎帝复位,伦伏诛。

纲 六月,以齐王冏为大司马,辅政。成都王颖为大将军,河间王颙为太

---

① 干没:侵吞他人财物。
② 貂蝉:王公高官冠帽的饰物。

尉,各还镇。

目齐、成都、河间三府,各置掾属四十人。武号森列,文官备员而已。识者知兵之未戢也①。新野王歆说冏夺颖兵权,长沙王乂亦劝颖图冏,闻者忧惧。卢志谓颖曰:"大王径前济河,功无与二。然两雄不俱立,宜因太妃微疾②,求还定省,委重齐王,以收四海之心。"颖从之。表称冏功德,宜委以万机,即辞归邺。由是士民之誉皆归颖。

纲壬戌,太安元年(302),夏,立清河王覃(tán)为皇太子。

目齐王冏欲久专政,以帝子孙俱尽,大将军颖有次立之势;清河王覃,武帝孙也,方八岁,上表请立为皇太子。

纲冬十二月,河间王颙使长沙王乂杀齐王冏。

目齐王冏骄奢擅权,起府第与西宫等。侍中嵇绍上疏曰:"存不忘亡,《易》之善戒也。臣愿陛下无忘金墉,大司马无忘颖上,大将军无忘黄桥③,则祸乱之萌无由而兆矣。"冏耽于宴乐,不入朝见,坐拜百官,符敕三台④,选举不均,嬖宠用事。

张翰、顾荣皆虑及祸,翰因秋风起,思菰菜、莼羹、鲈鱼鲙,叹曰:"人生贵适志耳,富贵何为!"即引去。荣故酣饮,不省府事,以废职徙为中书侍郎。颍川处士庾衮,闻冏期年不朝,叹曰:"晋室卑矣,祸乱将兴!"帅妻子逃于林虑山中⑤。

① 戢:止。
② 太妃:司马颖母,魏晋称诸侯王之母为太妃。
③ 黄桥:在今河南淇县西。
④ 三台:尚书为中台,御史为宪台,谒者为外台。
⑤ 林虑山:在今河南林州市西。

冏以河间王颙本附赵王伦,恨之。颙长史李含因说颙曰:"成都王至亲,有大功,推让还藩,甚得众心。齐王越亲而专政,朝廷侧目。今檄长沙王使讨齐,齐王必诛长沙,吾因以为齐罪而讨之,去齐立成都,除逼建亲,以安社稷,大勋也。"颙从之。檄乂使讨冏,冏众大败。执冏斩之,同党皆夷三族。

纲 癸亥,二年(303),秋七月,河间王颙、成都王颖举兵反。九月,帝自将讨颖,颙将张方入城大掠。

目 成都王颖恃功骄奢,嫌长沙王乂在内,不得逞其欲,与河间王颙共表:"乂论功不平,专擅朝政,请遣乂还国。"颙以张方为都督,将精兵七万,东趋洛阳。颖以陆机为前锋都督,督王粹、牵秀、石超等军二十余万向洛阳。机以羁旅事颖,一旦顿居诸将之右,粹等心皆不服。孙惠劝机让都督于粹,机曰:"彼将谓吾首鼠两端,适所以速祸也。"帝如十三里桥。乂使皇甫商将万余人拒张方于宜阳①,方袭败之。帝幸缑(gōu)氏②,击牵秀,走之。张方入京城大掠,死者万计。

纲 冬十月,长沙王乂奉帝及颖兵战于建春门③,大破之。

目 帝自缑氏还宫。乂奉帝与陆机战于建春门,机军大败。初,宦者孟玖有宠于颖,与机有隙。至是,玖谮于颖曰:"机有二心于长沙。"牵秀等素谄事玖,相与证之。颖大怒,使秀将兵收机。机闻秀至,释戎衣,着白帢(qià)④,

---

① 宜阳:县名,今河南宜阳县西。
② 缑氏:县名,今河南洛阳市偃师区。
③ 建春门:位于洛阳城东北方,又称上东门。
④ 帢:巾帽。

与秀相见,为笺辞颖。既而叹曰:"华亭鹤唳①,可复闻乎!"秀遂杀之。颖又收陆云及机司马孙拯下狱,玖催令杀云,夷三族。狱吏掠拯数百,两踝骨见,终言机冤。吏知拯义烈,谓曰:"二陆之枉,谁不知之!君何不爱身乎?"拯仰天叹曰:"陆君兄弟,世之奇才,吾蒙知爱。今既不能救其死,忍复从而诬之乎!"玖等令狱吏诈为拯辞,亦夷三族。拯门人费慈、宰意诣狱明拯冤,拯譬遣之曰:"吾义不负二陆,死自吾分,卿何为尔邪!"曰:"君既不负二陆,仆又安可负君!"固言拯冤,玖又杀之。

纲十一月,长沙王乂奉帝讨张方,不克。颖进兵逼京师,诏雍州刺史刘沈讨颙。

纲甲子,永兴元年(304)②,春正月,东海王越使张方杀长沙王乂③。颖入京师,自为丞相,寻还镇邺。

纲雍州刺史刘沈及颙战,败,死之。

目颙闻沈兵起,退入长安。沈渡渭而军,与颙战。颙党张辅横击之,沈兵败,沈南走,获之。沈谓颙曰:"知己之惠轻,君臣之义重,沈不可违天子之诏,量强弱以苟全。投袂之日④,期之必死,菹醢(zū hǎi)之戮⑤,其甘如荠。"颙怒,斩之。

---

① 华亭:在今上海松江区。
② 汉元熙元年。
③ 司马越为晋宗室之疏属。
④ 投袂:拂袖而起。
⑤ 菹醢:将人剁成肉酱的酷刑。

纲二月,颖废皇后羊氏及太子覃。

纲颙表颖为皇太弟,自为太宰、雍州牧。

纲秋七月,东海王越奉帝征颖,复皇后、太子。颖遣兵拒战荡阴①,侍中嵇绍死之,帝遂入邺。越走归国。

目颖僭侈日甚,东海王越与右卫将军陈眕(zhěn)勒兵入云龙门,以诏召三公百僚,戒严讨颖。复皇后羊氏及太子覃。越奉帝北征,征前侍中嵇绍诣行在。侍中秦准谓绍曰:“今往,安危难测,卿有佳马乎?”绍正色曰:“臣子扈卫乘舆,死生以之,佳马何为!”越檄召四方兵,比至安阳,众十余万。颖遣石超率众拒战。陈眕弟自邺赴行在,云邺中皆已离散,由是不甚设备。超军奄至,乘舆败绩于荡阴,帝颊中三矢,百官侍御皆散。嵇绍朝服,登辇以身卫帝,被杀,血溅帝衣。颖迎帝入邺。左右欲浣帝衣,帝曰:“嵇侍中血,勿浣也!”陈眕、上官巳奉太子覃守洛阳。越还东海。

纲幽州都督王浚、并州刺史东嬴公腾起兵讨颖②。

纲八月,颖杀东安王繇,琅邪王睿走归国。

目颖怨东安王繇前议,杀之。繇兄子琅邪王睿,沉敏有度量,为左将军,与东海参军王导善③。导识量清远,以朝廷多故,每劝睿之国。及繇死,睿从帝在邺,恐及祸,将逃归。颖先敕关津,无得出贵人,睿至河

① 荡阴:县名,今河南汤阴县。
② 腾为东海王越之弟。
③ 参军:军府高级属官,位次长史、司马。

阳①,为津吏所止。从者宋典自后来,以鞭拂睿而笑曰:"舍长,官禁贵人,汝亦被拘邪?"吏乃听过。至洛阳,迎太妃夏侯氏俱归国②。

纲 张方复入京城,废皇后、太子。

纲 刘渊自称大单于。

目 初,颖表匈奴左贤王刘渊监五部军事,使将兵在邺。渊子聪,骁勇绝人,博涉经史,善属文,弯弓三百斤。弱冠游京师③,名士莫不与交。渊从祖宣谓其族人曰:"汉亡以来,我单于徒有虚号,无复尺土,自余王侯,降同编户。今吾众虽衰,犹不减二万,奈何敛手受役,奄过百年! 左贤王英武超世,天苟不欲兴匈奴,必不虚生此人也。今司马氏骨肉相残,四海鼎沸,复呼韩邪之业,此其时矣!"乃相与谋,推渊为大单于,使其党呼延攸诣邺告之。

渊白颖,请归会葬,颖勿许。渊令攸先归,告宣等使招集五部,声言助颖,实欲叛之。及幽、并起兵,渊说颖曰:"今二镇跋扈,恐非宿卫及近郡士众所能御也,请还说五部赴国难。"颖曰:"吾欲奉乘舆还洛阳,传檄天下,以逆顺制之,何如?"渊曰:"殿下武皇帝之子,有大勋于王室,威恩远著。王浚竖子,东嬴疏属,岂能与殿下争衡邪! 但殿下一发邺宫,示弱于人,洛阳不可得至,虽至洛阳,威权不复在殿下也。愿抚勉士众,靖以镇之,渊为殿下以二部摧东嬴,三部枭王浚,二竖之首,可指日而悬也。"颖悦,拜渊为北单于、参丞相军事。

---

① 河阳:在今河南孟州市西,黄河北岸重要渡口,南岸即洛阳。

② 太妃:司马睿之母。

③ 弱冠:男子二十岁为弱冠。

渊至左国城①,刘宣等上大单于之号,二旬之间,有众五万,都于离石。

纲 幽、并兵至邺,颖奉帝还洛阳。浚大掠邺中而还。

目 刘渊闻颖去邺,叹曰:"不用吾言,遂自奔溃,真奴才也! 然吾与之有言矣,不可以不救。"将发兵击鲜卑、乌桓,刘宣等谏曰:"晋人奴隶御我,今其骨肉相残,是天弃彼而使我复呼韩邪之业也。鲜卑、乌桓,我之气类②,可以为援,奈何击之!"渊曰:"善! 大丈夫当为汉高、魏武,呼韩邪何足效哉!"宣等稽首曰:"非所及也。"

〔李雄、刘渊称王,十六国自此始〕

纲 冬十月,李雄自称成都王。

纲 刘渊自称汉王。

目 刘渊迁都左国城,胡、晋归之者愈众。渊谓群臣曰:"昔汉有天下久长,恩结于民。吾汉氏之甥,约为兄弟,兄亡弟绍,不亦可乎!"乃建国号曰汉。依高祖称王。尊安乐公禅为孝怀皇帝③,以右贤王宣为丞相,崔游为御史大夫,后部人陈元达为黄门郎,族子曜为建武将军。游固辞不就。元达事渊,屡进忠言,退而削草④,虽子弟莫得知也。曜生而眉白,目有赤光,幼聪慧,有胆量,早孤,养于渊。及长,仪观魁伟,性拓落高亮,与众不群。好读书,善属文,铁厚一寸,射而洞之。

---

① 左国城:在今山西方山县南。
② 气类:意气相投、气质相类者。
③ 安乐公禅:即蜀汉后主刘禅。
④ 削草:大臣上书封事草定奏稿,成辄销毁,以示慎密。

刘聪重之,以为汉世祖、魏武帝之流。

纲十一月,张方迁帝于长安,仆射荀藩立留台于洛阳①,复皇后羊氏。

纲十二月,太宰颙废太弟颖,更立豫章王炽为皇太弟。

目诏颖还第,而以颙都督中外,又以东海王越为太傅,与颙夹辅帝室,王戎参录朝政,王衍为左仆射,张方为中领军、录尚书事②。越辞太傅不受。

纲汉寇太原、西河郡③。

目汉王渊遣刘曜寇太原,取泫氏④,乔晞寇西河,取介休⑤。介休令贾浑不降,晞杀之。将纳其妻宗氏,宗氏骂晞而哭,晞又杀之。渊闻之,大怒曰:“使天道有知,乔晞望有种乎!”追还,降秩四等,收葬浑尸。

纲乙丑,二年(305)⑥,夏四月,张方复废羊后。

纲秋七月,成都故将公师藩寇掠赵、魏。

目成都王颖既废,其故将公师藩等自称将军,起兵赵、魏,众至数万。
　　初,上党武乡羯人石勒,有胆力,善骑射。并州大饥,东嬴公腾执诸胡于山东,卖充军实。勒亦被掠,卖为茌(chí)平人师懽奴,懽奇其状貌而免之。勒乃与牧帅汲桑结壮士,为群盗。及藩起,桑与勒帅数百骑

---

① 留台:皇帝征讨巡狩在外,留守都城之理务机构。
② 中领军:禁军主要将领之一。
③ 西河:郡名,治今山西吕梁市离石区。
④ 泫氏:县名,今山西高平市。
⑤ 介休:县名,今山西介休市东南。
⑥ 汉元熙二年。

赴之。桑始命勒以石为姓,勒为名。藩攻陷郡县,转前攻邺。范阳王
虓(xiāo)遣其将苟晞击走之。

纲 八月,东海王越、范阳王虓发兵西,豫州刺史刘乔拒之。太宰颙遣张
方助乔,冬十月,袭虓破之。

目 镇南将军刘弘遗乔及越书,使解怨释兵,同奖王室,皆不听。弘又上
表曰:"自顷兵戈纷乱,构于群王,载籍以来,骨肉之祸,未有如今日者
也,万一四夷乘虚为变,此亦猛虎交斗自效于卞庄者也。"谓宜速诏越
等,令两释猜疑,各保分局。自今有擅兴兵马者,天下共伐之。时颙
方拒关东,倚乔为助,不纳。

纲 十二月,陈敏据江东,刘弘遣江夏太守陶侃将兵讨破之①。

目 初,陈敏既克石冰,自谓勇略无敌,遂据历阳以叛②。又使钱瑞等南略
江州,其弟斌东略诸郡。遂据江东,以顾荣为右将军,贺循为丹阳内
史③,周玘为安丰太守④。循佯狂得免,玘亦称疾。刘弘遣江夏太守
陶侃将兵讨敏。

侃与敏同郡,又同岁举吏。或谓弘曰:"侃脱有异志,则荆州无东门
矣!"弘曰:"侃之忠能,吾得之已久,必无是也。"侃闻之,遣子洪诣弘
以自固,弘引为参军,资而遣之,曰:"匹夫之交,尚不负心,况大丈
夫乎!"

敏遣陈恢寇武昌,侃御之。以运船为战舰。或以为不可,侃曰:"用官

① 江夏:郡名,治今湖北云梦县。
② 历阳:今安徽和县。
③ 丹阳:郡名,治今江苏南京市。
④ 安丰:郡名,治今安徽霍邱县西南。

船击官贼,何为不可!"侃与恢战,屡破之。

纲丙寅,光熙元年(306)①,春正月朔,日食。

纲太宰颙杀张方,成都王颖奔长安。

纲夏四月,东海王越进屯温,遣祁弘入长安,奉帝东还。

纲六月,至洛阳,复羊后。

纲成都王雄称成皇帝。

纲秋八月,以东海王越为太傅、录尚书事,范阳王虓为司空,镇邺。

纲荆州都督、新城公刘弘卒。

目时天下大乱,弘专督江、汉,威行南服。事成,则曰"某人之功",如败,则曰"老子之罪"。每有兴发,手书守、相②,丁宁款密③,人皆感悦,争赴之,咸曰:"得刘公一纸书,贤于十部从事。"至是卒,谥曰元。

纲九月,顿丘太守冯嵩执成都王颖④,送邺。兖州刺史苟晞击斩公师藩。冬十月,范阳王虓卒。长史刘舆诛颖。

纲十一月,帝中毒,崩。太弟炽即位,尊皇后曰惠皇后,立妃梁氏为皇后。

目帝食饼中毒而崩,或曰太傅越之鸩也。羊后自以于太弟炽为嫂,恐不

---

① 汉元熙三年。

② 守、相:郡守、国相。

③ 丁宁:叮咛。

④ 顿丘:郡名,治今河南清丰县西南。

得为太后,将立清河王覃。侍中华混露版驰告太傅越①,召太弟入宫,即帝位。尊后曰惠皇后,居弘训宫。怀帝始遵旧制,于东堂听政,每至宴会,辄与群臣论众务,考经籍。黄门侍郎傅宣叹曰:"今日复见武帝之世矣!"

纲 十二月,南阳王模诛河间王颙。

目 太傅越以诏征颙为司徒,颙就征,模自许昌遣将邀杀之。

纲 葬太阳陵②。

纲 以刘琨为并州刺史。

评八王之乱:

八王之乱是西晋统治集团的一场严重内乱。晋武帝鉴于曹魏宗王势弱而亡的教训,提高诸王地位,设置亲兵、属官,委以军政大权,致使强藩林立。武帝立储失当,惠帝不慧,沦为后宫与宗王勾连争斗的傀儡,晋初积累的诸多问题失控爆发。政权内部一次次惨烈的政变相继上演,百姓在战乱中死亡流离。汉魏以来内徙的北方诸族酋豪乘势而起,建立政权,终致西晋倾覆,永嘉南渡,历史进入了东晋十六国时代。

单敏捷 评注
楼　劲 审定

① 露版:指奏章。因不缄封,故称。
② 太阳陵:晋惠帝墓,在今河南洛阳市偃师区。

纲鉴易知录卷三一

　　卷首语:本卷起西晋怀帝永嘉元年(307),止东晋明帝太宁三年(325),所记为两晋之际十九年之史事。西晋末年,北方各少数民族渐次崛起,建立政权,开启了十六国的历程。在南方,西晋皇室疏宗司马睿在门阀士族支持下建立东晋,门阀执政、皇帝垂拱的门阀政治格局逐渐确立。战争与混乱的同时,南方开发明显加快,统治体系深入伸展,北方的民族融合和华夏化进程曲折前行,中华民族及其历史发展呈现了新的生机和可能。

晋　纪

孝怀皇帝

纲丁卯,孝怀皇帝永嘉元年(307)①,春三月,陈敏将顾荣、周玘杀敏
　以降。

纲立清河王覃弟诠为皇太子。

纲太傅越出镇许昌。

目帝亲览大政,留心庶事,越不悦,固求出藩。

纲夏五月,群盗汲桑、石勒入邺,杀都督新蔡王腾,复攻兖州。太傅越遣
　苟晞讨之。

〔琅邪王司马睿镇建邺,经营江东〕

纲秋七月,以琅邪王睿为安东将军、都督扬州诸军事,镇建业。

目睿至建业,以王导为谋主,推心亲信,每事咨焉。睿名论素轻②,吴
　人不附,居久之,士大夫莫有至者。会睿出观禊(xì)③,导使睿乘肩

---

① 汉元熙四年。
② 名论:名誉、声论。
③ 禊:春、秋两季为消除不祥在水边举行的祭祀。

舆①，具威仪，导与诸名胜皆骑从②，纪瞻、顾荣等见之惊异，相帅拜于道左。导因说睿曰："顾荣、贺循，此土之望，宜引之以结人心。二子既至，则无不来矣。"睿乃使导躬造之③，循、荣皆应命。以循为吴国内史④，荣为军司，加散骑常侍，凡军府政事，皆与之谋。又以纪瞻为军祭酒，卞壸(kǔn)为从事中郎，周玘、刘超、张闿、孔衍皆为掾属。导说睿谦以接士，俭以足用，以清静为政，抚绥新旧。故江东归心焉。

纲 苟晞击汲桑、石勒，大破之。桑走死，勒降汉。

纲 冬十一月，以王衍为司徒。

目 衍说太傅越曰："朝廷危乱，当赖方伯，宜得文武兼资以任之。"乃以弟澄为荆州都督，族弟敦为青州刺史⑤，语之曰："荆州有江、汉之固，青州有负海之险，卿二人在外，而吾居中，足以为三窟矣。"

纲 慕容廆自称鲜卑大单于。

纲 戊辰，二年(308)⑥，春正月朔，日食。

纲 二月，太傅越杀清河王覃。

纲 夏五月，汉王弥寇洛阳，张轨遣督护北宫纯入卫⑦，击破走之。

① 肩舆：一种轿子。
② 名胜：有名望的才俊之士。
③ 造：拜访。
④ 吴：国名，都今江苏苏州市。内史：掌管诸侯王国的长官，相当于郡守。
⑤ 青州：辖境约为今山东北部及胶东半岛。
⑥ 汉永凤元年。
⑦ 张轨为凉州刺史。北宫：复姓。

目诏封张轨西平郡公,轨辞不受。时州郡之使,莫有至者,轨独贡献
　不绝。

纲秋七月,汉徙都蒲子①。

〔刘渊称帝〕

纲冬十月,汉王渊称皇帝。

纲己巳,三年(309)②,春正月朔,荧惑犯紫微③。

纲汉徙都平阳④。

纲三月,太傅越入京师,杀中书令缪播、帝舅王延等十余人。

目帝之为太弟也,与缪播善,及即位,委以心膂,帝舅散骑常侍王延、尚
　书何绥、太史令高堂冲,并参机密。越乃诬播等欲为乱,执播等十余
　人于帝侧,付廷尉,杀之。帝叹息流涕而已。
　绥,曾之孙也。初,何曾侍武帝宴,退谓诸子曰:“主上开创大业,吾每
　宴见,未尝闻经国远图,惟说平生常事,非贻厥孙谋之道也,及身而
　已,后嗣其殆乎! 汝辈犹可以免。”指诸孙曰:“此属必死于难。”及绥
　死,兄嵩哭之曰:“我祖其殆圣乎!”曾日食万钱,犹云无下箸处。子
　劭,日食二万。绥及弟机、羡汰侈尤甚,与人书疏,词礼简傲。王尼见

① 蒲子:县名,今山西隰县。
② 汉河瑞元年。
③ 荧惑:火星。紫微:紫微垣,三垣之一。
④ 平阳:县名,今山西临汾市。

绥书,谓人曰:"伯蔚居乱世而矜豪乃尔①,其能免乎!"人曰:"伯蔚闻卿言,必相危害。"尼曰:"伯蔚比闻我言,自已死矣!"及永嘉之末,何氏无遗种。

纲 以王衍为太尉②。

纲 夏,大旱。

目 江、汉、河、洛可涉。

纲 汉石勒寇巨鹿、常山③。

目 勒众至十余万,集衣冠人物,别为君子营。以张宾为谋主。初,宾好读书,阔达有大志,常自比张子房④。及勒徇山东,宾谓所亲曰:"吾历观诸将,无如此胡将军者,可与共成大业!"乃提剑诣军门,大呼请见,勒亦未之奇也。宾数以策干勒,已而皆如所言,由是奇之。

纲 庚午,四年(310)⑤,秋七月,汉主渊卒,太子和立,其弟聪弑而代之。

纲 氐酋蒲洪自称略阳公。

目 洪,略阳临渭氐酋也⑥,骁勇多权略,群氐畏服之。汉拜洪平远将军,不受,自称秦州刺史、略阳公。

---

① 伯蔚:何绥字。
② 太尉:三公之一,主军政,魏晋以来渐成荣衔。
③ 巨鹿:郡名,治今河北宁晋县。常山:郡名,治今河北石家庄市。
④ 子房:张良字。
⑤ 汉光兴元年。
⑥ 略阳临渭:略阳郡治临渭,今甘肃天水市麦积区。

纲 流民王如寇南阳,以附汉。

纲 冬十月,汉石勒击并王如兵,遂寇襄阳。十一月,太傅越率兵讨之,次
于项①。

〔永嘉之乱〕

纲 辛未,五年(311)②,春三月,太傅越卒于项。以苟晞为大将军,督六州③。

目 越以后事付王衍而卒,衍奉越丧还葬东海④。

纲 夏四月,汉石勒追败越军于苦县⑤,执王衍等,杀之。

目 勒率轻骑追太傅越之丧,及于苦县,大败晋兵,纵骑围而射之,将士十
余万人无一免者。执太尉衍等,问以晋故。衍具陈祸败之由,云计不
在己,且自言少无宦情,不豫世事。因劝勒称尊号,冀以自免。勒曰:
"君少壮登朝,名盖四海,身居重任,何得言无宦情邪?破坏天下,非
君而谁!"众人畏死,多自陈述。独襄阳王范神色俨然,顾呵之曰:"今
日之事,何复纷纭!"勒谓孔苌(cháng)曰:"吾行天下多矣,未尝见此
辈人,当可存乎?"苌曰:"彼皆晋之王公,终不为吾用。"勒曰:"虽然,
要不可加以锋刃。"夜使人排墙杀之⑥。剖越柩,焚其尸,曰:"乱天下
者此人也,吾为天下报之!"

――――――――――

① 项:县名,今河南沈丘县。
② 汉嘉平元年。
③ 六州:青、徐、兖、豫、荆、扬六州。
④ 东海:国名,治今山东郯城县。
⑤ 苦县:今河南鹿邑县。
⑥ 排:推。

纲 五月,汉人入寇。六月,陷洛阳,杀太子诠,迁帝于平阳,封平阿公。

目 汉主聪使呼延晏将兵二万七千寇洛阳①,比及河南,晋兵前后十二败,刘曜、王弥、石勒皆引兵会之。弥、晏克宣阳门,入宫大掠。帝欲奔长安,汉兵追执之。曜自西明门入,杀太子诠等,迁帝于平阳。汉以帝为左光禄大夫,封平阿公,以侍中庾珉(mín)、王隽为光禄大夫②。

纲 琅邪王睿遣兵击江州刺史华轶,斩之。

[北人南渡]

目 时海内大乱,独江东差安③,中国士民避乱者多南渡江④。王导说睿收其贤俊,辟掾属刁协、王承、卞壶、诸葛恢、陈頵(jūn)、庾亮等百余人,时人谓之"百六掾"。及承荀藩檄,承制署置。江州刺史华轶及豫州刺史裴宪皆不从命,睿遣王敦、甘卓、周访合兵击轶,斩之。宪奔幽州。

纲 冬十月,冯(píng)翊太守索綝等击败汉兵于长安⑤,十二月,迎秦王业入雍城⑥。

目 初,索綝为冯翊太守,与安夷护军麹(qū)允⑦、安定太守贾疋(yǎ)谋复

---

① 呼延:复姓。
② 左光禄大夫、光禄大夫:左右光禄大夫、光禄大夫,皆属光禄勋,西晋以来无员额,无实事,顾问应对,以处耆旧。
③ 差:颇,稍。
④ 中国:中原。
⑤ 冯翊:郡名,治今陕西大荔县。
⑥ 秦王业为吴孝王晏之子。雍城:即雍县,今陕西宝鸡市凤翔区。
⑦ 安夷护军:曹魏置,统领内附氐羌,驻扶风,西晋末治所不定。

晋室①,帅众五万向长安。大败刘曜于黄丘②,兵势大振。阎鼎欲奉秦王业入关,据长安以号令四方,荀藩、周顗等皆山东人,不欲西行,中途逃散。顗奔江东,鼎与业至蓝田,遣人告乏,乏遣兵迎之,入于雍城。

纲 琅邪王睿以周顗为军谘祭酒。

目 前骑都尉桓彝避乱过江,见睿微弱,谓顗曰:"我以中州多故③,来此求全,而单弱如此,将何以济?"既而见王导,共论世事,退谓顗曰:"向见管夷吾,无复忧矣!"诸名士游宴新亭④,顗中坐叹曰:"风景不殊,举目有山河之异!"因相视流涕。导愀(qiǎo)然变色曰⑤:"当共戮力王室,克复神州,何至作楚囚对泣邪!"众皆收泪谢之。

纲 壬申,六年(312)⑥。

纲 春二月,汉封帝为会稽郡公。

目 汉主聪谓帝曰:"卿昔为豫章王,朕与王武子造卿⑦,卿赠朕柘(zhè)弓、银研,卿颇记否?"帝曰:"臣安敢忘之? 但恨尔日不早识龙颜。"聪曰:"卿家骨肉何相残如此?"帝曰:"大汉将应天受命,故为陛下自相驱除。此殆天意,非人事也。"

———————————

① 安定:郡名,治今甘肃镇原县。
② 黄丘:今陕西泾阳县。
③ 中州:中原。
④ 新亭:建康西南一处滨江要塞和名胜,在今江苏南京市西南。
⑤ 愀然:神色严肃或不愉快。
⑥ 汉嘉平二年。
⑦ 武子:王济字。

纲张轨遣兵诣长安。

纲夏,雍州刺史贾疋等进围长安,汉刘曜败走。秦王业入长安。

纲汉太保刘殷卒。

目殷不为犯颜忤旨,然因事进规,补益甚多。尝戒子孙曰:"事君当务几谏①。凡人尚不可面斥其过,况万乘乎!夫几谏之功,无异犯颜,但不彰君之过,所以为优耳。"

纲秋九月,贾疋等奉秦王业为皇太子,建行台②。

纲冬十二月,盗杀贾疋,麹允领雍州刺史。

纲前太子洗马卫玠卒。

目玠,瓘之孙也,美风神,善清谈,常以为"人有不及,可以情恕,非意相干,可以理遣"。故终身不见喜愠之色。

纲羌酉姚弋仲自称扶风公。

目弋仲,南安赤亭羌也。东徙榆眉③,戎夏襁负随之者数万。

孝愍皇帝

纲癸酉,孝愍皇帝建兴元年(313)④,春二月,汉主刘聪弑帝于平阳,庚

---

① 几谏:委婉而和气地劝告。
② 行台:临时在外设置的尚书省分支机构,代表朝廷总揽一地军政要务。因洛阳陷落,贾疋等拥秦王建行台,行使台省职权。
③ 榆眉:今陕西千阳县。
④ 汉嘉平三年。

珉、王隽死之。

目正月朔,汉主聪宴群臣于光极殿,使帝着青衣行酒①。庾珉、王隽等不
　胜悲愤,因号哭。聪恶之。二月,有告珉等谋以平阳应刘琨者,聪遂
　杀珉、隽等,帝亦遇害,谥曰孝怀。

纲夏四月,太子业即位于长安,索綝领太尉。

目帝凶问至长安,皇太子举哀,因加元服,即帝位。以梁芬为司徒,麹
　允、索綝为仆射,寻以綝为卫将军、领太尉,军国之事,悉以委之。

纲琅邪王睿以华谭为军谘祭酒②,陈頵为谯郡太守③。

纲五月,以琅邪王睿为左丞相,南阳王保为右丞相,分督陕东、西诸
　军事④。

〔祖逖北伐〕

纲左丞相睿以祖逖为豫州刺史。

目逖,范阳人,少有大志,与刘琨俱为司州主簿⑤,同寝,中夜闻鸡鸣,蹴
　琨觉曰:"此非恶声也!"因起舞。及渡江,左丞相睿以为军谘祭酒。
　逖居京口⑥,纠合骁健,言于睿曰:"晋室之乱,非上无道而下怨叛也,
　由宗室争权,自相鱼肉,遂使戎狄乘隙,毒流中土。今遗民思奋,大王

① 青衣:卑贱者之衣。
② 军谘祭酒:资深参谋。军谘即参谋军务,祭酒为长者之称。
③ 谯郡:治今安徽亳州市。
④ 陕:陕塬,今河南三门峡市。
⑤ 司州:西晋首都洛阳所在,约包括今河南西部、山西西南部及河北南部。
⑥ 京口:今江苏镇江市。

诚能命将出师,使如逖者统之以复中原,郡国豪杰必有望风响应者矣!"睿素无北伐之志,以逖为豫州刺史,给千人廪,布三千匹,不给铠仗①,使自召募。逖将其部曲百余家渡江,中流击楫而誓曰:"祖逖不能清中原而复济者,有如大江!"遂屯淮阴,起冶铸兵,募得二千余人而后进。

纲 陶侃破走杜弢(tāo),王敦表侃为荆州刺史。

纲 冬十二月,石勒遣使奉表于王浚。

目 浚谋称尊号,矜豪日甚。石勒欲袭之,遣舍人王子春奉表于浚曰:"勒本小胡,遭世饥乱,流离屯(zhūn)厄②,窜命冀州③,窃相保聚,以救性命。今晋祚沦夷,中原无主,为帝王者,非公复谁? 愿殿下应天顺人,早登皇祚。勒奉戴殿下如天地父母,殿下察勒微心,亦当视之如子也。"浚甚喜,谓子春曰:"石公可信乎?"子春曰:"殿下中州贵望,威行夷、夏,石将军非恶帝王不为而让于殿下,顾以帝王自有历数,非智力之所取故也,又何怪乎!"浚大悦。

纲 左丞相睿遣世子绍镇广陵④。

纲 甲戌,二年(314)⑤,春正月,有如日陨于地,又有三日相承东行。

纲 有流星陨于平阳北,化为肉。

---

① 仗:兵器。
② 屯:困顿,艰难。
③ 冀州:辖境约为今河北中南部。
④ 广陵:今江苏扬州市。
⑤ 汉嘉平四年。

纲 二月，以张轨为凉州牧，刘琨为大将军。

纲 三月，汉石勒袭蓟，陷之①，杀王浚，师还。蓟降于段匹磾。

目 勒将袭王浚而未发，张宾曰："岂非畏刘琨及鲜卑、乌桓为吾后患乎？"

勒曰："然。"宾曰："刘琨、王浚虽同为晋臣，实为仇敌。若修笺于琨，送质请和，琨必喜我之服而快浚之亡，必不救浚而袭我也。用兵贵神速，勿后时也。"勒遂以火宵行，遣使奉笺于琨，自陈罪恶，请讨浚自效。琨大喜。三日，勒军达易水，浚将佐皆曰："胡贪而无信，必有诡计，请击之。"浚怒曰："石公来，正欲奉戴我耳，敢言击者斩！"设飨（xiǎng）以待之。勒晨至蓟，叱门者开门，浚始惧。勒升其听事②，执浚于前。浚骂曰："胡奴调乃公③，何凶逆如此！"勒曰："公位冠元台，手握强兵，坐观本朝倾覆，曾不救援，乃欲自尊为天子，非凶逆乎！"即斩之。

浚将佐等诣军门谢罪。前尚书裴宪、从事中郎荀绰独不至，勒召而让之④。宪等请就死，不拜而出，勒谢之，待以客礼。勒籍浚将佐、亲戚家赀皆巨万，惟宪、绰止有书百余帙、盐米各十余斛而已。勒曰："吾不喜得幽州，喜得二子。"以宪为从事中郎，绰为参军。以故尚书刘翰行幽州刺史，戍蓟，置守宰而还。刘翰不欲从勒，乃归段匹磾，匹磾遂据蓟城。

纲 夏五月，太尉、凉州牧、西平公张轨卒，子寔嗣。

---

① 蓟：县名，在今北京市西南。
② 听事：官署大厅，亦作"厅事"。
③ 乃公：你父亲，此处为自称。
④ 让：责备。

纲 乙亥，三年(315)①，春二月，以左丞相睿为丞相、都督中外诸军事，南阳王保为相国，刘琨为司空。

纲 进代公猗卢爵为代王②。

纲 夏六月，陶侃击杜弢，破之。弢走死，湘州平③。丞相睿加王敦都督江、扬等州军事。

纲 王敦徙陶侃为广州刺史④。

目 时，王机盗据广州。侃至，遣督护讨机，走之，广州遂平。侃在州无事，辄朝运百甓(pì)于斋外⑤，暮运于斋内。人问其故，答曰："吾方致力中原，过尔优逸，恐不堪事，故习劳耳。"

纲 丙子，四年(316)⑥，春二月，代六脩弑其君猗卢，普根讨之而立⑦，寻卒，郁律立⑧。

纲 张寔遣兵入援。

目 寔遣将军王该帅步骑五千入援长安，且送诸郡贡计⑨。诏拜寔都督陕西诸军事。

---

① 汉建元元年。
② 猗卢：拓跋猗卢，鲜卑拓跋部首领。
③ 湘州：西晋置，辖境主要为今湖南之地。
④ 广州：辖境约为今广东、广西。
⑤ 甓：砖。
⑥ 汉麟嘉元年。
⑦ 六脩：拓跋猗卢长子。普根：猗卢兄猗㐌之子。
⑧ 郁律：猗卢弟弗之子。
⑨ 计：计簿，记载本年度户口、垦田、钱粮、盗贼数目。

纲 秋七月,汉刘曜陷北地①,进至泾阳。

目 曜取北地,进至泾阳,渭北诸城悉溃。曜获将军鲁充、梁纬,饮之酒曰:"吾得子,天下不足定也!"充曰:"身为晋将,国家丧败,不敢求生。若蒙公恩,速死为幸。"曜曰:"义士也。"与之剑,令自杀。纬妻辛氏,美色,曜将妻之。辛氏大哭曰:"妾夫已死,义不独生,且一妇人而事二夫,明公又安用之!"曜曰:"贞女也。"亦听自杀。皆以礼葬之。

纲 冬十一月,汉刘曜陷长安,帝出降,御史中丞吉朗死之。汉封帝为怀安侯。

目 曜攻陷长安外城,麹允、索綝退守小城,内外断绝,城中饥甚。帝泣谓允曰:"今穷厄如此,外无救援,当忍耻出降,以活士民。"因叹曰:"误我事者,麹、索二公也!"使侍中宗敞送降笺于曜。綝潜留敞,使其子说曜曰:"若许綝以车骑、仪同②、万户郡公者,请以城降。"曜斩而送之,曰:"帝王之师,以义行也。孤将兵十五年,未尝以诡计败人,必穷兵极势,然后取之。今綝所言如此,天下之恶一也,辄相为戮之。"帝乘羊车,肉袒出降。群臣号泣攀车,帝亦悲不自胜。御史中丞吉朗叹曰:"吾智不能谋,勇不能死,何忍君臣相随,北面事贼虏乎!"乃自杀。曜送帝于平阳,汉主聪临光极殿,帝稽首于前③。允伏地恸哭,聪怒,囚之,允自杀。聪以帝为光禄大夫,封怀安侯。斩綝于市。

---

① 北地:郡名,治今陕西铜川市。
② 仪同:仪同三司。
③ 稽首:一种跪拜礼,叩头至地。

纲 十二月,刘琨长史以并州叛降石勒①,琨奔蓟②。

纲 丞相睿出师露次③,移檄北征。

右西晋四帝,共五十二年。

评西晋:

魏晋南北朝时期唯一一次短暂统一发生在西晋。西晋结束了三国分裂,初期发展生产,重视节俭,出现了"太康盛世"的短暂繁荣。西晋政权在世家大族支持下建立,门阀士族强大,豪强势力发展,土地兼并难以抑制,民族矛盾尖锐。统一以后,统治集团奢侈腐败,争权夺利,宗王势强,嗣主暗弱,终致八王之乱,各族人民陷于深重苦难之中。此后,中国北部进入战乱不休的十六国时期,南方则建立起东晋政权。

西晋建立的一些制度承上启下,从占田、荫客、租调到律令、礼乐、官品、三省等制,对当时和其后历史都有深远影响。魏末至西晋的名士之风和玄学思潮,冲击了汉以来的名教秩序;道教转型与佛教中国化也开始推进,展现出思想文化领域的新局面。

---

① 长史李弘。
② 归蓟段匹磾。
③ 露次:止宿野外。

东晋纪

东晋世系表

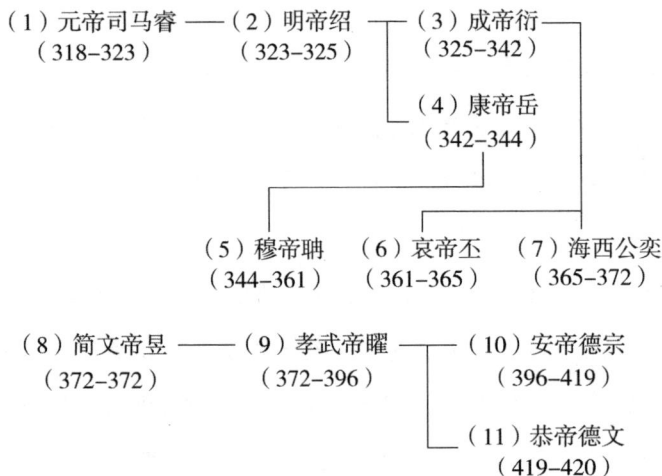

（1）元帝司马睿 —— （2）明帝绍 ┬ （3）成帝衍
（318–323）　　　　（323–325）　│（325–342）
　　　　　　　　　　　　　　　　　│
　　　　　　　　　　　　　　　　　└ （4）康帝岳
　　　　　　　　　　　　　　　　　　（342–344）

（5）穆帝聃　　（6）哀帝丕　　（7）海西公奕
（344–361）　　（361–365）　　（365–372）

（8）简文帝昱 —— （9）孝武帝曜 ┬ （10）安帝德宗
（372–372）　　　 （372–396）　│（396–419）
　　　　　　　　　　　　　　　　　│
　　　　　　　　　　　　　　　　　└ （11）恭帝德文
　　　　　　　　　　　　　　　　　　（419–420）

中宗元皇帝

纲　丁丑,中宗元皇帝建武元年(317)①,春三月,丞相睿即晋王位。

目　弘农太守宋哲为汉所攻②,弃郡奔建康③,称受愍帝诏,令丞相睿统摄
　　万机。睿素服出次④,举哀三日。官属上尊号,不许。请依魏晋故
　　事,称晋王,乃许之。遂即位,改元,置百官,立宗庙,建社稷。立世子

————————

① 汉麟嘉二年。
② 弘农:郡名,治今河南灵宝市。
③ 建康:即建邺(业),今江苏南京市。晋为避愍帝讳,改为建康。
④ 出次:避正寝出外暂住,以发丧哀悼。

绍为王太子。封次子裒(póu)为琅邪王,奉恭王后①,镇广陵。以王敦为大将军,王导为扬州刺史、领中书监、录尚书事,刁协为仆射,周颉为吏部尚书,贺循为太常。时承丧乱之后,江东草创,协久宦中朝②,谙练旧事;循为世儒宗,明习礼乐;凡有疑议,皆取决焉。

纲 刘琨、慕容廆皆遣使劝进。

目 刘琨、段匹磾相与歃(shà)血同盟,翼戴晋室。琨檄告华夷,遣右司马温峤,奉表诣建康劝进。琨谓峤曰:"晋祚虽衰,天命未改,吾当立功河朔,使卿延誉江南。行矣,勉之!"

峤至建康,王导、周颉、庾亮等皆爱其才,争与之交。

王以慕容廆为龙骧将军、大单于、昌黎公。廆不受。处士高诩曰:"霸王之资,非义不济,今晋室虽微,人心犹附之。宜遣使江东,示有所尊,然后仗大义以征诸部,不患无辞矣。"廆从之,遣长史王济浮海诣建康劝进。

纲 秋七月,汉立子粲为太子。

纲 冬十一月,以刘琨为太尉。

纲 立太学。

纲 十二月,汉主刘聪弑帝于平阳,辛宾死之。

目 汉主聪出畋(tián)③,以帝行车骑将军,戎服执戟前导,见者指之曰:

----

① 恭王:即琅邪恭王司马觐,司马睿父。
② 中朝:指西晋。
③ 畋:打猎。

"此故长安天子也。"故老有泣者。十二月,聪飨群臣,使帝行酒洗爵,已而又使执盖。晋臣涕泣有失声者,尚书郎辛宾起,抱帝大哭,聪斩之。帝遂遇害,谥曰孝愍。

[司马睿称帝,建立东晋]

纲 戊寅,太兴元年(318)①,春三月,王即皇帝位。

目 愍帝凶问至建康,王斩衰居庐②。百官请上尊号,不许。纪瞻曰:"晋氏统绝,于今二年,两都燔荡,宗庙无主,刘聪窃号于西北,而陛下高让于东南,此所谓揖让而救火也。"上犹不许,使殿中将军韩绩撤去御座。瞻叱绩曰:"帝座上应列星,敢动者斩!"王为之改容。奉朝请周嵩上疏曰③:"古之王者,义全而后取,让成而后得,是以享世长久。今梓宫未返④,旧京未清,宜开延嘉谋,训卒厉兵,先雪大耻,副四海之心,则神器将安适哉!"由是忤旨,出为新安太守⑤。嵩,颛之弟也。王遂即皇帝位,百官皆陪列。命王导升御床共坐,导固辞曰:"若太阳下同万物,苍生何由仰照!"乃止。大赦,文武增位一等。

纲 立王太子绍为皇太子。

目 绍仁孝,喜文辞,善武艺,好贤礼士,容受规谏,与庾亮、温峤等为布衣之交。亮风格峻整,善谈老、庄,帝器重之,聘其妹为绍妃,使亮侍讲

---

① 汉光初元年。

② 斩衰:丧服礼中最重的一种。

③ 奉朝请:汉晋时授予闲官的名衔,得此衔者有资格参加朝会。

④ 梓宫:皇帝棺材。

⑤ 新安:郡名,治今浙江淳安县。

东宫。帝好刑名家,以韩非书赐太子。亮谏曰:"申、韩刻薄伤化,不足留圣心。"太子纳之。

纲 汉螽(zhōng)斯则百堂灾①。

目 烧杀汉主聪子二十一人。

纲 张寔遣使上表。

纲 夏四月,加王导骠骑大将军、开府仪同三司。

目 导遣从事行扬州郡国,还见,各言二千石官长得失,独顾和无言。导问之,和曰:"明公作辅,宁使网漏吞舟,何缘采听风闻,以察察为政邪②!"导咨嗟称善。

纲 五月,段匹磾杀太尉广武侯刘琨。

目 初,琨世子群,为段末柸所得③。末柸厚礼之,许以琨为幽州刺史,欲与之袭匹磾。密遣使赍群书④,请琨为内应,为匹磾逻骑所得。匹磾以书示琨,琨曰:"与公同盟,庶雪国家之耻,若儿书密达,亦终不以一子之故负公而忘义也。"匹磾雅重琨⑤,初无害琨意,会代郡太守辟闾嵩潜谋袭匹磾⑥,事泄,匹磾收琨,缢杀之。温峤表琨"尽忠帝室,家破身亡,宜在褒恤"。后数岁,乃加赠太尉,谥曰愍。

---

① 螽斯:语出《诗经·螽斯》篇,形容多子多福;则百:语出《诗经·大雅·思齐》"则百斯男",祝颂周文王妻太姒多生男儿。螽斯则百堂取义子孙众多,为刘聪诸子居所。

② 察察:明察细辨。

③ 段末柸:段匹磾之弟。

④ 赍:携带。

⑤ 雅:非常。

⑥ 辟闾:复姓。

峤之诣建康也,其母崔氏固止之,峤绝裾而去①。既至,屡求返命,朝廷不许。会琨死,除散骑侍郎②。峤闻母亡,阻乱不得奔丧,固让不拜,苦请北归。诏曰:"今桀逆未枭,诸军奉迎梓宫,犹未得进,峤可以私难而不从王命邪!"峤不得已,受拜。

纲 秋七月,汉主聪卒,太子粲立。八月,靳准弑而代之。石勒引兵讨准。冬十月,刘曜自立于赤壁③,封勒为赵公。

目 汉主聪寝疾,征刘曜、石勒受遗诏辅政。靳准为大司空。聪卒,粲即位。聪后四人,皆年未二十,粲多行无礼。八月,准遂勒兵升殿,执粲杀之,刘氏男女,无少长皆斩东市。发渊、聪二陵,斩聪尸,焚其庙。自号大将军、汉天王。曜闻乱,自长安赴之,勒帅精骑五万以讨准。十月,曜至赤壁,即皇帝位,以勒为大司马,加九锡④,进爵为赵公。

纲 十一月,日夜出,高三丈。

纲 以王敦为荆州刺史。

纲 诏州郡秀孝复试经策⑤。

纲 十二月,汉将军乔泰讨靳准,斩之。

纲 己卯,二年(319)⑥,春二月,石勒献捷于汉,汉斩其使。

---

① 裾:衣服大襟。
② 散骑侍郎:侍从皇帝左右,掌顾问应对,位次散骑常侍。
③ 赤壁:今山西稷山县东北。
④ 九锡:皇帝赐给诸侯、大臣有大勋德者的九种礼器,为最高礼遇。
⑤ 秀孝:秀才、孝廉。
⑥ 前赵光初二年,后赵元年。汉改国号为赵,史称"前赵"。

目勒遣左长史王脩献捷于汉,汉主曜遣使授勒太宰,进爵赵王,加殊礼,称警跸。脩舍人曹平乐留仕汉,言于曜曰:"勒遣脩来,实窥强弱,俟其复命,将袭乘舆。"时汉兵疲弊,曜乃追所遣使,斩脩于市。勒大怒曰:"孤事刘氏,于人臣之职有加矣! 彼之基业,皆孤所为,今既得志,还欲相图。赵王、赵帝,孤自为之,何待于彼耶!"

纲三月,诏琅邪恭王为皇考。既而罢之。

目诏:"琅邪恭王宜称皇考。"贺循曰:"礼,子不敢以己爵加于父。"乃止。

纲夏四月,汉徙都长安。立妃羊氏为后①,子熙为太子。

〔刘曜称帝,改国号为赵,史称前赵〕

纲汉改号赵。

目汉主曜立宗庙、社稷、南北郊于长安,改国号为赵,以冒顿(mò dú)配天。

〔石勒称王,建立后赵〕

纲冬十一月,石勒称赵王。

目勒即赵王位,称元年,是为后赵。加张宾大执法,专总朝政。以石虎为骠骑将军,督诸军。呼宾曰"右侯",而不敢名。

纲十二月,宇文氏攻慕容廆②,廆大败之,遂取辽东。遣长史裴嶷(yí)来

---

① 羊氏即惠帝后。
② 宇文氏:鲜卑的一支,在辽东塞外。

献捷。

纲 蒲洪降赵。

纲 庚辰,三年(320)①,春三月,以慕容廆为平州刺史②。

目 裴嶷至建康,盛称廆之威德,贤隽皆为之用,朝廷始重之。帝欲留嶷,嶷曰:“臣少蒙国恩,出入省闼,若得复奉辇毂,臣之至荣。但以旧京沦没,山陵穿毁,名臣宿将莫能雪耻,独龙骧竭忠王室③,故使臣万里归诚。今臣不返,必谓朝廷以其僻陋而弃之,孤其向义之心,使懈于讨贼,此臣之所甚惜也。”帝然之。遣使随嶷拜廆为安北将军、平州刺史。

纲 夏五月,凉州杀其刺史张寔,弟茂立。

纲 赵以乔豫、和苞为谏议大夫。

目 赵主曜作酆(fēng)明观及西宫、陵霄台,又营寿陵。侍中乔豫、和苞力谏,曜下诏曰:“二侍中恳恳有古人之风,可谓社稷之臣矣!其悉罢诸役。以豫、苞领谏议大夫。”

纲 冬十二月,以谯王承(chéng)为湘州刺史④。

〔王与马共天下〕

目 帝之始镇江东也,王敦与从弟导同心翼戴,帝亦推心任之,敦总征

---

① 前赵光初三年,后赵二年。
② 平州:辖境约为今辽宁及朝鲜半岛北部。
③ 龙骧:慕容廆为龙骧将军。
④ 承:司马懿之孙,司马睿叔父。

讨,导专机政,群从子弟布列显要,时人为之语曰:"王与马,共天下。"后敦恃功骄恣,帝畏而恶之,乃引刘隗、刁协等以为腹心,稍抑损王氏权,导亦渐见疏外。导能任真推分,澹如也,而敦益怀不平。隗为帝谋,出心腹以镇方面。诏以左将军谯王承为湘州刺史,行至武昌,敦与之宴,谓承曰:"大王雅素佳士,恐非将帅才也。"承曰:"公未见知耳,铅刀岂无一割之用!"敦谓钱凤曰:"彼不知惧而学壮语,无能为也。"乃听之镇。时湘土困弊,承躬自俭约,倾心绥抚,甚有能名。

评门阀政治:

"王与马,共天下",是东晋门阀政治形成的标志。以王、谢为代表的高门相继当权,把持内外要职,最初为稳定东晋统治发挥了一定作用,后与皇权颉颃,数度变乱。曹魏时期创立的九品中正制,在晋代逐渐与门第关联,导致士庶天隔,加剧了阶级固化。至晋宋之交,皇权重振,门第等级趋于松弛,寒人军将势力壮大,次等士族及平民上升途径有所拓宽,门阀政治作为专制体制的一种变态遂告终结。门阀士族占有明显的政治、经济和文化优势,故能长期发挥重大作用,深切影响文化传承及当时政治和社会的走向。

纲辛巳,四年(321)①,春三月,日中有黑子。

纲后赵陷幽、冀、并州,抚军将军、幽州刺史段匹磾死之。

纲秋七月,以戴渊都督司、豫,刘隗都督青、徐诸军事。王导为司空,录

① 前赵光初四年,后赵三年。

尚书事。

目 以渊为征西将军,督六州①,镇合肥;隗为镇北将军,督四州②,镇淮
阴。皆假节领兵,名为讨胡,实备王敦也。

隗虽在外,而朝廷机事、进退士大夫,帝皆与之密谋。敦遗隗书言:
"欲与之戮力王室,共静海内。"隗答曰:"'鱼相忘于江湖,人相忘于
道术','竭股肱之力,效之以忠贞',吾之志也。"敦怒。帝以敦故,以
导为司空、录尚书事,而实疏忌之。

纲 九月,豫州刺史祖逖卒,以其弟约代之。

目 逖以戴渊吴士,虽有才望,无弘致远识,且已剪荆棘,收河南地,而渊
雍容,一旦来统之,意甚怏怏。又闻王敦与刘、刁构隙,将有内难,知
大功不遂,感激发病,卒于雍丘③。豫州士女,若丧父母。敦由是益
无所惮。约无绥御之才,不为士卒所附。

纲 以慕容廆为车骑将军、平州牧、辽东公。

目 廆立子皝(huàng)为世子。皝雄毅多权略,喜经术,国人称之。

纲 代弑其君郁律,子贺傉(nù)立。

目 拓跋猗㐌(yī yí)妻惟氏忌代王郁律之强④,恐不利其子,乃杀郁律而
立子贺傉。郁律之子什翼犍,幼在襁褓,其母王氏匿于裤中,祝之曰:
"天苟存汝,则勿啼。"久之,不啼,乃得免。

---

① 六州:司、兖、豫、并、雍、冀六州。
② 四州:青、徐、幽、平四州。
③ 雍丘:县名,今河南杞县。
④ 拓跋猗㐌:郁律之伯父,拓跋君长,早死。

〔王敦之乱〕

纲 壬午,永昌元年(322)①,春正月,王敦举兵反,谯王承、甘卓移檄讨
之。敦分兵寇长沙。

目 初,敦将作乱,谓长史谢鲲曰:"刘隗奸邪,将危社稷,吾欲除君侧之
恶,何如?"鲲曰:"隗诚始祸,然城狐社鼠②。"敦怒曰:"君庸才,岂达
大体!"至是,举兵武昌,上疏称:"刘隗佞邪谗贼,臣辄进军致讨,昔太
甲颠覆厥度③,幸纳伊尹之忠,殷道复昌。愿陛下深垂三思。"沈充亦
起兵于吴兴以应敦④。敦至芜湖,又上表罪状刁协。帝大怒,诏曰:
"王敦凭恃宠灵,敢肆狂逆,方朕太甲,欲见幽囚。是可忍也,孰不可
忍! 今亲帅六军以诛大逆,有杀敦者,封五千户侯。"

敦初起兵,遣使告梁州刺史甘卓⑤,约与俱下,卓许之。后更狐疑,不
赴。敦遣参军桓罴(pí)说谯王承,请为己军司。承囚罴,移檄远近,列
敦罪恶,州内皆应之。敦恐卓于后为变,又遣参军乐道融往邀之。道
融忿其悖逆,反说卓曰:"王敦背恩肆逆,举兵向阙。君受国厚恩,而
与之同,生为逆臣,死为愚鬼,不亦惜乎! 为君之计,莫若伪许应命,
而驰袭武昌,必不战而自溃矣。"卓意始决,遂露檄数敦逆状,帅所统
致讨。遣参军至广州,约陶侃,侃遣参军高宝帅兵北下。武昌城中传

---

① 前赵光初五年,后赵四年。
② 城狐社鼠:比喻仗势作恶的小人。
③ 度:法度。
④ 吴兴:郡名,治今浙江湖州市。
⑤ 梁州:辖境本为今重庆、四川东北部及汉中地区,此时已为成汉所得,晋侨置梁州于
襄阳。

卓军至,人皆奔散。

敦遣魏乂帅兵攻长沙。城池不完,资储又阙,人情震恐。或说承南投陶侃,或退据零、桂①。承曰:"吾之志,欲死忠义,岂可贪生苟免,为奔败之将乎! 事之不济,令百姓知吾心耳。"乃婴城固守。甘卓亦遗承书劝之,且云:"当以兵出沔口,断敦归路,则湘围自解矣。"承复书曰:"足下能卷甲电赴,犹有所及,若其狐疑,则求我于枯鱼之肆矣。"卓不能从。

纲 封子昱(yù)为琅邪王。

纲 三月,敦据石头,杀骠骑将军戴渊、尚书仆射周颢。甘卓还襄阳。夏四月,敦还武昌。

目 帝征戴渊、刘隗入卫,隗与刁协劝帝尽诛王氏,帝不许。王导帅宗族,每旦诣台待罪。周颢将入,导呼之曰:"伯仁②,以百口累卿!"颢直入不顾。既见帝,言导忠诚,申救甚至,帝纳其言。颢喜饮酒,至醉而出,导又呼之。颢不与言,顾左右曰:"今年杀诸贼奴,取金印如斗大,系肘后。"既出,又上表明导无罪,言甚切。导不知,恨之。帝命还导朝服,召见之。导稽首曰:"逆臣贼子,何代无之,不意今者近出臣族!"帝跣而执其手,曰:"茂弘③,方寄卿以百里之命,是何言邪!"以为前锋大都督,诏曰:"导以大义灭亲,可以吾为安东时节假之④。"

敦至石头,守将周札开门纳之。敦据石头,叹曰:"吾不复得为盛德

---

① 零、桂:零陵、桂阳二郡。零陵治今湖南永州市零陵区。桂阳治今湖南郴州市。
② 伯仁:周颢字。
③ 茂弘:王导字。
④ 安东:元帝初镇扬州,领安东将军。

事矣!"

帝命协、隗、渊、导、颛等分道出战,皆大败。协、隗败还,帝流涕执其手,劝令避祸,给人马,使自为计。协为人所杀,隗奔后赵。

帝令百官诣石头见敦,敦谓渊曰:"吾今此举,天下以为如何?"渊曰:"见形者谓之逆,体诚者谓之忠。"敦笑曰:"卿可谓能言。"又谓周颛曰:"伯仁,卿负我!"颛曰:"公戎车犯顺,下官亲帅六军,不能其事,使王旅奔败,以此负公!"敦参军吕猗素以奸谄为渊所恶,说敦曰:"周、戴皆有高名,足以惑众,近者之言,曾无怍色,公不除之,恐必有再举之忧。"敦然之,以问导,导不答。敦遂收颛并渊,杀之。

帝使敦弟彬劳敦,彬素与颛善,先往哭之,然后见敦。敦怪其容惨,问之。彬曰:"向哭伯仁,情不能已。"敦怒曰:"伯仁自致刑戮,且凡人遇汝,汝何哀而哭之?"彬勃然数之曰:"兄抗旌犯顺,杀戮忠良,图为不轨,祸及门户矣!"辞气慷慨,声泪俱下。敦大怒曰:"尔以吾为不能杀汝邪!"导劝彬起谢。彬曰:"脚痛不能拜,且此复何谢!"敦曰:"脚痛孰若颈痛?"彬殊无惧色。导后料检中书故事,乃见颛表,执之流涕曰:"吾虽不杀伯仁,伯仁由我而死,幽冥之中,负此良友!"

初,敦闻甘卓起兵,大惧。卓兄子邛(qióng)为敦参军,敦遣邛归,说卓使旋军。卓性多疑少决,径还襄阳。四月,敦还武昌。

纲敦兵陷长沙,湘州刺史谯王承死之。

纲五月,敦杀甘卓。

纲冬十月,后赵寇谯①,祖约退屯寿春。

---

① 谯:县名,今安徽亳州市。

目 祖逖既卒,后赵屡寇河南,拔襄城、城父①,围谯。祖约不能御,退屯寿春。后赵遂取陈留②,梁、郑之间,复骚然矣。

纲 闰十一月,帝崩。司空导受遗诏辅政。太子绍即位。

目 帝恭俭有余,而明断不足,故大业未复,而祸乱内兴,竟以忧愤成疾而崩。太子即位,尊所生母荀氏为建安君。

纲 后赵右长史张宾卒。

目 宾卒,后赵主勒哭之恸,曰:"天不欲成吾事邪,何夺吾右侯之早也!"程遐代为右长史。勒每与遐议,有不合,辄叹曰:"右侯舍我去,岂非酷乎!"流涕弥日。

肃宗明皇帝

纲 癸未,肃宗明皇帝太宁元年(323)③,春二月,葬建平陵④。

纲 夏四月,敦移屯姑孰,自领扬州牧,以王导为司徒。

目 敦谋篡位,讽朝廷征己。帝手诏征之。敦移镇姑孰,屯于湖⑤,以导为司徒,自领扬州牧。敦欲为逆,王彬谏之甚苦。敦变色,目左右,将收之。彬正色曰:"君昔岁杀兄⑥,今又杀弟邪!"敦乃止。

---

① 城父:今安徽亳州市南。
② 陈留:郡名,治今河南开封市西北。
③ 前赵光初六年,后赵五年。
④ 建平陵:晋元帝墓,在今江苏南京市玄武区鸡笼山。
⑤ 姑孰:今安徽当涂县。于湖:县名,今安徽当涂县南。
⑥ 怀帝永嘉六年,王敦杀兄王澄。

纲六月,立皇后庾氏,以庾亮为中书监①。

纲秋七月,赵封姚弋仲为平襄公。

纲八月,敦表江西都督郗鉴为尚书令。

目帝畏王敦之逼,以鉴为外援,使镇合肥。敦忌之,表鉴为尚书令。鉴还,过敦,敦与论西朝人士②,曰:"乐彦辅③,短才耳,考其实,岂胜满武秋邪④!"鉴曰:"彦辅道韵平淡,愍怀之废⑤,柔而能正。武秋失节之士,安能拟之?"敦曰:"当是时,危机交急。"鉴曰:"丈夫当死生以之。"敦恶其言。鉴还台,遂与帝谋讨敦。

纲赵击凉州,张茂降,赵封茂为凉王。

纲甲申,二年(324)⑥,夏五月,赵凉王张茂卒,世子骏嗣。

纲六月,加司徒导大都督、扬州刺史,督诸军讨敦。敦复反。秋七月,至江宁,帝亲征,破之。敦死,众溃,其党钱凤、沈充伏诛。

目敦无子,养兄含子应为嗣。至是,疾甚,矫诏拜为武卫将军以自副。钱凤曰:"脱有不讳,便当以后事付应邪?"敦曰:"非常之事,非常人所能为。且应年少,岂堪大事!我死之后,释兵归朝,保全门户,上计也;退还武昌,收兵自守,贡献不废,中计也;及吾尚存,悉众而下,万

---

① 庾亮为皇后之兄。
② 西朝:西晋。
③ 彦辅:乐广字。
④ 武秋:满奋字。
⑤ 愍怀:愍怀太子司马遹,惠帝之子,为贾后所杀。
⑥ 前赵光初七年,后赵六年。

一侥幸，下计也。"凤谓其党曰："公之下计，乃上策也。"遂与沈充定谋。

初，帝亲任中书令温峤，敦恶之，请为左司马。峤乃缪为勤敬，综其府事，时进密谋，以附其欲。深结钱凤，为之声誉，每曰："钱世仪精神满腹①。"凤甚悦。会丹阳尹缺，峤言于敦曰："京尹，咽喉之地，公宜自选。"敦然之，问："谁可者？"峤荐钱凤，凤亦推峤。峤伪辞，敦不听，遂表用之，使觇(chān)伺朝廷②。峤恐既去而凤于后间之，因敦饯别，起行酒至凤，凤未及饮，峤伪醉，以手版击凤帻(zé)坠③，峤作色曰："钱凤何人，温太真行酒而敢不饮④！"敦以为醉，两释之。峤与敦别，涕泗横流，出閤复入者再三。行后，凤谓敦曰："峤于朝廷甚密，而与庾亮深交，未可信也。"敦曰："太真昨醉，小加声色，何便尔相谯！"

峤至建康，尽以敦逆谋告帝，与亮画计讨之。帝加导大都督、领扬州刺史，使峤与将军卞敦、应詹、郗鉴分督诸军。鉴请诏临淮太守苏峻⑤、兖州刺史刘遐等入卫。帝屯于中堂。导闻敦疾笃，帅子弟为之发哀，众以为敦信死，咸有奋志。于是尚书腾诏下敦府，曰："敦辄立兄息，以自承代，不由王命，顽凶相奖，志窥神器。天不长奸，敦以陨毙，凤复煽逆。今遣司徒导等讨之，诸为敦所授用者，一无所问。"敦见诏，甚怒，而病转笃。将起兵，使郭璞筮之，璞曰："无成。"敦素疑璞助峤，又问："吾寿几何？"璞曰："明公起事，祸必不久，若住武昌，寿

① 世仪：钱凤字。
② 觇：窥探。
③ 手版：笏。帻：头巾。
④ 太真：温峤字。
⑤ 临淮：郡名，治今江苏盱眙县。

不可测。"敦大怒曰:"卿寿几何?"曰:"命尽今日。"日中,敦收璞,斩之。使王含、钱凤、周抚等帅众向京师。七月,含水陆五万奄至江宁南岸。导遗含书曰:"导门户大小,受国厚恩。今日之事,明目张胆,为六军之首,宁为忠臣而死,不为无赖而生矣!"含不答。帝帅诸军出屯南皇堂。夜募壮士,遣将军段秀等帅众人渡水①,掩其未备。平旦,战于越城②,大破之。敦闻含败,大怒,寻卒。应秘不发丧,裹尸以席,埋于厅事中。

帝使人说沈充,许以为司空。充不奉诏,遂举兵与含合。刘遐、苏峻等帅精兵万人至,击充、凤,大破之。浔阳太守周光帅千余人赴敦③,求见。应辞以疾。光退,见其兄抚曰:"王公已死,兄何为与钱凤作贼!"众皆愕然。含等遂烧营夜遁。明日,帝还宫。含奔荆州,王舒遣军迎之,沉其父子于江。周光斩凤,诣阙自赎。充为故将吴儒所杀,传首建康④。敦党悉平。有司发敦瘗(yì)⑤,焚其衣冠,踞(jì)而斩之⑥。

纲 乙酉,三年(325)⑦,春二月,立子衍为皇太子。

[陶侃都督荆湘]

纲 夏五月,以陶侃都督荆、湘等州军事。

---

① 段秀:段匹磾弟。
② 越城:今江苏南京市南秦淮河南岸。
③ 浔阳:郡名,治今江西九江市。
④ 传:驿递。
⑤ 瘗:坟墓。
⑥ 踞:长跪。
⑦ 前赵光初八年,后赵七年。

目侃复镇荆州，士女相庆。侃性聪敏恭勤，终日敛膝危坐，军府众事，检摄无遗，未尝少闲。常语人曰："大禹圣人，乃惜寸阴，至于众人，当惜分阴。岂可逸游荒醉，生无益于时，死无闻于后，是自弃也！"诸参佐以戏谈废事者，命取其酒器、蒲（pú）博之具①，悉投之于江，将吏则加鞭扑，曰："摴（chū）蒲者，牧猪奴戏耳！老、庄浮华，非先王之法言，不益实用。君子当正其威仪，何有蓬头跣足，自谓宏达邪！"有奉馈者，必问其所由，若力作所致，虽微必喜，慰赐参倍。若非理得之，则切厉诃辱，还其所馈。尝造船，其木屑竹头，侃皆令籍而掌之，人咸不解。后正会，积雪始晴，听事前犹湿，乃以木屑布地。及桓温伐蜀，又以所贮竹头作丁装船。其综理微密，皆此类也。

纲秋闰七月，帝崩。司徒导、中书令庾亮、尚书令卞壸受遗诏辅政，太子衍即位。尊皇后为皇太后，太后临朝称制。葬武平陵②。

纲冬十二月，代王贺傉卒，弟纥（hé）那立。

单敏捷　评注

楼　劲　审定

---

① 蒲博：一种博戏。
② 武平陵：晋明帝墓，在今江苏南京市玄武区鸡笼山。

纲鉴易知录卷三二

卷首语:本卷起东晋成帝咸和元年(326),止穆帝升平四年(360),所记为东晋成、康、穆三朝三十五年之史事。重要事件包括东晋苏峻之乱、王庾桓门阀士族之争、桓温北伐,以及后赵灭前赵、后赵灭亡、前秦建国、前燕入主中原等。这一时期东晋在南方的统治逐渐稳定,并开始大规模北伐。北方十六国政权中最早一批建立的前赵、后赵相继灭亡,鲜卑慕容部建立的前燕及氐人符氏建立的前秦则先后崛起。

东晋纪

显宗成皇帝

纲 丙戌,显宗成皇帝咸和元年(326)①,夏六月,以郗鉴为徐州刺史②。

目 司徒导称疾不朝,而私送鉴。卞壸奏导亏法从私,无大臣之节,请免
官。虽事寝不行,举朝惮之。壸俭素廉洁,裁断切直,当官干实,性不
弘裕,不肯苟同时好,故为诸名士所少。阮孚谓曰:"卿常无闲泰,如
含瓦石,不亦劳乎!"壸曰:"诸君子以道德恢弘,风流相尚,执鄙吝者,
非壸而谁!"时贵游子弟多慕王澄、谢鲲为放达,壸厉色于朝曰:"悖礼
伤教,罪莫大焉,中朝倾覆,实由于此。"欲奏推之,导及庾亮不听,
乃止。

纲 秋八月,以温峤为都督江州军事,王舒为会稽内史③。

目 初,王导以宽和得众,及庾亮用事,任法裁物,颇失人心。祖约自以名
辈不后郗、卞,而不预顾命,遗诏褒进大臣,又不及约与陶侃,二人皆
疑亮删之。历阳内史苏峻有功于国④,威望渐著,卒锐器精,有轻朝
廷之志。亮既疑峻、约,又畏侃之得众,乃以峤镇武昌,舒守会稽,以
广声援,又修石头以备之。丹阳尹阮孚谓所亲曰:"江东创业尚浅,主

---

① 前赵光初九年,后赵八年。
② 徐州:原治彭城,今江苏徐州市,此时因北方战乱,迁治广陵,今江苏扬州市。
③ 会稽:郡名,治今浙江绍兴市。
④ 历阳:郡名,治今安徽和县。

幼时艰,庾亮年少,德信未孚,以吾观之,乱将作矣。"遂求出为广州
刺史。

纲 冬十月,杀南顿王宗,降封西阳王羕(yàng)为弋阳县王。

目 宗自以失职怨望,又素与苏峻善。庾亮欲诛之,中丞钟雅劾宗谋反,
亮收杀之。降封其兄太宰西阳王羕为弋阳县王。宗,宗室近属,羕,
先帝保傅,亮一旦剪黜,由是愈失远近之心。宗之死也,帝不之知,久
之,帝问亮曰:"常日白头公何在?"亮对以谋反伏诛。帝泣曰:"舅言
人作贼,便杀之,人言舅作贼,当何如?"亮惧,变色。

〔苏峻之乱〕

纲 丁亥,二年(237)①,冬,征苏峻为大司农。峻与祖约举兵反。

目 庾亮以苏峻在历阳,终为祸乱,欲下诏征之。司徒导曰:"峻必不奉
诏,不如且包容之。"卞壸曰:"峻拥强兵,逼近京邑,路不终朝,一旦有
变,易为蹉跌,宜深思之!"温峤亦累书止亮。举朝以为不可,亮皆不
听。征峻为大司农,峻上表辞,不许,峻遂不应命。
温峤即欲帅众下卫建康,亮报峤书,曰:"吾爱西陲②,过于历阳,足下
无过雷池一步也③。"亮复遣使谕峻,峻曰:"台下云我欲反,岂得活
耶?我宁山头望廷尉,不能廷尉望山头。"峻知祖约亦怨朝廷,乃请共
讨亮。约大喜,遣兄子沛、涣、婿许柳,以兵会峻。

---

① 前赵光初十年,后赵九年。
② 爱:《晋书·庾亮传》作"忧"。
③ 雷池:湖泊名,在今安徽望江县以西,长江以北。

纲 十二月,峻袭陷姑孰。诏庾亮督诸军讨之,宣城内史桓彝起兵赴难。

纲 戊子,三年(328)①,春正月,温峤以兵赴难,至浔阳。二月,尚书令成汤公卞壶督军讨峻②,战败,死之。庾亮奔浔阳,峻兵犯阙。

目 温峤欲救建康,军于浔阳。峻济自横江③,陶回谓庾亮曰:"峻知石头有重戍,必向小丹阳南道步来④,宜伏兵邀之,可一战擒也。"亮不从。峻果如回言,而夜迷失道,无复部分。亮始悔之。诏以卞壶都督大桁(héng)东诸军⑤,及峻战于西陵⑥,大败。峻攻青溪栅⑦,壶又拒击之,壶背痈新愈,疮犹未合,力疾苦战而死。二子眕、盱随之,亦赴敌死。其母抚尸哭曰:"父为忠臣,子为孝子,夫何恨乎!"亮奔浔阳。

峻兵入台城⑧,司徒导谓侍中褚翜(shà)曰:"至尊当御正殿。"翜即入抱帝登太极前殿。峻兵既入,叱翜令下。翜呵之曰:"苏冠军来觐至尊,军人岂得侵逼!"峻兵不敢上殿。峻以王导有德望,犹使以本官居己之右。以祖约为太尉,峻自录尚书事。

纲 三月,皇太后庾氏以忧崩。峻南屯于湖。

纲 葬明穆皇后⑨。

---

① 前赵光初十一年,后赵太和元年。
② 成汤公:《晋书·卞壶传》载壶为建兴县公。
③ 横江:长江渡口,在今安徽和县。
④ 小丹阳:即丹阳县,今安徽马鞍山市东界,毗邻南京市江宁区。
⑤ 大桁:即朱雀桁,位于建康城南秦淮河上,今南京市中华门内。桁:浮桥。
⑥ 西陵:东晋皇帝陵区之一,在今南京市玄武区鸡笼山,元帝、明帝皆葬于此。
⑦ 青溪:孙吴时开凿渠道,源自城东钟山西北,连玄武湖,南入秦淮河。
⑧ 台城:晋建康宫城,在今南京市鸡笼山南。
⑨ 庾氏谥明穆。

纲　夏五月,温峤以陶侃入讨峻,峻迁帝于石头。郗鉴、王舒来赴难。

目　温峤将讨峻,遣督护王愆期诣荆州邀陶侃同赴难。侃犹以不豫顾命
　　为恨,答曰:"吾疆埸外将,不敢越局。"峤更遣使邀之,侃乃遣督护龚
　　登帅兵诣峤。峤有众七千,于是洒泣登舟。

　　侃复追登还。峤遗书曰:"峻、约无道,人皆切齿。今之进讨,如石投
　　卵。若复召兵还,是为败于几成,而或者遂谓仁公缓于讨贼。此声难
　　追,愿深察之!"愆期亦谓侃曰:"峻,豺狼也,如得遂志,公岂有容足之
　　地乎!"侃深感悟,即戎服登舟,兼道而进。郗鉴在广陵,得诏书,即流
　　涕誓众,入赴国难。峻闻之,自姑孰还,迁帝于石头。司徒导密令张
　　闿以太后诏谕三吴①,使起义兵。会稽内史王舒使庾冰将兵一万,西
　　渡浙江,于是吴兴太守虞潭、吴国内史蔡谟、义兴太守顾众等皆应
　　之②。潭母孙氏谓潭曰:"汝当舍生取义,勿以吾老为累!"尽遣家僮
　　从军,鬻环珮以给军费。鉴帅众渡江,与侃等会,舟师直指石头。峻
　　望之有惧色。

纲　峻分兵陷宣城,内史桓彝死之。

目　桓彝闻京城不守,进屯泾县。长史裨惠劝彝与峻通使,以纾交至之
　　祸。彝曰:"吾受国厚恩,义在致死,焉能忍耻与逆臣通问! 如其不
　　济,此则命也。"彝遣将军俞纵守兰石③,韩晃攻之④。将败,左右劝退
　　军。纵曰:"吾受桓侯恩厚,当以死报。吾之不可负桓侯,犹桓侯之不

———————

① 三吴:指吴郡、吴兴、会稽,或泛指吴地。
② 义兴:郡名,治今江苏宜兴市。
③ 兰石:在今安徽泾县东北。
④ 韩晃:苏峻部将。

负国也。"遂力战而死。晃遂进军,至是,城陷,执彝杀之。

纲 秋七月,后赵攻寿春,约众溃,奔历阳。

纲 九月,陶侃、温峤讨峻于石头,斩之。峻弟逸代领其众。

目 西军与峻久相持不决,温峤军食尽,贷于陶侃。侃怒,欲西归。峤曰:"天子幽逼,社稷危殆,乃臣子肝脑涂地之日。峤等与公并受国恩,事若克济,则臣主同祚,如其不捷,当灰身以谢先帝耳。今之事势,义无旋踵,譬如骑虎,安可中下哉!公若违众独返,人心必沮,沮众败事,义旗将回指于公矣。"庐江太守毛宝说侃曰①:"军政有进无退,可试与宝兵,断贼资粮,若不立效,然后公去,人心不恨矣。"侃然而遣之。竟陵太守李阳说侃曰②:"大事不济,公虽有粟,安得而食诸?"侃乃分米五万石以饷峤军。宝烧峻句容、湖孰积聚③,峻军乏食,侃遂不去,督水军向石头。庾亮、温峤帅步兵万人,从白石南上④。峻将八千人逆战,马踬(zhì)⑤,侃部将斩之,三军皆称万岁。余众大溃。峻司马任让等共立峻弟逸为主,闭城自守。

纲 冬十二月,后赵主勒大破赵兵于洛阳,获赵主曜以归,杀之。

纲 己丑,四年(329)⑥,春正月,逸杀右卫将军刘超、侍中钟雅。

目 钟雅谋奉帝出赴西军,事泄,苏逸使任让将兵入宫收超、雅。帝抱持

---

① 庐江:郡名,治今安徽舒城县。
② 竟陵:郡名,治今湖北钟祥市。
③ 句容:县名,今江苏句容市。湖孰:县名,今江苏南京市江宁区东。
④ 白石:即白石垒,在石头城东北。
⑤ 踬:绊倒。
⑥ 前赵光初十二年,后赵太和二年。是年后赵灭前赵。

悲泣曰："还我侍中、右卫！"让夺而杀之。

纲冠军将军赵胤攻破历阳，约奔后赵。

纲赵太子熙奔上邽(guī)①，后赵取长安。

纲二月，诸军讨逸，斩之，及西阳王羕。

目诸军攻石头。建威长史滕含大破其兵，获苏逸、韩晃，斩之。含部将曹据抱帝奔温峤船，群臣见帝，顿首号泣请罪。杀西阳王羕。陶侃与任让有旧，为请其死。帝曰："是杀吾侍中、右卫者，不可赦也。"乃杀之。司徒导入石头，令取故节，侃笑曰："苏武节似不如是。"导有惭色。

纲以褚翜为丹阳尹。

目时宫阙灰烬，峤欲迁都豫章②，三吴之豪请都会稽，导曰："孙仲谋、刘玄德俱言建康王者之宅③，古之帝王，不必以丰俭移都，苟务本节用，何忧凋弊？若农事不修，则乐土为墟矣。且北寇游魂，伺我之隙，一旦示弱，窜于蛮、越，求之望实④，惧非良计。今特宜镇之以静，群情自安。"由是不复徙都。而以翜为丹阳尹。翜收集散亡，京邑遂安。

纲三月，以陶侃为太尉，郗鉴为司空，温峤为骠骑将军、开府仪同三司，庾亮为豫州刺史⑤。

① 上邽：县名，今甘肃天水市。
② 豫章：郡名，治今江西南昌市。
③ 仲谋：孙权字。玄德：刘备字。
④ 望实：名与实。
⑤ 豫州：此时为侨置，治今安徽芜湖市。

纲 夏四月,骠骑将军始安公温峤卒,以刘胤为江州刺史。

目 温峤卒,时年四十二,谥曰忠武。胤,峤军司也。陶侃、郗鉴皆言胤非方伯才,王导不从。或谓导子悦曰:"自江陵至于建康,三千余里,流民万计,国之南藩,要害之地,而胤以沈侈,卧而对之,不有外变,必有内患矣。"

〔前赵灭亡〕

纲 秋八月,后赵石虎攻拔上邽,杀赵太子熙,遂取秦陇。

目 赵南阳王胤帅众数万自上邽趋长安。石虎救之,大破赵兵,乘胜追击。上邽溃,虎执赵太子熙及胤以下三千余人,皆杀之,徙其台省文武、关东流民、秦雍大族于襄国[1],秦陇悉平。蒲洪、姚弋仲俱降于虎。

纲 冬十二月,将军郭默杀刘胤。

目 胤矜豪纵酒,不恤政事。郭默被征为右将军,求资于胤,不得,诬胤以大逆,袭斩之,传首京师。

纲 代王纥那出奔宇文部,翳槐立。

目 翳槐,郁律之子也。

纲 庚寅,五年(330)[2],春正月,太尉侃讨郭默,斩之。

目 刘胤首至建康,司徒导以郭默骁勇难制,以默为江州刺史。陶侃闻之,投袂起曰:"此必诈也。"即将兵讨之。上表言状,且与导书曰:

---

① 襄国:县名,后赵都城,今河北邢台市。
② 后赵建平元年。

"默杀方州即用为方州,害宰相便为宰相乎?"导答侃书曰:"默据上流之势,加以船舰成资,故包含容忍,以俟足下,岂非遵养时晦以定大事者耶!"侃笑曰:"是乃遵养时贼也!"兵至,默将缚默以降,侃斩之。

纲 二月,赵王勒称天王,以石虎为太尉,封中山王。

纲 赵诛祖约,夷其族。

纲 夏五月,诏太尉侃兼督江州。

目 侃遂移镇武昌。

纲 秋九月,赵王勒称皇帝。

纲 壬辰,七年(332)①,春正月,赵大飨群臣。

目 赵主勒谓徐光曰:"朕可方自古何等主?"对曰:"陛下神武谋略过于汉高。"勒笑曰:"人岂不自知?卿言太过。朕若遇高祖,当北面事之,与韩、彭比肩②。若遇光武,当并驱中原,未知鹿死谁手。大丈夫行事,宜礌(lěi)礌落落,如日月皎然。终不效曹孟德、司马仲达,欺人孤儿寡妇,狐媚以取天下也。"

勒虽不学,好使诸生读书而听之,时以其意论古今得失,闻者悦服。尝使人读《汉书》,闻郦食其劝立六国后,惊曰:"此法当失,何以遂得天下?"及闻留侯谏,乃曰:"赖有此耳。"

纲 癸巳,八年(333)③,夏五月,辽东公慕容廆卒,世子皝嗣。

---

① 后赵建平三年。
② 韩、彭:韩信、彭越。
③ 后赵建平四年。

纲 秋七月,赵主勒卒,太子弘立。八月,赵石虎自为丞相、魏王,九月,弑其太后刘氏。冬十月,赵河东王石生等举兵讨之,不克而死。

纲 甲午,九年(334)①,夏六月,太尉、长沙公陶侃卒。

目 侃晚年深以盈满自惧,不预朝权,屡欲告老归国,佐吏等苦留之。至是,疾笃,上表逊位。薨,谥曰桓。侃在军四十一年,明毅善断,识察纤密,人不能欺。自南陵迄于白帝②,数千里中,路不拾遗。尚书梅陶尝谓人曰:“陶公机神明鉴似魏武,忠顺勤劳似孔明,陆抗诸人不能及也。”谢安每言:“陶公虽用法,而恒得法外意。”

纲 成主雄卒,太子班立。

纲 以庾亮都督江、荆等州军事。

目 亮镇武昌,辟殷浩为记室参军③。浩与褚褒④、杜乂皆以识度清远,善谈《老》《易》,擅名江东,而浩尤为风流所宗。桓彝尝谓褒曰:“季野有皮里《春秋》⑤。”言其外无臧否而内有褒贬也。谢安曰:“褒虽不言,而四时之气亦备矣。”

纲 冬十月,成李越弑其主班而立其弟期。

纲 十一月,赵石虎弑其主弘,自立为居摄天王。

---

① 后赵延熙元年。
② 南陵:今安徽南陵县。白帝:今重庆奉节县。
③ 记室参军:军府佐官,掌文疏表奏。
④ 褚褒:一作“褚裒”。
⑤ 季野:褚褒字。

纲 乙未，咸康元年（335）①，春正月朔，帝冠。

纲 三月，幸司徒导府。

目 司徒导羸疾，不堪朝会，帝幸其府。导辟王濛、王述为掾属。濛不修小廉，而以清约见称。与沛国刘惔友善，惔常称濛性至通，而自然有节。濛曰："刘君知我，胜我自知。"当时称风流者，以惔、濛为首。述性沉静，每坐客辩论蜂起，而述处之恬如也。年三十，尚未知名，人谓之痴。导以门地辟之，既见，唯问江东米价，述张目不答。导曰："王掾不痴。"导每发言，一坐莫不赞美，述正色曰："人非尧、舜，何能每事尽善！"导改容谢之。

纲 秋九月，赵迁都邺。

纲 赵听其民事佛。

目 初，赵主勒以天竺僧佛图澄豫言成败，数有验，敬事之。及虎即位，奉之尤谨。诏中书曰："佛，国家所奉，里闾小人无爵秩者，应得事不？"著作郎王度等议曰："王者祭祀，典礼具存。佛，外国之神，非天子所应祠也。今且禁公卿以下毋得诣寺烧香礼拜，其赵人为沙门者②，皆返初服。"虎诏曰："朕生自边鄙，忝君诸夏，至于飨祀，应从本俗。其夷、赵百姓乐事佛者，特听之。"

纲 冬十月，代王纥那复入，翳槐奔赵。

---

① 后赵建武元年。
② 沙门：出家佛教徒。

纲 张骏遣使上疏,请北伐。

目 初,张轨及寔、茂保据河右,军旅之事无岁无之。及骏嗣位,境内渐平。骏勤修庶政,总御文武,咸得其用,民富兵强,远近称为贤君。骏遣使上疏,以为:"勒、雄既死①,虎、期继逆②,元老消落,后生不识,慕恋之心,日远日忘。乞敕司空鉴、征西亮等泛舟江沔,首尾齐举。"

纲 丙申,二年(336)③,春正月,彗星见奎、娄。

纲 二月,立皇后杜氏。

纲 丁酉,三年(337)④,春正月,赵王虎称赵天王。

纲 秋七月,慕容皝自称燕王。

纲 赵纳代王翳槐于代,纥那奔燕。

〔成李寿改国号为汉〕

纲 戊戌,四年(338)⑤,夏四月,成李寿弑其主期而自立,改国号汉。

纲 五月,以司徒导为太傅,都督中外诸军事,郗鉴为太尉,庾亮为司空。
六月,更以导为丞相,罢司徒官。

---

① 勒、雄:石勒、李雄。
② 虎、期:石虎、李期。
③ 后赵建武二年。
④ 后赵建武三年。
⑤ 后赵建武四年。

目 是时,亮虽居外镇①,而遥执朝权,既据上流,拥强兵,趣势者多归之②。导内不能平,尝遇西风尘起,举扇自蔽,徐曰:"元规尘污人③!"

纲 冬十月,光禄勋颜含致仕④。

目 颜含以老逊位。时论者以王导帝之师傅,百僚宜为降礼。太常冯怀以问含。含曰:"王公虽贵重,礼无偏敬。降礼之言,或是诸君事宜,鄙人老矣,不识时务。"既而告人曰:"吾闻伐国不问仁人,向冯祖思问佞于我⑤,我岂有邪德乎!"郭璞尝欲为之筮,含曰:"年在天,位在人。修己而天不与者,命也;守道而人不知者,性也。自有性命,无劳蓍龟。"致仕二十余年,年九十三而卒。

纲 代王翳槐卒,弟什翼犍立。

目 代自猗卢卒,国多内难,部落离散。什翼犍雄勇有智略,能修祖业,百姓安之,有众数十万人。

纲 己亥,五年(339)⑥,秋七月,丞相始兴公王导卒。以何充为护军将军,庾冰为中书监、扬州刺史、参录尚书事。

目 导简素寡欲,辅相三世,仓无储谷,衣不重帛。

初,导与庾亮共荐丹阳尹何充于帝。及导薨,征庾亮为左相,亮固辞,遂以充及亮弟冰参录尚书事。冰经纶时务,不舍昼夜,宾礼朝贤,升

---

① 时庾亮镇武昌。

② 趣:同"趋"。

③ 元规:庾亮字。

④ 光禄勋:九卿之一,主要职掌为宿卫宫殿门户。

⑤ 祖思:冯怀字。

⑥ 后赵建武五年。

擢后进,由是朝野翕然,称为贤相。

纲 八月,改丞相为司徒。

纲 太尉南昌公郗鉴卒,以蔡谟都督徐、兖军事。

目 鉴疾笃,上疏荐太常蔡谟平简贞正①,素望所归,可为徐州。鉴薨,即
以谟代之。

纲 九月,赵以李巨为御史中丞。

目 赵王虎患贵戚豪恣,乃擢巨为中丞,中外肃然。虎曰:"朕闻良臣如猛
虎,高步旷野而豺狼避路,信哉!"

纲 庚子,六年(340)②,春正月,司空庾亮卒,以何充为中书令,庾翼都督
江、荆等军州事③。

纲 有星孛于太微④。

纲 三月,代始都云中⑤。

纲 辛丑,七年(341)⑥,春正月,燕筑龙城⑦。

目 燕筑城于柳城之北,龙山之西⑧,立宗庙、宫阙,命曰龙城。

---

① 太常:九卿之首,掌礼乐郊庙事。
② 后赵建武六年。
③ 军州:应为"州军"。
④ 太微:太微垣,三垣之一。
⑤ 云中:今内蒙古托克托县。
⑥ 后赵建武七年。
⑦ 龙城:今辽宁朝阳市。
⑧ 柳城:今辽宁朝阳县。龙山:今辽宁朝阳市凤凰山。

纲二月,封慕容皝为燕王。三月,皇后杜氏崩。夏四月,葬恭皇后。

纲壬寅,八年(342)①,春正月朔,日食。

纲夏六月,帝崩,琅邪王岳即位。

目帝不豫,二子丕、奕皆在襁褓。庾冰恐易世之后,亲属愈疏,为人所间,请以母弟琅邪王岳为嗣,帝许之。中书令何充曰:"父子相传,先王旧典,且今将如孺子何!"冰不听。帝乃诏冰、充及武陵王晞、会稽王昱、尚书令诸葛恢并受顾命而崩。琅邪王即位,亮阴不言②,委政于冰、充。

纲封成帝子丕为琅邪王,奕为东海王。

纲秋七月,葬兴平陵③。以何充都督徐州军事。

纲冬十月,燕迁都龙城。

纲十二月,立皇后褚氏。

目时征后父豫章太守褚裒为侍中。裒以后父,不愿居中任事,乃除江州刺史,镇半洲④。

康皇帝

纲癸卯,康皇帝建元元年(343)⑤,秋七月,诏议经略中原。庾翼表遣梁

---

① 后赵建武八年。

② 亮阴:一作谅阴,指帝王居丧。

③ 兴平陵:晋成帝墓,在今江苏南京市玄武区鸡笼山。

④ 半洲:在今江西九江市西。

⑤ 后赵建武九年。

州刺史桓宣伐赵①。

目翼为人慷慨,喜功名,不尚浮华。琅邪内史桓温②,彝之子也,尚南康
公主③,豪爽有风概,翼与之友善,尝荐于成帝曰:"温有英雄之才,愿
勿以常婿畜之,宜委以方面之任,必有弘济之勋。"时杜乂、殷浩并才
名冠世,翼独弗之重也,曰:"此辈宜束之高阁,俟天下太平,然后徐议
其任耳。"浩累辞征辟,屏居十年,时人拟之管、葛。谢尚、王濛尝伺其
出处④,以卜江左兴亡。尝相与省之,知浩有确然之志,既退,相谓
曰:"深源不起⑤,当如苍生何!"翼请浩为司马⑥,诏除侍中、安西军
司,浩不应。翼遗之书曰:"王夷甫立名非真⑦,虽云谈道,实长华竞。
明德君子,遇会处际,宁可然乎!"浩犹不起。翼以灭赵取蜀为己任,
遣使约燕、凉,刻期大举,朝议多以为难。至是,诏议经略中原,翼欲
悉众北伐,表桓宣督诸军,趋丹水,桓温为前锋小督,帅众入临淮。

纲汉主寿卒,太子势立。

纲庾翼移镇襄阳,诏以翼都督征讨军事,庾冰都督荆、江等州军事。征
何充为扬州刺史、录尚书事。

纲甲辰,二年(344)⑧,春正月,桓宣及赵兵战于丹水,败绩。

---

① 梁州:此时寄治魏兴郡,在今湖北郧西县。
② 琅邪:国名,侨置于江乘,今江苏南京市栖霞区。
③ 成帝女。
④ 出处:出仕和退隐。
⑤ 深源:殷浩字。殷浩本字渊源,唐人避李渊讳改。
⑥ 司马:军府高级属官,位次长史。
⑦ 夷甫:王衍字。
⑧ 后赵建武十年。

纲秋九月,帝崩。太子聃即位,尊皇后曰皇太后,临朝称制。冬十月,葬
　　崇平陵①。

纲荆、江都督庾冰卒,翼还镇夏口。

孝宗穆皇帝

纲乙巳,孝宗穆皇帝永和元年(345)②,春正月,以会稽王昱为抚军大将
　　军、录尚书六条事。

纲二龙见于燕之龙山。

目燕有黑白二龙见于龙山,交首游戏,解角而去。燕王皝祀以太牢③,命
　　所居新宫曰和龙。是岁,始不用晋年号,自称十二年。

〔桓温都督荆、梁等州〕

纲冬十月,江州都督庾翼卒,以桓温都督荆、梁等州军事。

目翼病,表子方之为荆州刺史,委以后任。及卒,朝议以诸庾世在西藩,
　　人情所安,欲从其请。何充曰:“荆楚国之西门,户口百万,北带强胡,
　　西邻劲蜀,得人则中原可定,失人则社稷可忧。陆抗所谓‘存则吴存,
　　亡则吴亡’者也!岂可以白面少年当之哉?桓温英略过人,有文武器
　　干,西夏之任,无出温者。”丹阳尹刘惔每奇温才,然知其有不臣之志,
　　谓会稽王昱曰:“温不可使居形胜之地。”昱不听,以温代翼。

---

① 崇平陵:晋康帝墓,在今江苏南京市钟山南麓。
② 后赵建武十一年。
③ 太牢:帝王祭祀时,牛、羊、豕三牲全备。

纲 冬十二月,张骏自称凉王。

纲 赵以姚弋仲为冠军大将军。

纲 丙午,二年(346)①,春正月,扬州刺史、都乡侯何充卒。

纲 二月,以光禄大夫蔡谟领司徒。

纲 三月,以顾和为尚书令,殷浩为扬州刺史。

目 褚裒荐顾和、殷浩,诏以和为尚书令,浩为扬州刺史。和有母丧,固辞不起,谓所亲曰:"古人有释衰绖从王事者,以其才足干时故也,如和者,正足以亏孝道,伤风俗耳。"浩亦固辞。会稽王昱与浩书曰:"足下去就,即时之废兴也,家国不异,宜深思之!"浩乃就职。

纲 夏五月,凉王张骏卒,世子重华立。

〔桓温定蜀〕

纲 冬十一月,桓温帅师伐汉。

目 桓温将伐汉,将佐皆以为不可。江夏相袁乔曰②:"夫经略大事,固非常情所及,智者了于胸中,不必待众言皆合也。李势无道,臣民不附,且恃其险远,不修战备。宜以精兵万人轻赍疾趋,比其觉之,我已出其险要,可一战擒也。"温拜表即行,委长史范汪留事。朝廷以蜀道险远,温众少而深入,皆以为忧,惟刘惔以为必克。或问其故,惔曰:

① 后赵建武十二年。
② 江夏:国名,治今湖北云梦县。

"以博知之。温,善博者也,不必得则不为。但恐克蜀之后,专制朝廷耳。"

纲 丁未,三年(347)①,春三月,桓温败汉兵于笮(zuó)桥②,进至成都,汉主势降。诏以为归义侯。

目 温自将步卒,直指成都,李势悉众出战于笮桥,袁乔拔剑督士卒力战,遂大破之。温乘胜长驱至成都,纵火烧其城门。汉人惶惧,无复斗志。势舆榇面缚诣军门。温送势于建康,振旅还江陵。诏封势归义侯。

纲 戊申,四年(348)③,秋八月,加桓温征西大将军。

目 朝廷论平蜀之功,加温征西大将军,封临贺郡公。温既灭蜀,威名大振,朝廷惮之。会稽王昱以殷浩有盛名,朝野推服,乃引为心膂,与参综朝权,欲以抗温,由是与温寖相疑贰。浩以王羲之为护军将军。羲之以为内外协和,然后国家可安,劝浩不宜与温构隙,浩不从。

纲 九月,燕王皝卒,世子儁立。

纲 赵立子世为太子。

纲 己酉,五年(349)④,春正月,赵主虎称皇帝。夏四月,赵主虎卒,太子世立,其兄遵弑之及其太后刘氏而自立。

纲 蒲洪遣使来降。

---

① 后赵建武十三年。是年成汉灭亡。
② 笮桥:在今四川成都市西南。
③ 后赵建武十四年。
④ 后赵大宁元年。

目 石闵言于赵主遵曰："蒲洪，人杰也，今镇关中，恐秦雍之地非复国家之有。宜改图之。"遵从之，罢洪都督。洪怒，归枋（fāng）头①，遣使来降。

纲 燕以慕容恪为辅国将军。

纲 秋七月，征讨都督褚裒率师伐赵，不克而还。

目 征北大将军褚裒上表请伐赵，加裒征讨大都督。裒帅众三万，径赴彭城②，北方士民降附者日以千计。朝野皆以中原指期可复，蔡谟独谓所亲曰："赵灭诚为大庆，然恐更贻朝廷之忧。"其人曰："何谓也？"谟曰："夫能顺天乘时济群生于艰难者，非上圣与英雄不能为也，其余则莫若度德量力。观今日之事，殆非时贤所及。必将经营分表，疲民以逞，既而材略疏短，不能副心，财殚力竭，智勇俱困。安得不忧及朝廷乎！"鲁郡民五百余家起兵附晋③，求援于裒，裒遣部将王龛（kān）将卒迎之。与赵将李农战于代陂④，败没不还。裒退屯广陵，还镇京口，解征讨都督。

纲 九月，张重华自称凉王。

纲 冬十一月，赵石鉴弑其主遵而自立。

纲 秦、雍流民立蒲洪为主。

———————

① 枋头：在今河南浚县。
② 彭城：县名，今江苏徐州市。
③ 鲁郡：治今山东曲阜市。
④ 代陂：在今山东滕州市。

目秦、雍流民相帅西归，路由枋头，共推蒲洪为主，众至十余万。

纲十二月，徐、兖都督褚裒卒，以荀羡监徐、兖军事。

〔冉闵称帝，建立冉魏〕

纲庚戌，六年(350)①，春闰正月，赵石闵杀鉴而自立，改国号魏。

目石闵、李农废鉴②，杀之，并杀赵王虎三十八孙，尽灭石氏。

　　司徒申钟等上尊号于闵，闵以让农，农固辞。闵曰："吾属，故晋人也，请与诸君分割州郡，各称牧、守、公、侯，奉迎天子还都洛阳，何如?"尚书胡睦曰："陛下圣德应天，宜登大位。晋氏衰微，远窜江表，岂能总驭英雄，混一四海乎!"闵曰："尚书可谓识机知命矣。"乃即皇帝位，国号大魏。

纲以殷浩督扬、豫等州。

纲蒲洪自称三秦王，改姓苻。

纲二月，燕王儁击赵，拔蓟城，徙都之。

纲魏主闵复姓冉氏。

纲故赵将麻秋杀苻洪，洪子健斩秋，遣使来请命。

纲赵石祗称帝于襄国。

———————

① 后赵永宁元年。
② 闵本姓冉，石虎养子。

纲 夏五月,杜洪据长安,苻健击败之。

纲 魏主闵征故散骑常侍辛谧为太常,谧不食而卒。

目 故晋散骑常侍陇西辛谧,有高名,历刘、石之世,征辟皆不就。魏主闵备礼征为太常。谧遗闵书,以为:"物极则反,致至则危。君王功已成矣,宜因兹大捷,归身晋朝,必有由、夷之廉①,享乔、松之寿矣②。"因不食而卒。

〔苻健占据关中,建立前秦〕

纲 冬十一月,苻健入长安,遣使来献捷。

纲 十二月,免蔡谟为庶人。

目 谟除司徒,三年不就职,诏书屡下,终不受。于是帝临轩,遣侍中黄门征之。谟陈疾笃,自旦至申,使者十余返。公卿奏谟傲违上命,请送廷尉。谟惧,帅子弟素服诣阙稽颡待罪。诏免谟为庶人。

纲 辛亥,七年(351)③,春正月,苻健自称秦天王。

纲 夏四月,赵刘显弑其主祇而自立。

纲 秋八月,姚弋仲遣使来降。

纲 冬十二月,桓温移军武昌,寻复还镇。

---

① 由、夷:许由、伯夷。
② 乔、松:传说中的仙人王子乔、赤松子。
③ 后赵永宁二年,前秦皇始元年。是年后赵灭亡。

目 初,桓温请经略中原,事久不报,知朝廷仗殷浩以抗己,甚忿之。然素知浩之为人,亦不之惮。以国无他衅,遂得相持弥年,虽有君臣之迹,羁縻而已。屡求北伐,不听。至是,拜表辄行,帅众四五万,顺流而下,军于武昌。朝廷大惧。

浩欲去位以避温,吏部尚书王彪之谓浩曰:"彼若抗表问罪,卿为之首。欲作匹夫,岂有全地邪! 且当静以待之。令相王手书①,为陈成败,彼必旋师,若不从,乃当以正义相裁。奈何无故忽忽,先自猖獗乎!"浩曰:"决大事正自难。项日来欲使人闷,闻卿此谋,意始得了。"抚军司马高崧(sōng)为昱草书曰:"寇难宜平,时会宜接。此实为国远图,经略大算。然异常之举,众之所骇,苟或望风振扰,一时崩散,则望实并丧,社稷之事去矣。吾与足下,虽职有内外,安社稷,保家国,其致一也。当先思宁国而后图其外。"温即上疏,惶恐致谢,回军还镇。

纲 壬子,八年(352)②,春正月朔,日食。

纲 秦王健称皇帝。

纲 魏克襄国,杀刘显,迁其民于邺。

纲 三月,姚弋仲卒,子襄率众来归,诏屯谯城③。

[前燕入主中原]

纲 夏四月,燕慕容恪等击魏,大破之,执其主闵以归,杀之。

---

① 相王:会稽王昱。
② 前秦皇始二年,前燕元玺元年。是年冉魏灭亡。
③ 谯城:今安徽亳州市。

纲 秋九月，殷浩进屯泗口①。

目 浩之北伐也，中军将军王羲之以书止之，不听。既而无功，复谋再举。羲之遗浩书曰："今以区区江左，天下寒心，固已久矣。力争武功，非所当作，莫若还保长江，督将各复旧镇，引咎责躬，更为善治，省其赋役，与民更始，庶可以救倒悬之急也！"又与会稽王昱笺曰："功未可期，遗黎歼尽，以区区吴、越，经纬天下十分之九，不亡何待！而不度德量力，不弊不已，此封内所痛心叹悼者也。"浩不从，进屯泗口。

纲 罢遣太学生徒。

目 浩以军兴，罢遣太学生徒，学校由此遂废。

纲 冬十一月，燕王儁称皇帝。

纲 癸丑，九年（353）②，秋七月，殷浩遣兵袭姚襄，不克。冬十月，遂率诸军北伐，襄邀败之，浩走谯城。

目 姚襄屯历阳，浩恶其强盛，屡遣刺客刺之，客皆以情告襄。浩潜遣将军魏憬帅众五千袭之，襄斩憬，并其众。浩愈恶之。冬，浩自寿春帅众七万北伐，欲进据洛阳，修复园陵。以襄为前驱。襄度浩将至，伪遁，而阴伏甲以邀之。浩追至山桑③，襄纵兵击之，浩大败，走保谯城。

纲 十一月，西平公张重华卒，子曜灵立。

―――――――――

① 泗口：在今江苏淮安市。
② 前秦皇始三年，前燕元玺二年。
③ 山桑：县名，今安徽蒙城县北。

纲十二月，姚襄徙屯盱眙。

纲凉州废其主曜灵，立张祚为凉公。

纲甲寅，十年（354）①，春正月，张祚自称凉王。

纲殷浩以罪免为庶人，徙信安②。以王述为扬州刺史。

目浩连年北伐，师徒屡败，粮械都尽。桓温因朝野之怨，上疏请废之。
　　朝廷不得已，免浩为庶人，徙之信安。自此内外大权一归于温矣。
　　浩少与温齐名，而心竞不相下，温尝轻之。浩既废黜，虽愁怨不形辞
　　色，常书空作"咄咄怪事"字③。久之，温谓掾郗超曰："浩有德有言，
　　向为令、仆④，足以仪刑百揆，朝廷用违其才耳。"将以浩为尚书令，以
　　书告之。浩欣然许焉，将答书，虑有谬误，开闭者十数，竟达空函。温
　　大怒，由是遂绝，卒于徙所。

〔桓温北伐〕

纲二月，桓温帅师伐秦。

纲姚襄叛降于燕。

纲夏四月，桓温大败秦兵于蓝田，进军灞上⑤。三辅皆降⑥。

────────────

① 前秦皇始四年，前燕元玺三年。
② 信安：县名，今浙江衢州市。
③ 咄咄：惊怪声。
④ 令、仆：尚书令，尚书仆射。
⑤ 灞上：今陕西西安市东。
⑥ 三辅：关中。汉以京兆尹、左冯翊、右扶风为三辅。

目 桓温别将攻上洛①,进击青泥②,破之。秦主健遣太子苌等帅众五万
拒温,战于蓝田,秦兵大败。温转战而前,进至灞上。苌等退屯城南,
三辅郡县皆来降。温抚谕居民,使安堵复业。民争持牛酒迎劳,男女
夹路观之,耆老有垂泣者,曰:"不图今日复睹官军。"

纲 五月,桓温及秦兵战,不利。六月,师还。

目 北海王猛,少好学,倜傥有大志,不屑细务,人皆轻之。猛悠然自得,
隐居华阴。闻温入关,披褐诣之,扪虱而谈当世之务,旁若无人。温
异之,问曰:"吾奉天子之命,将锐兵十万为百姓除残贼,而三秦豪杰
未有至者,何也?"猛曰:"公不远数千里,深入敌境,今长安咫尺而不
度灞水,百姓未知公心,所以不至。"温默然无以应,徐曰:"江东无卿
比也!"乃署猛军谋祭酒。
温与秦丞相雄等战于白鹿原③,温兵不利,死者万余人。初,温指秦麦
以为粮,既而秦人悉芟(shān)麦。温军乏食,徙关中三千余户而归。
欲与猛俱还,猛辞不就。

纲 秦东海王苻雄卒。

目 秦主健弟东海王雄卒,健哭之呕血,曰:"天不欲吾平四海耶?何夺吾
元才之速也④!"子坚袭爵。坚性至孝,幼有志度,博学多能,交结
英豪。

---

① 上洛:县名,今陕西商洛市。
② 青泥:在今陕西蓝田县。
③ 白鹿原:在今陕西西安市东南。
④ 元才:苻雄字。

纲 乙卯,十一年(355)①,夏,秦立子生为太子。

纲 姚襄据许昌。

纲 六月,秦王健卒,太子生立。

纲 秋九月,凉州弑其君祚,立张玄靓为凉王。

纲 丙辰,十二年(356)②,春正月,以桓温为征讨大都督,督诸军讨姚襄。

纲 秋八月,桓温败姚襄于伊水,遂入洛阳,修谒诸陵,置戍而还。

纲 襄北走,据襄陵③。

纲 丁巳,升平元年(357)④,春二月,太白入东井⑤。

目 秦有司奏:"太白,罚星。东井,秦分。必有暴兵起京师。"秦主生曰:"太白入井,自为渴耳,何足怪乎!"

纲 夏四月,姚襄据黄落⑥,秦遣兵击斩之。弟苌以众降秦。

〔符坚称天王,任用王猛〕

纲 六月,秦苻坚弑其君生,自立为天王。

---

① 前秦寿光元年,前燕元玺四年。
② 前秦寿光二年,前燕元玺五年。
③ 襄陵:县名,今山西临汾市东南。
④ 前秦永兴元年,前燕光寿元年。
⑤ 东井:井宿,二十八星宿之一。
⑥ 黄落:在今陕西铜川市。

目 生饮酒无昼夜,乘醉多所杀戮,群臣得保一日如度十年。东海王坚素
有时誉,与故姚襄参军薛赞、权翼善。赞、翼密说坚:"宜早为计,勿使
他姓得之!"坚以问尚书吕婆楼,婆楼曰:"仆里舍有王猛者,其人谋略
不世出,宜请而咨之。"坚因婆楼以招猛,一见如旧友。语及时事,坚
大悦,自谓如玄德之遇孔明也。

坚与吕婆楼帅麾下三百人鼓噪而进,宿卫将士皆舍仗归坚。生犹醉
寐,坚兵杀之。坚去帝号,称大秦天王。左仆射李威知王猛之贤,常
劝坚以国事任之。坚谓猛曰:"李公知君,犹鲍叔牙之知管仲也。"猛
以兄事之。

纲 秋八月,立皇后何氏。

纲 冬十一月,燕徙都邺。

纲 秦以王猛为尚书左丞。

目 秦王坚行至尚书,以文案不治,免左丞程卓官,以王猛代之。举异才,修
废职,课农桑,恤困穷,礼百神,立学校,旌节义,继绝世。秦民大悦。

纲 戊午,二年(358)①,秋八月,以谢万监司、豫等州军事②。

目 会稽王昱欲以桓温弟云为豫州刺史,仆射王彪之曰:"温居上流,已割
天下之半,其弟复处西藩,兵权萃于一门,非深根固蒂之宜也。"昱乃
以谢万代之。王羲之与温笺曰:"谢万才流经通,使主廊庙,固是后来
之秀,今以之俯顺荒余,则违才易务矣。"又遗万书曰:"以君迈往不屑

---

① 前秦永兴二年,前燕光寿二年。
② 司州此时还治洛阳。

之韵,而俯同群辟,诚难为意也。然所谓通识,正当随事行藏耳。愿君每与士卒之下者同甘共苦,则尽善矣。"万不能用。

纲 秦大旱。

目 秦王坚减膳彻乐①,命后妃以下悉去罗纨。开山泽之利,息兵养民。旱不为灾。

纲 秦杀其特进樊世②。

目 王猛日亲幸用事,勋旧多疾之。樊世本氐豪,佐秦主健定关中,谓猛曰:"吾辈耕之,君食之邪?"猛曰:"非徒使君耕之,又将使君炊之!"世大怒曰:"要当悬汝头于长安城门,不然,吾不处世!"猛以白坚,坚曰:"必杀此老氐,然后百寮可肃。"会世入言事,与猛争论于坚前,欲起击猛,坚怒,斩之。于是群臣见猛皆屏息。

纲 冬,燕使慕容垂守辽东。

纲 庚申,四年(360)③,春正月,燕主儁卒,太子暐(wěi)立。

纲 二月,燕以慕容恪为太宰,专录朝政。

目 朝廷初闻儁卒,皆以为中原可图。桓温曰:"慕容恪尚在,忧方大耳。"

纲 三月,燕遣慕容垂守蠡台④。

纲 秋八月朔,日食既。

---

① 彻乐:撤除乐器。
② 特进:加官,位次于三公。
③ 前秦甘露二年,前燕建熙元年。
④ 蠡台:在今河南商丘市。

纲 桓温以谢安为征西司马。

目 安,少有重名,前后征辟皆不就。寓居会稽,以山水、文籍自娱。虽为布衣,时人皆以公辅期之。士大夫至相谓曰:"安石不出①,当如苍生何!"安每游东山②,常以妓女自随。会稽王昱闻之,曰:"安石既与人同乐,必不得不与人同忧,召之必至。"安妻,刘惔之妹也,见家门贵盛而安独静退,谓:"丈夫不如此也!"安掩鼻曰:"恐不免耳。"年四十余,桓温请为司马,安乃赴召,温深礼重之。

纲 辛酉,五年(361)③,夏五月,帝崩,琅邪王丕即位。

纲 秋七月,葬永平陵④。

纲 九月,立皇后王氏。

纲 尊何皇后为穆皇后。

纲 冬十月,秦举四科。

目 秦王坚命牧、伯、守、宰各举孝悌、廉直、文学、政事,察其所举得人者赏之,非其人者罪之。由是人莫敢妄举,而请托不行,士皆自励。

单敏捷 评注

楼　劲 审定

———————

① 安石:谢安字。
② 东山:在今浙江绍兴市上虞区。
③ 前秦甘露三年,前燕建熙二年。
④ 永平陵:晋穆帝墓,位于今江苏南京市幕府山南麓。

纲鉴易知录卷三三

　　卷首语：本卷起东晋哀帝隆和元年（362），止孝武帝太元九年（384），所记为东晋哀帝即位至淝水之战间二十三年之史事。这一时期南北方皆经历了曲折剧烈的政治变动。东晋桓温权势膨胀，废海西公，谋求称帝，终因其他士族反对而失败。桓温死后，桓、谢家族为代表的上下游力量趋于平衡，迫于前秦压力，双方合作渐多。前秦统一北方后，发动淝水之战，为晋军所破而土崩瓦解，北方再次陷入混乱，东晋乘机北伐，取得黄河以南大片土地。

东晋纪

哀皇帝

纲　壬戌,哀皇帝隆和元年(362)①,春二月,燕吕护攻洛阳,桓温遣兵救之。秋七月,燕师引还。

目　吕护攻洛阳,守将陈祐告急。桓温遣庾希、竟陵太守邓遐帅舟师三千人助祐守之,因上疏请迁都洛阳。自永嘉之乱播流江表者一切北徙②,以实河南。朝廷畏温,不敢为异。著作郎孙绰上疏曰:“昔中宗龙飞③,非惟信顺协于天人,实赖万里长江,画而守之耳。丧乱已来,六十余年,河洛丘墟,函夏萧条④。士民播流江表,已经数世,存者老子长孙,亡者丘陇成行,虽《北风》之思,感其素心,目前之哀,实为交切。温今此举,诚为远图,而百姓震骇,岂不以反旧之乐赊⑤,而趋死之忧促哉! 臣愚以为宜遣将帅有威名资实者,先镇洛阳,扫平凉、许⑥,清壹河南。运漕之路既通,开垦之积已丰,豺狼远窜,中夏小康,然后可徐议迁徙耳。奈何舍百胜之长理,举天下而一掷哉!”绰少慕高尚,尝著《遂初赋》以见志。温见绰表,不悦,曰:“致意兴公⑦,何不

① 前秦甘露四年,前燕建熙三年。
② 一切:一律,一概。
③ 中宗:晋元帝。龙飞:指即位于建康。
④ 函夏:指中原。
⑤ 赊:远。
⑥ 凉:《晋书》作“梁”,指梁地,约为今河南开封、商丘一带。
⑦ 兴公:孙绰字。

寻君《遂初赋》①,而知人家国事邪!"

时朝廷忧惧,将遣侍中止温。王述曰:"温欲以虚声威朝廷耳,非实事也。但从之,自无所至。"诏从其计,温果不行。温又议移洛阳钟虡(jù),述曰:"永嘉不竞②,暂都江左,方当荡平区宇,旋轸旧京③。若不尔,宜改迁园陵,不应先事钟虡!"温乃止。七月,护退。

纲癸亥,兴宁元年(363)④,夏五月,加桓温大司马、都督中外诸军、录尚书事⑤。

目温以王坦之为长史,又以郗超为参军,王珣为主簿,每事必与二人谋之。府中为之语曰:"髯参军,短主簿,能令公喜,能令公怒。"珣与谢玄皆为温掾,温俱重之。曰:"谢掾年四十必拥旄杖节,王掾当作黑头公⑥,皆未易才也。"

纲凉张天锡弑其君玄靓而自立。

纲甲子,二年(364),夏五月,以王述为尚书令。

目述每受职,不为虚让,其有所辞必于不受。及为尚书令,子坦之白述:"故事当让。"述曰:"汝谓我不堪邪?"曰:"非也,但克让自美事耳。"述曰:"既谓堪之,何为复让?人言汝胜我,定不及也。"

---

① 寻:继续。
② 永嘉五年,怀帝为刘聪俘虏。不竞:不胜。
③ 旋轸:回车。
④ 前秦甘露五年,前燕建熙四年。
⑤ 大司马:晋设八公,大司马为武官三公之一,位在大将军太尉上。
⑥ 黑头公:头未白而任公辅,指少年居于高位。

纲 乙丑,三年(365)①,春正月,皇后王氏崩。

纲 大司马温移镇姑孰。以弟豁监荆、扬等州军事。

纲 三月,帝崩,琅邪王奕即位②。

目 帝崩,无嗣,皇太后诏以奕承大统。

纲 燕陷洛阳,将军沈劲死之。

目 燕太宰恪及吴王垂共攻洛阳③,克之。执沈劲。劲神气自若,恪将宥
之,将军慕舆虔曰:"劲虽奇士,观其志度,终不为人用。"遂杀之。

纲 葬安平陵④。

纲 秋七月,立皇后庚氏⑤。

帝奕

纲 丙寅,帝奕太和元年(366),夏五月,皇后庚氏崩。

纲 秋七月,葬孝皇后。

纲 冬十月,以会稽王昱为丞相,录尚书事,加殊礼。

目 入朝不趋,赞拜不名,剑履上殿。

――――――――――

① 前秦建元元年,前燕建熙六年。
② 奕:哀帝弟。
③ 太宰:位在三公上。
④ 安平陵:晋哀帝墓,在今江苏南京市玄武区鸡笼山。
⑤ 庚冰之女。

纲 丁卯,二年(367)①,春二月,燕太宰慕容恪卒。

目 恪疾病,燕王暐亲视之,问以后事。恪曰:"吴王垂文武兼资,管、萧之亚,若任以政,国家可安,不然,秦、晋必有窥窬(yú)之计。"言终而卒。

纲 己巳,四年(369)②,夏四月,大司马温帅师伐燕,秦人救之。秋九月,温及燕人战于枋头,不利而还。袁真以寿春叛,降于燕。

目 桓温请与徐、兖刺史郗愔(yīn)③,江州刺史桓冲④,豫州刺史袁真等伐燕⑤。夏,帅步骑五万发姑孰。七月,温至枋头。燕主暐遣乐嵩请救于秦,许赂虎牢以西之地⑥,秦主坚遣苟池、邓羌帅步骑二万以救燕。九月,燕范阳王德使慕容宙帅骑一千为前锋,与晋兵遇,宙使二百骑挑战,分余骑为三伏。挑战者兵未交而走,晋兵追之,宙帅伏击之,晋兵死者甚众。温战数不利,粮储复竭,又闻秦兵将至,奔还。燕吴王垂帅八千骑追之,及于襄邑⑦。德先帅劲骑伏于东涧中,与垂夹击温,大破之,斩首三万级。秦苟池邀击温于谯,又破之。

温收散卒,屯于山阳。深耻丧败,乃归罪袁真,奏免为庶人。真不服,表温罪状,朝廷不报,遂据寿春叛降燕。

纲 燕遣郝晷(guǐ)、梁琛如秦。

① 前秦建元三年,前燕建熙八年。
② 前秦建元五年,前燕建熙十年。
③ 徐州:时治京口,今江苏镇江市。兖州:时治山阳,今江苏淮安市。
④ 江州:时治武昌,今湖北鄂州市,辖境约为今江西、福建等地。
⑤ 豫州:时治芜湖。
⑥ 虎牢:在今河南荥阳市汜水镇。
⑦ 襄邑:县名,今河南睢县。

目秦、燕既结好,燕使郝晷、梁琛相继如秦。晷与王猛有旧,猛接以平
生,问晷东方之事。晷知燕将亡,阴欲自托,颇泄其实。琛至长安,秦
王坚方畋于万年①,欲引见琛,琛曰:"秦使至燕,燕之君臣朝服备礼,
洒扫宫庭,然后敢见。今秦王欲野见之,使臣不敢闻命!"尚书郎辛劲
谓琛曰:"天子称乘舆,所至曰行在所,何常居之有!又《春秋》亦有
遇礼,何为不可乎?"琛曰:"天子以四海为家,故行曰乘舆,止曰行在。
今海县辰(pài)裂,天光分曜,安得以是为言哉!礼'不期而见曰遇',
盖因事权行,其礼简略,岂平居容与之所为哉②!客使单行,诚势屈于
主人,然苟不以礼,亦不敢从也。"坚乃为设行宫,百僚陪位,然后
延之。

琛从兄奕为秦尚书郎,坚使典客,馆琛于奕舍。琛曰:"昔诸葛瑾为吴
聘蜀,与诸葛亮惟公朝相见,退无私面,今使之即安私室,所不敢也。"
奕数问琛东事。琛曰:"兄弟本心,各有所在。欲言其美,恐非所欲
闻;欲言其恶,又非使臣之所得论也。"

坚使太子延琛相见。秦人欲使琛拜,先讽之曰:"邻国之君,犹其君
也,邻国之储君,亦何以异乎!"琛曰:"天子之子,尚不敢臣其父之臣,
况他国之臣乎?礼有往来,情岂忘恭?但恐降屈为烦耳。"乃不果拜。
王猛劝坚留琛,坚不许。

纲冬十一月,燕慕容垂出奔秦,秦以为冠军将军。

目吴王垂自襄邑还邺,威名益振,太傅评忌之③。垂奏将士功赏,皆抑而

---

① 万年:县名,今陕西西安市阎良区。
② 容与:悠闲自得。
③ 评:慕容评。

不行。太后可足浑氏素恶垂，与评谋诛之。太宰恪之子楷及垂舅兰建知之，以告垂，垂乃与段夫人及令、宝、农、隆、楷、建及郎中令高弼俱奔秦①。

初，秦王坚闻恪卒，阴有图燕之志，惮垂不敢发。及闻垂至，大喜，郊迎，执手曰："天生贤杰，必相与共成大功，此自然之数也。要当与卿共定天下，然后还卿本邦，世封幽州，不亦美乎！"坚复爱令及楷之才，皆厚礼之，王猛曰："垂父子，譬如龙虎，非可驯之物。若借以风云，将不可复制，不如早除之。"坚曰："吾方收揽英雄以清四海，奈何杀之？且其始来，吾已推诚纳之矣，匹夫犹不弃言，况万乘乎！"乃以垂为冠军将军。

〔前秦灭前燕〕

纲 秦遣王猛等伐燕，十二月，取洛阳。

目 初，燕人许割虎牢以西赂秦。晋兵既退，燕人谓曰："行人失辞。有国有家者，分灾救患，理之常也。"秦王坚大怒，遣猛及将军梁成、邓羌帅步骑三万伐之。攻洛阳，洛阳降。

纲 大司马温徙镇广陵。

目 温发徐、兖州民，筑广陵城，徙镇之。时征役既频，加之疫疠，死者十四五，百姓嗟怨。秘书监孙盛作《晋春秋》②，直书时事。温见之，怒，谓盛子曰："枋头诚为失利，何至乃如尊君所言！若此史遂行，自是关

①　郎中令：统领诸郎官，掌宫殿门户守卫。
②　秘书监：秘书省长官，掌图书秘籍。

君门户事!"其子遽拜谢,请改之。时盛年老家居,性方严,有轨度,子孙虽班白,待之愈峻。至是诸子号泣稽颡,请为百口计。盛大怒,不许,诸子遂私改之。

纲 庚午,五年(370)①,春正月,慕容令自秦奔燕②。

目 王猛之发长安也,请慕容令参其军事,以为乡导。将行,造慕容垂饮酒,从容谓曰:"今当远别,卿何以赠我?使我睹物思人。"垂脱佩刀赠之。猛至洛阳,赂垂所亲,使诈为垂使者。谓令曰:"吾父子来此,以逃死也。今王猛疾人如仇,秦主心亦难知。闻东朝比来悔悟,吾今还东,汝可速发。"令疑之,踌躇终日,又不可审覆。乃奔燕军。猛表令反状,垂惧而出走及蓝田,为追骑所获。秦王坚劳之曰:"卿家国失和,委身投朕。贤子心不忘本,亦各其志。然燕之将亡,非令所能存,惜其徒入虎口耳。且父子兄弟,罪不相及,卿何为过惧而狼狈如是乎!"待之如旧。燕人以令叛而复还,疑为反间,徙之沙城③。

纲 夏六月,秦王猛督诸军复伐燕。

纲 秋八月,秦克壶关④。

目 王猛攻壶关。燕主暐命太傅评将中外精兵三十万以拒之,畏猛不敢进。猛克壶关,所过郡县皆望风降附,燕人大震。申胤叹曰:"邺必亡

---

① 前秦建元六年,前燕建熙十一年。是年前秦灭前燕。

② 慕容令:慕容垂长子。

③ 沙城:在龙城(今辽宁朝阳市)东北六百里。

④ 壶关:在今山西长治市。

矣。然越得岁而吴伐之①，卒受其祸。今福德在燕②，秦虽得志，而燕之复建不过一纪耳③。”

纲 九月，秦王猛入晋阳④。冬十月，及燕慕容评战于潞川⑤，败之，遂围邺。

目 猛入晋阳。评屯潞川，猛进兵与相持。遣将军徐成觇燕军，期以日中，及昏而返，猛将斩之，邓羌固请曰：“成，羌部将也，愿与效战以赎罪。”猛弗许。羌怒，还营，严鼓勒兵，将攻猛。猛赦之，羌诣猛谢。猛执其手曰：“吾试将军耳，将军于部将尚尔，况国家乎！”

燕主暐趣评使战。猛陈于渭源而誓之曰⑥：“王景略受国厚恩⑦，任兼内外，今与诸君深入贼地，当竭力致死，有进无退，共立大功，以报国家，受爵明君之朝，称觞父母之室，不亦美乎！”众皆踊跃，破釜弃粮，大呼竞进。猛望燕兵之众，谓邓羌曰：“今日非将军不能破勍(qíng)敌⑧，将军勉之！”羌曰：“若能以司隶见与者，公勿以为忧。”猛曰：“此非吾所及也。必以安定太守、万户侯相处。”羌不悦而退。俄而兵交，猛召羌，羌寝弗应。猛驰就许之，羌乃大饮帐中，与张蚝、徐成等跨马运矛，驰赴燕陈，出入数四，旁若无人，所杀伤数百。及日中，燕兵大败，俘斩五万余人，乘胜追击，所杀及降又十余万。评单骑走还邺。

———————

① 岁：岁星，即木星。
② 福德：即岁星。岁星所在，其国有福，故曰福德。
③ 一纪：十二年。
④ 晋阳：县名，今山西太原市。
⑤ 潞川：在今山西长治市。
⑥ 渭源：一作“潞源”，是。王猛当时在潞水附近，距离渭水甚远。
⑦ 景略：王猛字。
⑧ 勍：强。

秦兵长驱围邺。号令严明,军无私犯,法简政宽,燕民各安其业,更相谓曰:"不图今日复见太原王①!"猛闻之叹曰:"慕容玄恭可谓古之遗爱矣②!"设太牢以祭之。

纲 十一月,秦王坚入邺,执燕主暐。以王猛为冀州牧,都督关东六州军事。

目 秦王坚留李威辅太子,自帅精锐十万赴邺。燕主暐与慕容评等奔龙城。坚入邺宫,使将军郭庆追暐,及于高阳,执以诣坚。坚诘其不降之状,对曰:"狐死首丘,欲归死于先人坟墓耳。"坚哀而释之,令还宫,帅文武出降。

评之败也,暐疑梁琛知秦谋,收系狱。至是,坚召释之,谓曰:"卿不能见几而作,反为身祸,可谓智乎?"对曰:"臣闻'几者,动之微,吉凶之先见者也'。如臣愚暗,实所不及。然为臣莫如忠,为子莫如孝,是以烈士临危不改,见死不避,以徇君亲。彼知几者,心达安危,身择去就,不顾家国,臣虽知之,尚不忍为,况非所及邪!"

坚以猛为使持节、都督关东六州诸军事、冀州牧,镇邺。

纲 十二月,秦迁故燕主暐及鲜卑四万户于长安。

目 猛表留梁琛为主簿。他日,与僚属宴,语及燕吏,猛曰:"人心不同,昔梁君专美本朝,郝君微说国弊。"参军冯诞曰:"敢问取臣之道何先?"猛曰:"郝君知几为先。"诞曰:"然则明公赏丁公而诛季布也。"猛大笑。

---

① 太原王:指慕容恪,言燕民比王猛为慕容恪。
② 玄恭:慕容恪字。

秦封暐为新兴侯,以评为给事中,皇甫真为奉车都尉①。燕故太史黄泓叹曰:"燕必中兴,其在吴王乎②! 恨吾老不及见耳!"

太宗简文皇帝

纲辛未,太宗简文皇帝咸安元年(371)③,春正月,大司马温拔寿春,获袁瑾④,斩之。

纲秦徙关东豪杰及杂夷十五万户于关中。

纲凉州张天锡称藩于秦。

〔桓温行废立〕

纲冬十一月,大司马温入朝。废帝为东海王,迎会稽王昱入即位。

目温恃其材略位望,阴蓄不臣之志。尝抚枕叹曰:"男子不能流芳百世,亦当遗臭万年!"温欲先立功河朔,以收时望,还受九锡。及枋头之败,威名顿挫。既克寿春,谓郗超曰:"足以雪枋头之耻乎?"超曰:"未也。"久之,超就温宿,中夜,谓曰:"明公不为伊、霍之事,无以立大威权,镇压四海。"温遂与定议。以帝素谨无过,而床第(zǐ)易诬⑤,乃扬言帝早有痿疾,嬖人朱灵宝等,参侍内寝,二美人生三男,将移皇基,人莫能审其虚实。温乃诣建康,讽褚太后,请废帝而立会稽王昱,

----

① 奉车都尉:宗室、外戚或降臣等的加衔,可充侍臣。
② 吴王:慕容垂。
③ 前秦建元七年。
④ 袁瑾:袁真之子。
⑤ 第:席。床第谓男女房中之事。

并作令草呈之太后。温集百官于朝堂,于是宣太后令,废帝为东海王,温帅百官迎昱即帝位。侍中谢安见温遥拜。温惊曰:"安石,卿何事乃尔?"安曰:"未有君拜于前,臣揖于后。"温遂还姑孰。

秦王坚闻温废立,谓群臣曰:"温前败灞上,后败枋头,不能思愆自贬以谢百姓,方更废君以自说,六十之叟,举动如此,将何以容于四海乎!谚曰'怒其室而作色于父',温之谓矣。"

纲 十二月,降封东海王为海西县公。

目 大司马温奏:"废放之人,不可以临黎元。东海王宜依昌邑故事。"太后诏封海西县公。

温威震内外,帝虽处尊位,拱默而已。帝美风仪,善容止,留心典籍,凝尘满席,湛如也。虽神识恬畅,然无济世大略,谢安以为惠帝之流,但清谈差胜耳。

郗超以温故,朝中皆畏事之。谢安尝与左卫将军王坦之共诣超①,日旰未得前②。坦之欲去,安曰:"独不能为性命忍须臾邪?"

纲 壬申,二年(372)③,夏四月,迁海西公于吴县。

纲 六月,秦以王猛为丞相,苻融为冀州牧。

纲 秋七月,帝崩,太子昌明即位。

目 帝不豫④,急召大司马温入辅,温辞不至。诏立皇子昌明为皇太子,生

———————

① 左卫将军:禁军将领之一。
② 日旰:日暮。
③ 前秦建元八年。
④ 不豫:不安逸,帝王有疾的讳称。

十年矣。遗诏:"温依周公居摄故事。"又曰:"少子可辅者辅之,如不可,君自取之。"侍中王坦之持诏入,于帝前毁之。帝乃使改诏曰:"家国事一禀大司马,如诸葛武侯、王丞相故事①。"是日,帝崩。群臣曰:"当须大司马处分②。"王彪之正色曰:"天子崩,太子代立,大司马何容得异!"朝议乃定。太子即位。

温望简文临终禅位,不尔便当居摄。既不副所望,与弟冲书曰:"遗诏使吾依武侯、王公故事耳。"疑王坦之、谢安所为,心衔之。

纲 八月,秦加王猛都督中外诸军事。

〔王猛治秦〕

目 猛至长安,复加都督中外诸军事。辞章三四上,秦王坚不许。猛为相,刚明清肃,善恶著白,放黜尸素③,显拔幽滞,劝课农桑,练习军旅,官必当才,刑必当罪。由是国富兵强,战无不克,秦国大治。阳平公融尝坐擅起学舍,为有司所纠,问申绍:"谁可使者?"绍曰:"燕尚书郎高泰,清辩有胆智,可使也。"使至长安,见猛曰:"昔鲁僖公以泮(pàn)宫发颂④,齐宣王以稷下垂声⑤。今阳平公开建学宫,乃烦有司举劾。明公惩劝如此,下吏何所逃罪乎?"猛曰:"是吾过也。"事遂释。猛因叹曰:"高子伯岂阳平所宜吏乎⑥!"言于秦王坚,以为尚书

①　诸葛武侯:诸葛亮。王丞相:王导。
②　大司马即桓温。
③　尸素:尸位素餐者。
④　泮宫:学宫。
⑤　稷下:战国时齐国稷下学宫。
⑥　子伯:高泰字。

郎,固请还州,许之。

纲 冬十月,葬高平陵①。

烈宗孝武皇帝

纲 癸酉,烈宗孝武皇帝宁康元年(373)②,春二月,大司马温来朝。

目 桓温来朝,诏吏部尚书谢安、侍中王坦之迎于新亭。时都下恟恟③,云欲诛王、谢,因移晋祚。坦之甚惧,安神色不变,曰:"晋祚存亡,决于此行。"温既至,百官拜于道侧。温大陈兵卫,延见朝士,坦之流汗沾衣,倒执手版。安从容就席,谓温曰:"安闻诸侯有道,守在四邻,明公何须壁后置人邪?"温笑曰:"正自不能不尔。"遂命撤之,与安笑语移日。郗超卧帐中听其言,风动帐开,安笑曰:"郗生可谓入幕之宾矣。"时天子幼弱,外有强臣,安与坦之尽忠辅卫,卒安晋室。三月,温有疾,还姑孰。

纲 秋七月,大司马温卒,以桓冲都督扬、豫、江州军事。

目 初,温疾笃,讽朝廷求九锡,屡使人趣之。谢安、王坦之故缓其事。温以世子熙才弱,使冲领其众。温卒,熙及弟济谋杀冲,冲徙之长沙。称温遗命,以少子玄为嗣,时方五岁,袭封南郡公。冲既代温居任,尽忠王室,或劝诛除时望,冲不从。

纲 皇太后临朝摄政。以王彪之为尚书令、谢安为仆射。

———————————

① 高平陵:晋简文帝墓,在今江苏南京市钟山南麓。
② 前秦建元九年。
③ 恟恟:惊恐。

纲 冬,秦寇梁、益,陷之。

目 秦王坚使王统、朱肜出汉川,毛当、徐成出剑门,以寇梁、益。梁州刺史杨亮拒之。战败,肜遂拔汉中。徐成亦克剑门。杨安进攻梓潼①,太守周虓固守涪城,遣步骑送母、妻趣江陵,肜邀而获之,虓遂降。十一月,秦取二州。坚欲以周虓为尚书郎,虓曰:"蒙晋厚恩,但老母见获,失节于此。母子获全,秦之惠也。虽公侯之贵,不以为荣。"遂不仕。

纲 以王坦之为中书令,领丹阳尹。

纲 彗星见。

目 彗星出于尾、箕②,长十余丈,经太微,扫东井,自四月见,及冬不灭。秦太史令张孟言:"尾、箕,燕分;东井,秦分也。今彗起尾、箕而扫东井,十年之后,燕当灭秦,二十年之后,代当灭燕。慕容氏布列朝廷,臣窃忧之,宜翦其魁杰以消天变。"坚不听。

纲 甲戌,二年(374)③,春二月,以王坦之都督徐、兖等州军事。诏谢安总中书。

目 安好声律,期功之惨④,不废丝竹,士大夫效之,遂以成俗。坦之屡书苦谏曰:"天下之宝,当为天下惜之。"安不能从。又尝与王羲之登冶城⑤,

───────

① 梓潼:郡名,治涪县,今四川绵阳市。

② 尾、箕:皆属二十八宿。

③ 前秦建元十年。

④ 期功之惨:指为近亲服丧。

⑤ 冶城:在今江苏南京市。

悠然遐想,有高世之志。羲之谓曰:"夏禹勤王,手足胼胝(pián zhī)①;文王旰食,日不暇给。今四郊多垒②,宜思自效,而虚谈废务,浮文妨要,恐非当世所宜。"安曰:"秦任商鞅,二世而亡,岂清言致患邪!"

纲 乙亥,三年(375)③,夏五月,徐、兖都督、蓝田侯王坦之卒。

纲 以桓冲为徐州刺史,谢安领扬州刺史。

目 冲以安素有重望,以扬州让之,自求外出。桓氏族党莫不苦谏,冲处之淡然。

纲 秋七月,秦丞相清河侯王猛卒。

目 猛寝疾,上疏曰:"臣闻报德莫如尽言。夫善作者不必善成,善始者不必善终,古先哲王,知功业之不易,战战兢兢,如临深谷。伏惟陛下,追踪前圣,天下幸甚。"坚览之悲恸。七月,坚亲至猛第视疾,访以后事。猛曰:"晋虽僻处江南,然正朔相承,上下安和,臣没之后,愿勿以晋为图。鲜卑、西羌④,我之仇敌,终为人患,宜渐除之。"言终而卒。坚谓太子宏曰:"天不欲使吾平一六合邪?何夺吾景略之速也!"

纲 八月,立皇后王氏。

纲 九月,以徐邈为中书舍人。

---

① 胼胝:老茧。
② 垒:军壁。
③ 前秦建元十一年。
④ 鲜卑指慕容氏,西羌指姚氏。

纲 丙子,太元元年(376)①,春正月朔,帝冠,太后归政。以谢安为中书监,录尚书事。

〔前秦统一北方〕

纲 秋七月,秦遣兵击凉州。八月,败其兵,凉将掌据死之,张天锡降。

纲 冬十一月,秦遣兵击代,败之。十二月,代寔君弑其君什翼犍,秦讨杀之,遂分代为二部。

目 匈奴刘卫辰为代所逼,求救于秦。秦王坚遣行唐公洛、邓羌、朱肜等将兵击之,以卫辰为乡导。代王什翼犍使南部大人刘库仁将兵拒战,大败。什翼犍奔阴山之北,闻秦兵稍退,复还云中。

初,什翼犍世子寔早卒,寔子珪尚幼,慕容妃诸子皆长,继嗣未定。庶长子寔君遂杀诸弟,并弑什翼犍。秦兵趋云中,部众逃溃,国中大乱。珪母贺氏,以珪走依贺纳②。

秦王坚召代长史燕凤,问代乱故,凤具以对。坚曰:"天下之恶一也。"乃执寔君,至长安,车裂之。坚欲迁珪于长安,凤固请曰:"代王遗孙冲幼,莫相统摄。库仁勇而有智,卫辰狡猾多变,皆不可独任。宜分诸部为二,令此两人统之。两人素有深仇,而势莫敢先发。俟其孙稍长,立之,是陛下有存亡继绝之德于代,使其子孙永为不侵不叛之臣。此安边之良策也。"坚从之。分代为二部,自河以东属库仁,自河以西属卫辰,使统其众。贺氏以珪依库仁。库仁招抚离散,恩信甚著,奉

────────────────

① 前秦建元十二年。是年前秦灭前凉、代。
② 贺纳:即贺讷。

事拓跋珪恩勤周备,不以废兴易意,常谓诸子曰:"此儿有高天下之志,必能恢隆祖业,汝曹当谨遇之。"

纲 丁丑,二年(377)①,冬十月,以桓冲都督江、荆等州军事,谢玄监江北军事。

〔谢玄建"北府兵"〕

目 时朝廷方以秦寇为忧,诏求文武良将可镇御北方者,谢安以兄子玄应诏。郗超闻之,叹曰:"安之明,乃能违众举亲;玄之才,足以不负所举。"众咸以为不然。超曰:"吾尝与玄共在桓公府②,见其使才,虽履屐间③,未尝不得其任,是以知之。"玄镇广陵,募骁勇之士,得彭城刘牢之等数人。以牢之为参军,常领精锐为前锋,战无不捷。时号"北府兵",敌人畏之。

纲 散骑常侍王彪之卒。

目 初,谢安欲增修宫室,彪之曰:"今寇敌方强,岂可大兴功役,劳扰百姓邪!"安曰:"宫室弊陋,后世谓人无能。"彪之曰:"凡任天下之重者,当保国宁家,缉熙政事,乃以修室屋为能邪!"安不能夺,故终彪之之世,无所营造。

纲 临海太守郗超卒。

目 初,超党于桓氏,以父愔忠于王室,不令知之。及病甚,出一箱书授门

① 前秦建元十三年。
② 桓公:桓温。
③ 履屐间:谓周旋行步之间。

生曰："公年尊,我死之后,若以哀恸害寝食者,可呈此,不尔即焚之。"超卒,愔果成疾,门生呈箱,皆与桓温往反密计。愔大怒曰:"小子死已晚矣!"遂不复哭。

纲戊寅,三年(378)①,秋九月,秦王坚宴群臣。

目秦王坚与群臣饮酒,以极醉为限。赵整作《酒歌》曰:"地列酒泉②,天垂酒池③,杜康妙识,仪狄先知④。纣丧殷邦,桀倾夏国,由此言之,前危后则。"坚大悦,命整书之以为酒戒,自是宴群臣,礼饮而已。

纲己卯,四年(379)⑤,春二月,秦陷襄阳,执刺史朱序以归。

纲夏四月,秦陷魏兴⑥,太守吉挹(yì)死之。

目秦韦钟拔魏兴,吉挹引刀欲自杀,左右夺其刀,会秦人至,执之,挹不言不食而死。秦王坚叹曰:"周孟威不屈于前⑦,丁彦远洁己于后⑧,吉祖冲闭口而死⑨,何晋氏之多忠臣也!"

纲庚辰,五年(380)⑩,秋九月,皇后王氏崩。冬十一月,葬定皇后。

---

① 前秦建元十四年。
② 酒泉:在今甘肃酒泉市东,相传泉水如酒。
③ 酒池:星名。
④ 杜康、仪狄:传说中善作酒者。
⑤ 前秦建元十五年。
⑥ 魏兴:郡名,治今陕西安康市。
⑦ 孟威:周虓字。
⑧ 丁彦远名穆,字彦远,为顺阳太守。秦将慕容越拔顺阳,执丁穆。坚欲官之,穆固辞不受。
⑨ 祖冲:吉挹字。
⑩ 前秦建元十六年。

纲 辛巳,六年(381)①,春正月,立佛精舍于内殿。

纲 壬午,七年(382)②,冬十月,秦会群臣于太极殿。

目 秦王坚会群臣于太极殿,议曰:"今四方略定,惟东南一隅未沾王化。计吾士卒,可得九十七万,欲自将讨之,何如?"左仆射权翼曰:"今晋虽微弱,未有大恶,谢安、桓冲,皆江表伟人,君臣辑睦,未可图也!"太子左卫率石越曰③:"今福德在吴,伐之必有天殃。且彼处长江之险,民为之用,殆未可也!"坚曰:"天道幽远,未易可知。以吾之众,投鞭于江,足断其流,又何险之足恃乎!"于是群臣各言利害,久之,不决。坚曰:"此所谓筑室道旁,无时可成,吾当内断于心耳。"群臣皆出,独留阳平公融,问之。对曰:"今伐晋有三难:天道不顺;晋国无衅;我数战兵疲,民有畏敌之心。群臣言晋不可伐者,皆忠臣也。"坚作色曰:"汝亦如此,吾复何望!"融泣曰:"晋未可灭,昭然甚明。且臣之所忧,不止于此。陛下宠育鲜卑、羌、羯,布满畿甸,太子独与弱卒留守京师,臣惧变生肘腋,不可悔也。王景略一时英杰,陛下尝比之诸葛武侯,独不记其临没之言乎?"坚不听。曰:"以吾击晋,犹疾风之扫秋叶,而内外皆言不可,何也?"冠军慕容垂独言于坚曰:"陛下神武,威加海外,而蕞尔江南,独违王命,岂可复留之以遗子孙哉!《诗》云:'谋夫孔多,是用不集。'陛下断自圣心足矣。"坚大悦曰:"与吾共定天下者,独卿而已。"坚锐意欲取江东,寝不能旦。

---

① 前秦建元十七年。
② 前秦建元十八年。
③ 左卫率:东宫官,掌太子侍卫。

纲 秦大熟。

纲 癸未,八年(383)①,秋八月,秦王坚大举入寇。诏征讨都督谢石、冠军将军谢玄等帅师拒之。

目 秦王坚下诏大举,遣阳平公融督张蚝、慕容垂等步骑二十五万为前锋,以姚苌为龙骧将军,督益、梁州诸军。

慕容绍言于垂曰:"主上骄矜已甚,叔父建中兴之业,在此行也!"坚遂发长安,戎卒六十余万,骑二十七万。九月,融等兵三十万先至颍口②。

诏以谢石为征讨大都督,谢玄为前锋都督,与将军谢琰、桓伊、胡彬等督众八万拒之。

时都下震恐。玄入问计于谢安,安夷然③,答曰:"已别有旨。"既而寂然。遂命驾出游山墅,亲朋毕集,与玄围棋别墅。安棋常劣于玄,是日,玄惧,便为敌手而又不胜。安遂游陟④,至夜乃还。

桓冲深以根本为忧,遣精骑三千入援。安固却之,曰:"朝廷处分已定,兵甲无阙,宜留以防西藩。"冲叹曰:"安石有庙堂之量,不闲将略⑤。今大敌垂至,方游谈不暇,遣诸不经事少年拒之,众又寡弱。天下事已可知,吾其左衽矣!"

纲 以琅邪王道子录尚书六条事。

---

① 前秦建元十九年。
② 颍口:在今安徽颍上县,颍水入淮处。
③ 夷然:平静镇定状。
④ 陟:登高。
⑤ 闲:通"娴"。

〔淝水之战〕

纲 冬十一月,谢石、谢玄等大破秦兵于肥水①,杀其大将苻融。秦王坚走
还长安。

目 秦阳平公融等攻寿阳②,克之。梁成等屯于洛涧③,栅淮以遏东兵。
谢石、谢玄等惮不敢进。坚引轻骑八千,兼道就融。遣朱序来说石
等:"不如速降。"序私谓石等曰:"若秦众尽至,诚难与为敌。今乘诸
军未集,宜速击之,若败其前锋,则彼已夺气,可遂破也。"
十一月,玄遣刘牢之帅精兵五千趣洛涧,成阻涧为陈以待之。牢之直
前渡水,击成,大破,斩之。分兵断其归津,秦步骑崩溃,赴淮死者万
五千人。于是石等水陆继进。坚与融登寿阳城望之,见晋兵部陈严
整,又望见八公山上草木④,皆以为晋兵,顾谓融曰:"此亦劲敌,何谓
弱也!"怃然始有惧色。
秦兵逼肥水而陈。玄使谓融曰:"君悬军深入,而置陈逼水,此乃持久
之计,非欲速战者也。若移陈小却,使我兵得渡,以决胜负,不亦善
乎!"秦诸将皆曰:"我众彼寡,不如遏之,使不得上,可以万全。"坚
曰:"但使半渡,我以铁骑蹙而杀之,蔑不胜矣!"融亦以为然,遂麾兵
使却。秦兵遂退,不可复止,玄等引兵渡水击之。融驰骑略陈,欲以
帅退者,马踬,为晋兵所杀,秦兵遂溃。玄等乘胜追击,至于青冈⑤。

---

① 肥水:东淝河,于安徽寿县西北八公山西入淮。
② 寿阳:县名,今安徽寿县。
③ 洛涧:即洛水,淮河支流,在淝河以东。
④ 八公山:在今安徽寿县淮河东岸、淝河北岸。
⑤ 青冈:在今安徽寿县西北。

秦兵大败,自相踏藉而死者,蔽野塞川。其走者闻风声鹤唳,皆以为晋兵且至,昼夜不敢息,草行露宿,重以饥冻,死者十七八。初,秦兵小却,朱序在陈后呼曰:"秦兵败矣!"众遂大奔。序因与张天锡皆来奔。复取寿阳。

坚中流矢,单骑走至淮北。是时,惟慕容垂所将三万人独全,坚以千余骑赴之。世子宝言于垂曰①:"此时不可失,愿不以意气微恩忘社稷之重!"垂曰:"彼以赤心投我,若之何害之?天苟弃之,何患不亡。不若保护其危以报德,徐俟其衅而图之,既不负宿心,且可以义取天下。"慕容德曰:"此为报仇,非负宿心也。"垂曰:"吾昔为太傅所不容②,置身无所,秦王以国士遇我,后复为王猛所卖,秦王独能明之,此恩何可忘也!若氏运必穷,吾当怀集关东,以复先业耳。"悉以兵授坚。

谢安得驿书,知秦兵已败,方与客围棋,摄书置床上,了无喜色,围棋如故。客问之,徐答曰:"小儿辈遂已破贼。"既罢,还内,过户限,不觉屐齿之折③。

坚收集离散,比至洛阳,众十余万,慕容农谓垂曰④:"尊不迫人于险,其义声足以感动天地。夫取果于未熟与自落,不过晚旬日之间,然其难易美恶,相去远矣!"垂善其言。行至渑池,言于坚曰:"北鄙闻王师不利,轻相煽动,臣请奉诏书以镇慰之。"坚许之。权翼谏曰:"垂勇略过人,世豪东夏。譬如养鹰,饥则附人,每闻风飙之起,常有凌霄之

① 宝:慕容垂世子。
② 太傅:指慕容评。
③ 屐:木鞋。
④ 农:慕容垂子。

志。正宜谨其绦笼,岂可解纵,任所欲哉?"坚曰:"卿言是也。然朕已许之,匹夫犹不食言,况万乘乎! 若天命有废兴,固非智力所能移也。"翼曰:"陛下重小信而轻社稷,臣见其往而不返,关东之乱,自此始矣!"坚不听。

坚至长安,哭阳平公融而后入。

纲 以谢石为尚书令。进谢玄号前将军,固让不受。

纲 丁零翟斌起兵攻洛阳,秦使慕容垂讨之。垂叛秦,与斌合。

目 慕容垂至安阳,长乐公丕馆垂于邺西①。垂潜与燕故臣谋复燕祚,会丁零翟斌叛秦,谋攻洛阳,秦王坚驿书使垂讨之。石越言于丕曰:"垂有恢复旧业之心,今复资之以兵,此为虎傅翼也。"丕曰:"垂在此,常恐为肘腋之变,今远之于外,不犹愈乎!"乃以羸兵弊铠给之,又遣符飞龙帅氐骑一千为之副。密戒飞龙曰:"垂为三军之帅,卿为谋垂之将,行矣,勉之!"垂留慕容农及楷、绍于邺,行至安阳,闻丕与飞龙谋,乃夜袭飞龙氐兵,尽杀之,以书遗秦王坚,言其故,而慕容凤等亦各帅部曲归翟斌。垂遣人告农等,使起兵。农等遂将数十骑,微服出邺,奔列人②。

〔慕容垂建立后燕〕

纲 甲申,九年(384)③,春正月,慕容垂自称燕王。大破秦兵,斩其将

---

① 丕:苻坚子。
② 列人:县名,今河北邯郸市肥乡区。
③ 前秦建元二十年,后燕元年,后秦白雀元年。

石越。

目 慕容凤劝翟斌奉垂为盟主,斌从之。垂至洛阳,斌劝垂称尊号。垂曰:"新兴侯①,吾主也,当迎归反正耳。"垂以洛阳四面受敌,欲取邺而据之,乃引兵东至荥阳。群下固请上尊号,垂乃称燕王。封德为范阳王,楷为太原王,翟斌为河南王。帅众二十余万,长驱向邺。而农亦驱列人居民为卒,使赵秋说东夷、乌桓,各帅部众数千赴之,攻破馆陶。于是步骑云集,众至数万。

长乐公丕使石越讨之。农大败秦兵,斩越。秦人骚动,盗贼群起。垂至邺,改元。农引兵会垂。遂立世子宝为太子。

纲 二月,荆、江都督、丰城公桓冲卒。

目 冲闻谢玄等有功,自以失言,惭恨成疾而卒。

纲 燕王垂围邺。

纲 三月,以谢安为太保②。

〔姚苌建立后秦〕

纲 燕慕容泓起兵华阴,慕容冲起兵平阳。秦遣符叡击泓,败死。夏四月,叡司马姚苌起兵北地③,自称秦王。

目 泓为秦北地长史,闻燕王垂攻邺,亡奔关东,收集鲜卑,还屯华阴,其众遂盛,自称雍州牧。

---

① 新兴侯:慕容暐。
② 太保:位上公。
③ 北地:郡名,治今陕西铜川市。

秦王坚谓权翼曰："不用卿言,使鲜卑至此。关东之地,吾不复争,将若泓何?"乃使广平公熙镇蒲坂①。征巨鹿公叡都督中外诸军事,配兵五万,以窦冲为长史,姚苌为司马,以讨泓。

平阳太守慕容冲亦起兵于平阳,进攻蒲坂。坚使窦冲讨之。泓闻秦兵且至,惧,帅众将奔关东。叡粗猛轻敌,欲驰兵邀之。姚苌谏曰:"鲜卑皆有思归之志,故起而为乱,宜驱令出关,不可遏也。夫执鼷鼠之尾②,犹能反噬于人。但可鸣鼓随之,彼将奔败不暇矣。"叡弗从,与战,果败,见杀。苌遣其长史诣坚谢罪,坚怒,杀之。苌惧,奔渭北马牧,于是天水尹纬、尹详、南安庞演等,纠煽羌豪五万余家,推苌为盟主。苌自称秦王。进屯北地,羌、胡降者十余万。

评淝水之战:

　　淝水之战是前秦苻坚试图统一南方的倾国之举,以失败告终。其根本原因在于前秦统一北方时间较短,各族群与政治势力矛盾丛生;强征各族民众,发动战争适足引发危机。苻坚刚愎自用,骄傲轻敌,也是其失败的要因。战败以后,前秦土崩瓦解,北方再次陷入战乱分裂。相比之下,当时东晋上下同心,谢安等筹度有方而将士用命,遂得以少胜多,创造了中国史上的著名战例,北府兵亦由此崛起。

纲 秦遣兵击慕容冲,破之,冲奔华阴。泓遂进逼长安。

纲 六月,崇德太后褚氏崩。

纲 燕诸将杀慕容泓,立冲为皇太弟。

————————————

① 蒲坂:县名,今山西永济市。
② 鼷鼠:小鼠。

纲燕将军慕容麟拔常山、中山①。慕容冲大破秦兵,遂据阿房城②。

纲秋七月,葬康献皇后。

纲八月,燕王垂解邺围,趋新城。

纲慕容冲进逼长安。

纲冬十月,燕慕舆文杀刘库仁。

纲十二月,秦杀其新兴侯慕容晖。

纲燕王垂复围邺。谢玄遣刘牢之救之,且馈之粟。

单敏捷　评注

楼　劲　审定

① 中山:郡名,治今河北定州市。
② 阿房城:即阿房宫城,故址在今陕西西安市西北。

纲鉴易知录卷三四

卷首语：本卷起东晋孝武帝太元十年(385)，止安帝义熙十二年(416)，所记为淝水战后东晋后期三十二年之史事。这一时期鲜卑拓跋部崛起于代北，拓跋珪吞灭后燕，建立北魏，其子拓跋嗣巩固统治，为后来统一北方奠定了基础。南方东晋孝武帝在淝水战后力图加强皇权，以同母弟司马道子执政，却使内部矛盾加剧，桓玄乘势称帝建楚，终被北府将领出身的刘裕攻灭，并在南征北战中奠立了刘宋代晋之基。

东晋纪

孝武皇帝

纲 乙酉,十年(太元十年,385)①,春正月,燕慕容冲称帝于阿房②。

纲 夏四月,刘牢之进兵至邺,燕王垂逆战,败走中山。牢之追击,大败而还。

纲 五月,西燕攻长安,秦王坚出奔五将山③。

目 西燕主冲攻长安,秦王坚身自督战,飞矢满体。冲纵兵暴掠,士民流散,道路断绝。坚大惧,以谶书云"帝出五将久长得",乃留太子宏守长安,帅骑数百奔五将山。

纲 六月,秦太子宏奔下辨④,西燕主冲入长安。

纲 秋七月,后秦围五将山,执秦王坚以归。

纲 八月,太保建昌公谢安卒。

纲 以琅邪王道子领扬州刺史,录尚书、都督中外诸军事。

纲 后秦王苌弑秦王坚。

---

① 前秦太安元年,后燕二年,后秦白雀二年。
② 是为西燕。
③ 五将山:在今陕西麟游县。
④ 下辨:县名,今甘肃成县。

纲秦苻丕称帝于晋阳。

目秦长乐公丕将赴长安,时幽州刺史王永自蓟走壶关,遣使招之,丕乃
帅邺中男女六万余口西如潞川,将军张蚝、并州刺史王腾迎入晋阳。
永以骑来会,丕始知坚死,乃发丧,即位。

纲刘显弑其君头眷而自立①。

目显,库仁之子也,既杀头眷,又将杀拓跋珪,珪遂奔贺兰部,依其舅
贺讷。

纲九月,乞伏国仁自称单于②。

纲冬十二月,燕慕容麟攻秦博陵③,守将王兖死之。

目麟攻秦博陵,城中粮竭矢尽,功曹张猗逾城出,聚众以应麟。兖临城
数之曰:"卿是秦民,吾是卿君,卿起兵应贼,而号'义兵',何名实之
相违也? 古人求忠臣必于孝子之门,卿母在城,弃而不顾,吾何有焉!
今人取卿一时之功则可矣,宁能忘卿不忠不孝之罪乎? 不意中州礼
义之邦,乃有如卿者也!"麟拔博陵,执兖,杀之。

纲燕定都中山。

纲丙戌,十一年(386)④,春正月,拓跋珪复立为代王。

纲燕王垂称皇帝。

---

① 上年十月慕容文杀刘库仁,库仁弟头眷立。
② 是为西秦。
③ 博陵:郡名,治今河北安平县。
④ 前秦太初元年,后燕建兴元年,后秦建初元年,北魏登国元年。

纲二月,西燕弑其主冲,立段随为燕王。

纲代徙都盛乐①。

纲三月,西燕人杀段随而东,至闻喜,立慕容忠②,复称帝。

纲夏四月,代改称魏。

纲后秦王苌取长安,称皇帝。

目鲜卑既东③,长安空虚。苌取之,始称皇帝。

纲六月,西燕弑其主忠,立慕容永为河东王。

纲秋八月,秦以苻登为南安王。

纲冬十月,西燕击秦,败之。秦主丕奔东垣④,将军冯该击杀之。

纲西燕慕容永称帝于长子⑤。

纲海西公奕薨于吴⑥。

纲十一月,秦苻登称帝于南安。

纲十二月,吕光自称酒泉公⑦。

———————————

① 盛乐:今内蒙古和林格尔县。
② 慕容忠:慕容泓之子。
③ 即西燕。
④ 东垣:在今河北石家庄市。
⑤ 长子:县名,今山西长治市。
⑥ 吴:县名,今江苏苏州市。
⑦ 是为后凉。

目初,光得秦主坚凶闻,举军缟素。至是,自称凉州牧、酒泉公。

纲丁亥,十二年(387)①,春正月,以朱序为青、兖刺史,镇淮阴,谢玄为
　　会稽内史。

纲夏五月,征处士戴逵,不至。

目诏征会稽处士戴逵,逵累辞不就,郡县敦逼不已,逵逃匿于吴。内史
　　谢玄上疏曰:"逵自求其志,今王命未回,将罹风霜之患。陛下既已爱
　　而器之,宜使其身名并存,请绝召命。"帝许之。

纲秋八月,立子德宗为皇太子。

纲戊子,十三年(388)②,春正月,康乐公谢玄卒。

纲夏六月,西秦王乞伏国仁卒,弟乾归立。

纲己丑,十四年(389)③,春二月,吕光自称三河王。

纲秋八月,秦主登击安定,后秦主苌袭破其辎重,秦后毛氏死之。

目初,后秦主苌以秦战屡胜,谓得秦王坚之助,亦于军中立坚像而祷之。
　　秦主登升楼遥谓之曰:"为臣弑君,而立像求福,庸有益乎!"久之,苌
　　以军未有利,斩像首以送秦。至是,登留辎重于大界④,自将轻骑攻
　　安定。苌留兵守安定,夜帅骑三万袭大界,克之,掠男女五万口。登

① 前秦太初二年,后燕建兴二年,后秦建初二年,北魏登国二年。
② 前秦太初三年,后燕建兴三年,后秦建初三年,北魏登国三年。
③ 前秦太初四年,后燕建兴四年,后秦建初四年,北魏登国四年。
④ 大界:在今甘肃泾川县一带。

后毛氏,美而勇,善骑射,兵入其营,犹弯弓跨马,帅壮士力战,杀七百余人,众寡不敌,为后秦所执。苌将纳之,毛氏骂且哭曰:"姚苌,汝已杀天子,又欲辱皇后,皇天后土,宁容汝乎!"苌杀之。

纲冬十一月,以范宁为豫章太守。

〔东晋帝相之争〕

目时帝溺于酒色,委政于琅邪王道子。道子亦嗜酒,日夕与帝以酣歌为事。又崇尚浮屠,穷奢极费,所亲昵者皆姏(mán)姆、僧尼①。近习弄权,交通请托,贿赂公行,官爵滥杂,刑狱谬乱。尚书令陆纳望宫阙叹曰:"好家居,纤儿欲撞坏之邪②!"

道子势倾中外,帝渐不平。侍中王国宝以谗佞有宠于道子,讽八座启道子宜加殊礼③。护军车胤曰:"此乃成王所以尊周公者,今主上当阳,岂得为此?"乃称疾不署。疏奏,帝大怒,而嘉胤有守。

中书侍郎范宁、徐邈数进忠言④,指斥奸党。国宝,宁之甥也,宁尤疾其阿谀,劝帝黜之。国宝遂与道子谮宁,出为豫章太守。宁好儒学,性质直。常谓:"王弼、何晏之罪,深于桀纣。"或以为贬之太过,宁曰:"王、何蔑弃典文,幽沉仁义,游辞浮说,波荡后生,以至礼坏乐崩,中原倾覆,遗风余俗,至今为患。桀纣纵暴一时,适足以丧身覆国,为后世戒!故吾以为一世之祸轻,历代之患重,自丧之恶小,迷众之罪大也。"

---

① 姏姆:老年仆妇。
② 纤儿:小儿。
③ 八座:指尚书令、仆射及诸尚书。殊礼:入朝不趋,赞拜不名,剑履上殿。
④ 中书侍郎:中书省官员,掌草诏审奏。位次中书监、令。

纲 以王恭都督青、兖等州军事①。

纲 辛卯，十六年(391)②，冬十二月，秦主登攻安定，后秦主苌击败之。

目 苌置酒高会，诸将皆曰："若值魏武王③，不令此贼至今，陛下将牢太过耳④。"苌笑曰："吾不如亡兄有四：身长八尺五寸，臂垂过膝，人望而畏之，一也。将十万之众，望麾而进，前无横阵，二也。温古知今，讲论道艺，收罗英俊，三也。董帅大众，人尽死力，四也。所以得建立功业，驱策诸贤者，正望算略中有片长耳。"

纲 壬辰，十七年(392)⑤，冬十一月，以殷仲堪都督荆、益、宁州军事⑥。

目 仲堪虽有时誉，资望犹浅，到官好行小惠，纲目不举。南郡公玄负其才地⑦，以雄豪自处，朝廷疑而不用，年二十三，始拜洗(xiǎn)马。尝诣琅邪王道子，值其酣醉，张目谓众客曰："桓温晚涂欲作贼，云何？"玄伏地流汗，不能起，由是不自安，而切齿于道子。后出补义兴太守，郁郁不得志，叹曰："父为九州伯，儿为五湖长⑧！"遂弃官归国。桓氏累世临荆州，玄复豪横，士民畏之。征虏参军胡藩过江陵，见仲堪曰："玄志趣不常，节下崇待太过，非计也。"藩内弟罗企生为仲堪功曹，藩谓曰："殷侯倒戈授人，必及于祸，君不早去，悔无及矣！"

————————

① 时青州、兖州俱寄治京口。
② 前秦太初六年，后燕建兴六年，后秦建初六年，北魏登国六年。
③ 姚苌兄襄，苌追谥为魏武王。
④ 将牢：持重。
⑤ 前秦太初七年，后燕建兴七年，后秦建初七年，北魏登国七年。
⑥ 宁：宁州，辖区约为今云贵地区。
⑦ 桓玄。
⑧ 五湖：太湖，旧说湖有五道，故名。义兴在太湖西岸。

纲 立子德文为琅邪王,徙道子为会稽王。

纲 李辽表请修孔子庙,不报。

目 清河人李辽上表请敕兖州修孔子庙,给户洒扫,仍立庠序,以教学者,曰:"事有如赊而实急者①,此之谓也!"疏奏,不省。

纲 癸巳,十八年(393)②,冬十二月,后秦主苌卒,太子兴帅兵击秦。

纲 甲午,十九年(394)③,春正月,三河王光以秃发乌孤为河西都统④。

纲 夏五月,后秦主兴立。

纲 秋七月,后秦主兴击秦主登,杀之。秦太子崇立,奔湟中⑤。

纲 八月,燕主垂围长子,拔之,杀西燕主永。

纲 乙未,二十年(395)⑥,夏五月,燕遣其太子宝击魏,秋七月,降其别部,进军临河。

纲 长星见。

目 有长星见自须女⑦,至于哭星⑧。帝心恶之,于华林园举酒祝之曰⑨:

———————

① 赊:迟缓。
② 前秦太初八年,后燕建兴八年,后秦建初八年,北魏登国八年。
③ 前秦延初元年,后燕建兴九年,后秦皇初元年,北魏登国九年。是年后秦灭前秦。
④ 吕光。
⑤ 湟中:即湟河谷地,今青海东北部。
⑥ 后燕建兴十年,后秦皇初二年,北魏登国十年。
⑦ 须女:女宿,二十八宿之一。
⑧ 哭星:即天哭星,紫微垣众星之一。
⑨ 华林园:建康鸡笼山麓的宫苑。

"长星,劝汝一杯酒,自古何有万岁天子邪!"

〔参合陂之战,魏拓跋珪大败后燕〕

纲 九月,魏王珪将兵拒燕。冬十月,燕军夜遁,十一月,追至参合陂①,大败之。

纲 丙申,二十一年(396)②,春闰三月,燕主垂袭魏平城③,克之。夏四月,还,卒于上谷④。太子宝立。

纲 夏六月,三河王光自称凉天王。

纲 秋九月,贵人张氏弑帝于清暑殿。太子德宗即位。会稽王道子进位太傅。冬十月,葬隆平陵⑤。

目 帝嗜酒,流连内殿,外人罕得进见。张贵人宠冠后宫,时年近三十,帝戏之曰:"汝以年亦当废矣,吾意更属少者。"已而醉寝清暑殿,贵人使婢以被蒙帝面而弑之,重赂左右,曰"因魇暴崩"。太子即位。会稽王道子进位太傅。

太子幼而不慧,口不能言,至于寒暑饥饱亦不能辨,饮食寝兴皆非己出。母弟琅邪王德文常侍左右,为之节适。侍中王国宝媚事道子,与王绪共为邪诐,道子倚为心腹,遂参管朝权,威震内外。

王恭入赴山陵,每正色直言,道子惮之。或劝恭诛国宝,王珣曰:"彼

---

① 参合陂:在今山西大同市东北。
② 后燕永康元年,后秦皇初三年,北魏皇始元年。
③ 平城:今山西大同市。
④ 上谷:郡名,治今河北怀来县。
⑤ 隆平陵:晋孝武帝墓,在今江苏南京市钟山南麓。

罪逆未彰,今先事而发,必失朝野之望。若其不改,恶布天下,然后顺众心以除之,亦无不济也。"恭乃止。既而谓珣曰:"比来视君一似胡广①。"珣曰:"王陵廷争,陈平慎默,但问岁晏何如耳②!"

纲 魏别将拓跋仪攻邺,燕慕容德击破之。

安皇帝

纲 丁酉,安皇帝隆安元年(397)③,春正月,以王珣为尚书令,王国宝为左仆射。

纲 秃发乌孤自称西平王④,攻凉,取金城⑤。

纲 三月,尊皇太后李氏为太皇太后,立皇后王氏。

纲 夏四月,王恭举兵反,诏诛仆射王国宝、将军王绪,恭罢兵还镇。

目 王国宝、王绪依附会稽王道子,恶王恭、殷仲堪,劝道子裁损其兵权。恭遣使与仲堪谋讨国宝等。桓玄亦以仕不得志,欲假仲堪兵势以作乱,乃说仲堪曰:"孝伯疾恶深至⑥,宜潜与之约,兴晋阳之甲以除君侧之恶⑦,此桓、文之勋也⑧。"仲堪然之,乃外结雍州刺史郗恢⑨,内

---

① 胡广:东汉大臣,履任三公,然唯求自保,贵幸当朝,无匡正之举。

② 岁晏:晚年。

③ 后燕永康二年,后秦皇初四年,北魏皇始二年。

④ 是为南凉。

⑤ 金城:郡名,治今甘肃兰州市西。

⑥ 孝伯:王恭字。

⑦ 晋阳之甲:春秋赵鞅取晋阳之甲以逐荀寅与士吉射。

⑧ 桓、文:齐桓公、晋文公,二者皆有尊王之功。

⑨ 雍州:此时侨治襄阳。

与从兄南蛮校尉觊(jì)、南郡相江绩谋之。觊曰:"人臣当各守职分,朝廷是非,岂藩屏所制也? 晋阳之事,不敢预闻。"绩亦极言其不可,郗恢亦不肯从。仲堪疑未决,会恭使至,仲堪乃许之,恭大喜。上表罪状国宝,举兵讨之。表至,内外戒严,国宝惧,上疏解职待罪。道子暗懦,欲求姑息,乃赐国宝死,斩绪于市,遣使谢恭,恭乃罢兵还京口。仲堪初犹豫不敢下,闻国宝死,始抗表举兵。道子以书止之,仲堪乃还。

纲凉沮渠蒙逊叛①,拔临松②,据金山③。

纲燕慕容详称帝于中山。

纲凉段业叛,自称建康公,沮渠蒙逊以众归之④。

纲秋七月,燕慕容麟袭杀详而自立。魏袭中山,入其郛(fú)而还⑤。

纲九月,秦太后蚍(shé)氏卒。

目秦太后卒。秦主兴哀毁过礼,不亲庶政。群臣请依汉、魏故事,既葬即吉。尚书郎李嵩上疏曰:"孝治天下,先王之高事也。宜尊圣性以光道训,既葬之后,素服临朝。"尹纬驳曰:"嵩矫常越礼,请付有司论罪。"兴曰:"嵩忠臣孝子,有何罪乎? 其如嵩议。"

---

① 后凉。
② 临松:郡名,治今甘肃民乐县。
③ 金山:今甘肃民乐县。
④ 是为北凉。
⑤ 郛:外城。

[北魏灭后燕,占据河北]

纲 冬十月,魏王珪及燕慕容麟战,大破走之。遂克中山。

目 中山饥甚,魏王珪进攻之。太史令晁崇曰:"不吉,纣以甲子亡,谓之
疾日。"珪曰:"纣以甲子亡,武王不以甲子兴乎?"遂进与慕容麟战于
义台①,大破之,麟奔邺。珪入中山。麟至邺,复称赵王,说范阳王德
曰:"魏将乘胜攻邺,邺城大难固,且人心恇(kuāng)惧②,不可守也。
不如南起滑台③,阻河以待魏,伺衅而动,河北庶可复也。"时鲁王和
镇滑台,亦遣使迎德,许之。

[慕容德建立南燕]

纲 戊戌,二年(398)④,春正月,燕慕容德徙居滑台。称燕王。麟谋反,
伏诛。魏拓跋仪入邺。

目 燕范阳王德自邺帅户四万南徙滑台。魏卫王仪入邺,追德至河,弗
及。慕容麟上尊号于德,德用兄垂故事,称燕王,是为南燕。麟复谋
反,德杀之。

纲 二月,魏封尔朱羽健于秀容川⑤。

纲 三月,燕段速骨攻陷龙城,燕主宝出奔,尚书兰汗诱而杀之。

---

① 义台:在今河北新乐市东北。
② 恇:惊慌。
③ 滑台:今河南滑县。
④ 后燕建平元年,后秦皇初五年,北魏天兴元年。
⑤ 秀容川:即北秀容,一说在今山西忻州市。

纲秋七月,燕长乐王盛讨杀兰汗,摄行统制。

纲魏迁都平城。

纲王恭、殷仲堪及南郡公桓玄举兵反,玄陷江州。

目豫州刺史庾楷以会稽王道子割其四郡属王愉①,遣其子鸿说王恭曰:
"尚之兄弟复秉机权,欲削方镇,宜早图之。"恭以为然,以告殷仲堪及
玄。皆许之,推恭为盟主,刻期同趣京师。司马刘牢之谏,恭不从。
上表请讨王愉、司马尚之兄弟,朝廷忧惧,内外戒严。道子不知所为,
悉以事委世子元显,日饮醇酒而已。仲堪闻恭举兵,勒兵趣发,悉以
军事委南郡相杨佺期兄弟。佺期帅舟师五千为前锋,桓玄次之,仲堪
帅精兵二万继下。八月,佺期及玄奄至溢口②,王愉无备,惶遽奔临
川,玄追获之。

纲九月,加会稽王道子黄钺,讨王恭。恭司马刘牢之执恭以降,斩之。
以牢之都督青、兖七州军事,桓玄为江州刺史,杨佺期为雍州刺史。
敕殷仲堪使回军。

目九月,加会稽王道子黄钺,以世子元显为征讨都督,遣王珣将兵讨王
恭。恭素以才地陵物,既杀王国宝,自谓威无不行,仗刘牢之为爪牙,
而以部曲将遇之。牢之负才怀恨,元显知之,遣人说牢之使叛恭,事
成授以恭位号。恭使牢之帅帐下督颜延为前锋。牢之至竹里③,斩
延以降,遣其子敬宣还袭恭。恭兵溃,亡走,为人所获,送京师斩之。

---

① 豫州:此时侨置于历阳,今安徽和县。
② 奄:忽。溢口:在今江西九江市。
③ 竹里:山名,在今江苏句容市北。

诏以牢之代恭为都督、刺史,镇京口。俄而杨佺期、桓玄至石头,殷仲堪至芜湖,上表理王恭,求诛牢之。牢之帅北府之众驰赴京师,军于新亭,佺期、玄见之皆失色,回军蔡洲①。朝廷忧逼,桓脩言于道子曰②:"今若以重利啖玄及佺期③,二人必内喜,玄能制仲堪,佺期可使倒戈取仲堪矣。"道子纳之,以玄为江州刺史,佺期为雍州刺史。黜仲堪为广州刺史,遣使宣诏,敕使回军。

纲 冬十月,燕长乐王盛称皇帝。

纲 复以殷仲堪督荆、益军,仲堪等罢兵还镇。

目 殷仲堪得诏书,大怒,趣桓玄、杨佺期进军。朝廷深惮之,乃复以荆州还仲堪,优诏慰谕,于是各还所镇。时诏书独不赦庾楷,玄以楷为武昌太守。

纲 十二月,魏王珪称皇帝。

纲 己亥,三年(399)④,春正月,南凉徙治乐都。

纲 二月,段业自称凉王。

纲 三月,魏分尚书诸曹,置五经博士。

目 魏主珪分尚书三十六曹及外署,凡置三百六十曹,令八部大人主之。置五经博士,增国子、太学生员合三千人。珪问博士李先曰:"天下何

---

① 蔡洲:江中沙洲,在今南京市西南。
② 桓脩:桓温之侄,桓冲之子,桓玄之从兄弟。
③ 啖:用利益引诱。
④ 后燕长乐元年,后秦弘始元年,北魏天兴二年。

物可以益人神智？”对曰：“莫若书籍。”珪曰：“书籍有几，如何可集？”对曰：“自书契以来，世有滋益，至今不可胜计。苟人主所好，何忧不集。”珪遂命郡县大索书籍，悉送平城。

纲 夏四月，以会稽世子元显为扬州刺史。

纲 秋八月，南凉王乌孤卒，弟利鹿孤立。徙治西平①。

纲 南燕王德陷广固②，杀幽州刺史辟闾浑③，遂都之。

〔孙恩、卢循起兵反晋〕

纲 冬十月，孙恩寇陷会稽，杀内史王凝之。诏徐州刺史谢琰及刘牢之讨破之。以琰为会稽太守。

目 会稽世子元显，性苛刻，生杀任意，东土嚣然。孙恩因民心骚动，自海岛攻会稽。内史王凝之世奉天师道④，谓官属曰：“我已请大道，借鬼兵守诸津要，不足忧也。”恩遂陷会稽，杀凝之。恩自称征东将军，表会稽王道子及元显之罪，请诛之。

自帝即位以来，内外乖异，石头以南，皆为荆、江所据⑤，以西皆豫州所专，京口及江北皆刘牢之及广陵相高雅之所制。朝政所行，三吴而已。及恩作乱，八郡皆为恩有，畿内盗贼蜂起，恩党亦有潜伏在建康者，人情危惧，于是内外戒严。加道子黄钺，元显领中军将军，命徐州

① 西平：郡名，治今青海西宁市。
② 广固：在今山东青州市。
③ 辟闾：复姓。
④ 天师道：道教派之一，又称五斗米道，相传由东汉张陵所创。
⑤ 荆、江：指屯据荆州的殷仲堪及屯据江州的桓玄。

刺史谢琰讨之。牢之亦发兵讨恩,拜表辄行。琰击斩义兴、吴郡群盗,与牢之转斗而前,所向皆克。琰留屯乌程①,遣司马高素助牢之,进临浙江。诏以牢之都督吴郡诸军事。

初,彭城刘裕,勇健有大志。仅识文字,以卖履为业,好摴蒱,为乡闾所贱。至是,牢之引参军事,使将数十人觇贼。遇贼数千人,即迎击之,从者皆死,裕坠岸下。贼临岸欲下,裕奋长刀仰斫杀数人②,乃得登岸,仍大呼逐之,杀伤甚众。刘敬宣怪裕久不返,引兵寻之,见裕独驱数千人,咸共叹息。因进击贼,大破之。恩驱男女二十余万口东走,复逃入海岛。朝廷忧恩复至,以琰为会稽太守,都督五郡军事。

纲 桓玄举兵攻江陵,杀殷仲堪、杨佺期。

目 殷仲堪恐桓玄跋扈,乃与佺期结婚为援。佺期屡欲攻玄,仲堪每止之。玄恐终为殷、杨所灭,乃发兵西上,声言救洛,先遣兵袭取巴陵积谷食之③。江陵乏食,仲堪急召佺期自救。佺期帅步骑八千至江陵,与其兄广共击玄。大败,单骑奔还,仲堪亦奔酂(zàn)城④。玄遣将军冯该追获,皆杀之。

纲 凉王光卒,太子绍立,庶兄篡杀而代之。

纲 庚子,四年(400)⑤,春三月,诏桓玄都督荆、江八州军事,荆、江州刺史。

纲 北凉以李暠(hào)为敦煌太守。

---

① 乌程:县名,今浙江湖州市。
② 斫:刀斩。
③ 巴陵:县名,今湖南岳阳市。
④ 酂城:今湖北老河口市西北。
⑤ 后燕长乐二年,后秦弘始二年,北魏天兴三年。

纲 夏五月,孙恩复寇会稽,太守谢琰败死。恩转寇临海①。遣兵讨之,不克。

纲 秋七月,秦击西秦,西秦王乾归战败,奔南凉,遂奔秦。

纲 冬十一月,诏刘牢之讨孙恩,走之。

纲 李暠自称凉公②。

纲 十二月,南燕王德称帝,更名备德。

目 备德尝问群臣,"朕可方古何主?"鞠仲曰:"陛下中兴圣主,少康、光武之俦也。"备德顾左右,赐仲帛千匹。仲以多辞。备德曰:"卿知调朕③,朕不知调卿邪!"韩范进曰:"天子无戏言,今日之论,君臣俱失。"备德大悦,赐范绢五十匹。

纲 辛丑,五年(401)④,春二月,凉吕超弑其君纂而立其兄隆,纂后杨氏自杀。

纲 三月,孙恩寇海盐,刘牢之参军刘裕击破之。

纲 夏五月,北凉沮渠蒙逊弑其君业。

纲 六月,孙恩寇丹徒⑤。刘裕击破之,恩北走,陷广陵。

———————

① 临海:郡名,治今浙江台州市。
② 是为西凉。
③ 调:戏弄。
④ 后燕光始元年,后秦弘始三年,北魏天兴四年。
⑤ 丹徒:县名,今江苏镇江市丹徒区。

纲 沮渠蒙逊自称张掖公①。

纲 秋八月,以刘裕为下邳太守②,讨孙恩于郁洲③,大破之。

纲 燕段玑(jī)弑其君盛。太后丁氏立盛叔父熙,讨玑,杀之。

纲 壬寅,元兴元年(402)④,春正月,以尚书令元显为征讨大都督,加黄钺,讨桓玄。

目 下诏罪状桓玄,以元显为骠骑大将军、征讨大都督、加黄钺,刘牢之为前锋,谯王尚之为后部。

纲 桓玄举兵反。

目 玄闻大军将发,大惊,欲完聚保江陵。长史卞范之曰:"明公威振远近,元显口尚乳臭,刘牢之大失物情。若兵临近畿,示以祸福,土崩之势可翘足而待,何有延敌入境,自取穷蹙者乎?"玄从之,留桓伟守江陵,抗表传檄,罪状元显,举兵东下。元显大惧,下船而不发。

纲 二月,玄兵至姑孰。三月,刘牢之叛附于玄。元显军溃,玄入建康,自以太尉总百揆,杀元显等。以牢之为会稽内史,牢之自杀。

目 玄至历阳,谯王尚之众溃,玄捕获之。刘牢之素恶元显,又虑功高不为所容,自恃材武,拥强兵,欲假玄以除执政,复伺玄隙而自取之,遂与玄通。东海何无忌,牢之之甥也,与刘裕极谏,不听。元显将发,闻

---

① 其政权亦号北凉。
② 下邳:郡名,治今江苏睢宁县。
③ 郁洲:在今江苏连云港市东,本为海岛,今已连于大陆。
④ 后燕光始二年,后秦弘始四年,北魏天兴五年。

玄已至新亭,弃船退军,军人皆奔溃。玄入京师,称诏解严,自为丞相,总百揆,都督中外、录尚书事、扬州牧。复让丞相而为太尉。斩元显、尚之等。以刘牢之为会稽内史,牢之曰:"始尔,便夺我兵,祸其至矣。"于是牢之大集僚佐,议据江北以讨玄。参军刘袭曰:"事之不可者莫大于反。将军往年反王兖州①,近日反司马郎君②,今复反桓公。一人三反,何以自立?"语毕,趋出,佐吏多散走。牢之惧,帅部曲北走,至新洲③,缢而死。

纲 孙恩寇临海,郡兵击破之,恩赴海死。玄以恩党卢循为永嘉太守④。

纲 南凉王秃发利鹿孤卒,弟傉(nù)檀立。

纲 夏四月,玄出屯姑孰。

纲 五月,卢循寇东阳⑤,刘裕击走之。

纲 玄杀会稽王道子。

纲 癸卯,二年(403)⑥,春,桓玄自为大将军。秋九月,玄自为相国,封楚王,加九锡。

目 桓谦私问彭城内史刘裕曰:"楚王勋德隆重,朝廷之情,咸谓宜有揖让,卿以为何如?"刘裕曰:"楚王勋德盖世,晋室民望久移,乘运禅代,

① 王兖州:王恭。
② 司马郎君:司马元显。
③ 新洲:江中沙洲,在今江苏南京市。
④ 永嘉:郡名,治今浙江温州市。
⑤ 东阳:郡名,治今浙江金华市。
⑥ 后燕光始三年,后秦弘始五年,北魏天兴六年。

有何不可?"谦即喜曰:"卿谓之可,即可耳!"

〔桓玄称帝〕

纲 冬十一月楚王玄称皇帝,废帝为平固王,迁于寻阳。

目 玄表请归藩,使帝手诏固留之。诈言钱塘临平湖开,江州甘露降,使
百僚集贺,为己受命之符。又以前世皆有隐士,耻独无之,求得皇甫
希之,给其资用,使居山林,征为著作郎,又使固辞。然后下诏旌礼,
号曰"高士",时人谓之"充隐"。至是,卞范之为禅诏,逼帝书之。遣
司徒王谧禅位于楚,出居永安宫。百官诣姑孰劝进。玄筑坛于九井
山北①,即帝位,改元永始。封帝为平固王,迁于寻阳。玄入建康宫,
登御座而床忽陷,群下失色。殷仲文曰:"将由圣德深厚,地不能载。"
玄大悦。

〔刘裕起兵〕

纲 甲辰,三年(404)②,春二月,刘裕起兵京口讨玄,玄使弟谦拒之。

目 刘裕从徐、兖刺史桓脩入朝。玄谓王谧曰:"裕风骨不常,盖人杰也。"
玄妻刘氏亦谓玄曰:"裕龙行虎步,视瞻不凡,恐终不为人下,不如早
除之。"玄曰:"我方平荡中原,非裕莫可用者。俟关、河平定,别议之
耳。"裕与何无忌同舟还京口,密谋兴复。刘迈弟毅家于京口,亦与无
忌谋之。无忌曰:"草泽之中非无英雄也。"毅曰:"所见唯有刘下

---

① 九井山:在今安徽当涂县南。
② 后燕光始四年,后秦弘始六年,北魏天赐元年。

邳①。”无忌笑而不答，还以告裕，遂与定谋。

平昌孟昶为桓弘主簿②，至建康还，裕谓之曰：“草间当有英雄起，卿颇闻乎？”昶曰：“今日英雄有谁，正当是卿耳！”于是裕、毅、无忌、昶及裕弟道规、诸葛长民等，相与合谋起兵。无忌夜草檄文，其母密窥之，泣曰：“吾不及东海吕母明矣。汝能如此，吾复何恨！”

裕托以游猎，与无忌收合徒众，得百余人。诘旦③，京口门开，无忌着传诏服，称敕使，居前，徒众随之入，斩桓脩以徇。裕问无忌曰：“急须一府主簿，何由得之？”无忌曰：“无过刘道民。”道民者，东莞刘穆之也。裕曰：“吾亦识之。”即驰信召焉。穆之坏布裳为裤，往见裕。裕曰：“始举大义，须一军吏甚急，卿谓谁堪其选？”穆之曰：“仓猝之际，略当无见逾者。”裕笑曰：“卿能自屈，吾事济矣。”即于坐署主簿。

孟昶劝桓弘其日出猎，天未明，开门出猎，孟昶与刘毅、刘道规帅壮士数千人直入，斩之，因收众济江。众推裕为盟主，总督徐州事，以昶为长史，守京口。裕帅二州之众千七百人，军于竹里，移檄远近。

玄加桓谦征讨都督，遣吴甫之、皇甫敷相继北上。玄忧惧特甚。或曰：“裕等乌合微弱，势必无成，何虑之深？”玄曰：“刘裕足为一世之雄，刘毅家无儋石之储，樗蒲一掷百万，何无忌酷似其舅④。共举大事，何谓无成！”

纲三月，刘裕及桓谦战于覆舟山⑤，大破之，玄出走。裕立留台于石头。

① 刘下邳：隆安四年，刘裕为下邳太守。
② 桓弘：桓脩之弟。
③ 诘旦：平明，清晨。
④ 何无忌舅刘牢之。
⑤ 桓谦：桓脩、桓弘之兄。覆舟山：在今南京市玄武湖畔九华山公园。

目玄使桓谦屯东陵①,卞范之屯覆舟山西,合众二万。裕军数道并前,裕与刘毅身先士卒,进突其陈,将士皆殊死战,因风纵火,谦等大溃。玄鞭马趣石头,浮江南走。裕入建康,明日,徙屯石头城,立留台百官,遣诸将追玄,尚书王嘏帅百官奉迎乘舆,诛玄宗族在建康者。

纲玄至寻阳,逼帝西上,刘毅等帅兵追之。

纲夏四月,玄挟帝入江陵。

纲玄挟帝东下。

纲五月,刘毅等及玄战于峥嵘洲②,大破之。玄复挟帝入江陵,宁州督护冯迁击玄,诛之,帝复位。

目刘毅、何无忌、刘道规帅众自寻阳西上,与桓玄遇于峥嵘洲。道规麾众先进,毅等从之,乘风纵火,尽锐争先,玄众大溃。玄挟帝单舸西走,入江陵。毛璩(qú)之弟子修之为校尉,诱玄入蜀。会璩弟宁州刺史璠(fán)卒官,璩使兄孙祐之帅数百人送其丧,遇玄于枚回洲③,迎击之。督护冯迁抽刀而前,玄曰:“汝何人,敢杀天子!”迁曰:“我杀天子之贼耳!”遂斩之。乘舆反正于江陵。

纲秋九月,魏改官制。

目魏主珪置六谒官,准古六卿。其官名多仿上古龙官、鸟官,谓诸曹之使为凫鸭,取其飞之迅疾也,谓候官伺察者为白鹭,取其延颈远望也,

① 东陵:东晋皇帝陵区之一,覆舟山以东,在今南京市钟山南麓,康帝、简文帝皆葬于此。
② 峥嵘洲:在今湖北黄冈市西北长江中。
③ 枚回洲:在今湖北荆州市。

余皆类此。

|纲|乙巳,义熙元年(405)①,春正月,秦以鸠摩罗什为国师。

〔鸠摩罗什翻译佛经〕

|目|秦王兴以鸠摩罗什为国师,奉之如神,帅群臣及沙门听讲。又命罗什
翻译西域经、论,大营塔寺,沙门坐禅者常以千数。由是州郡化之,事
佛者十室而九。

|纲|二月,帝东还。三月,帝至建康,除拜琅邪王德文、武陵王遵、刘裕以
下有差。

|纲|夏四月,以刘裕都督十六州军事,出镇京口。

|纲|以卢循为广州刺史。

|目|时朝廷新定,未暇征讨,以循为广州,徐道覆为始兴相②。循遣使贡
献,因遗刘裕益智粽③,裕报以续命汤④。循之陷番(pān)禺也⑤,执刺
史吴隐之。至是,裕与循书,令遣隐之还,循不从。长史王诞曰:"孙
伯符岂不欲留华子鱼邪⑥? 但以一境不容二君耳。"循乃遣之。

|纲|秋九月,南燕主备德卒,太子超立。

---

① 后燕光始五年,后秦弘始七年,北魏天赐二年。
② 始兴:国名,治今广东韶关市。
③ 益智:草药名。
④ 续命汤:方剂名。
⑤ 番禺:县名,今广东广州市。
⑥ 伯符:孙策字。子鱼:华歆字。

纲 丁未,三年(407)①,夏六月,赫连勃勃自称大夏天王。

纲 秋七月,燕高云弑其主熙②,自立为天王。

纲 戊申,四年(408)③,春正月,刘裕自为扬州刺史、录尚书事④。

目 王谧既卒⑤,刘毅等不欲刘裕入辅政,议以谢混为扬州刺史,或欲令裕于丹徒领扬州,以内事付孟昶。遣皮沈以二议谘裕。沈先见刘穆之,具道朝议。穆之密白裕曰:"晋命已移,公勋高位重,岂得遂为守藩之将邪! 刘、孟与公俱起布衣,立大义以取富贵,一时相推,非委体心服,宿定臣主之分也。力敌势均,终相吞噬。扬州根本所系,不可假人。前者以授王谧,事出权道,今若复以他授,便应受制于人。一失权柄,何由可得? 今但答以'此事既大,非可悬论,便暂入朝,其尽同异'。公至京邑,彼必不敢越公更授余人矣。"裕从之。朝廷乃征裕为侍中、扬州刺史、录尚书事。裕解兖州,以诸葛长民镇丹徒,刘道怜戍石头。

纲 冬十一月,南燕汝水竭。

纲 南凉复称王⑥。

纲 己酉,五年(409)⑦,春三月,恒山崩⑧。

---

① 后燕建始元年,后秦弘始九年,北魏天赐四年。是年后燕灭亡。
② 高云:慕容熙养子。
③ 后秦弘始十年,北魏天赐五年。
④ 扬州:时治姑孰,今安徽当涂县。
⑤ 王谧为侍中,领扬州刺史、录尚书事。
⑥ 南凉秃发傉檀。
⑦ 后秦弘始十一年,北魏永兴元年。
⑧ 恒山:古北岳,在今河北唐县西。

〔刘裕灭南燕〕

纲 夏四月,刘裕伐南燕。六月,及燕师战于临朐(qú),大破之,遂围广固。

纲 秋七月,西秦复称王。九月,秦王兴伐夏,夏王勃勃袭而败之。

纲 冬十月,燕弑其君云,冯跋自立为天王①。

纲 魏清河王绍弑其君珪,齐王嗣讨绍②,杀之而自立。

纲 十二月,太白犯虚、危③。

纲 庚戌,六年(410)④,春二月,刘裕拔广固,执南燕主超,送建康斩之。

纲 卢循寇长沙、南康、庐陵、豫章⑤,陷之。刘裕引军还。

目 初,徐道覆闻刘裕北伐,劝卢循袭建康,循许之。至是,循自始兴寇长沙,道覆寇南康、庐陵、豫章,皆陷之。道覆顺流而下,舟楫甚盛。朝廷急征裕,裕引兵还。

纲 三月,江、荆都督何无忌讨徐道覆,战败,死之。

目 无忌自寻阳引兵拒卢循,与徐道覆遇于豫章。贼令强弩数百,登山邀射,乘风暴急,以大舰逼之,众遂奔溃。无忌厉声曰:"取我苏武节来!"节至,执以督战。贼众云集,遂握节而死。

―――――――――

① 是为北燕。
② 嗣:珪太子。
③ 虚、危:皆属二十八星宿。
④ 后秦弘始十二年,北魏永兴二年。是年南燕灭亡。
⑤ 南康:郡名,治今江西赣州市。庐陵:郡名,治今江西吉水县北。

纲 夏四月,刘裕至建康。

目 刘裕至下邳,以船载辎重,自帅精锐步归。闻何无忌败死,卷甲兼行。将济江,风急,众咸难之。裕曰:"若天命助国,风当自息,不然,覆溺何害!"即命登舟,舟移而风止。四月,至建康。

纲 五月,豫州都督刘毅及卢循战于桑落洲①,败绩。循进逼建康。

纲 六月,刘裕自为太尉、中书监,加黄钺。复辞官而受黄钺。

纲 秋七月,卢循退还寻阳,刘裕遣兵追之。

纲 刘裕遣将军孙处等率兵袭番禺。

纲 冬十一月,孙处攻番禺,拔之。

纲 辛亥,七年(411)②,春正月,秦王兴命群臣举贤才。

目 秦王兴命群臣搜举贤才。右仆射梁喜曰:"臣累受诏,而未得其人,世可谓乏才矣。"兴曰:"自古帝王之兴,未尝取相于昔人,待将于将来,随时任才,皆能致治。卿自识拔不明,安得远诬四海乎?"群臣咸悦。

纲 刘藩等克始兴,斩徐道覆。

纲 三月,刘裕始受太尉、中书监之命。

纲 夏四月,卢循寇番禺,不克,走交州③,刺史杜慧度击斩之。

---

① 桑落洲:在今江西九江市。
② 后秦弘始十三年,北魏永兴三年。
③ 交州:辖境约为今越南北部。

纲壬子，八年(412)①，夏四月，以刘毅都督荆、宁、秦、雍军事。

纲六月，西秦乞伏公府弑其君乾归。秋，世子炽磐讨杀之而自立。

纲皇后王氏崩。葬僖皇后。

纲冬，太尉裕帅师袭荆州，杀都督刘毅。

纲北凉迁于姑臧②。

纲癸丑，九年(413)③，春，太尉裕还建康，杀豫州刺史诸葛长民。

目初，裕之西征也，留长民监留府事而疑其难独任，乃加刘穆之建武将军，置吏给兵以防之。既而长民骄纵贪侈，为百姓患，惧裕归按之。闻刘毅被诛，谓所亲曰："'往年醢彭越，今年杀韩信'，祸其至矣！"因遗冀州刺史刘敬宣书曰："盘龙专擅④，自取夷灭。异端将尽，世路方夷，富贵之事，相与共之。"敬宣报曰："下官常惧福过灾生，方思避盈居损。富贵之旨，非所敢当。"且使以书呈裕，裕曰："阿寿故为不负我也⑤。"至是，裕自江陵东还，潜入东府⑥。长民闻之，惊趋至门。裕伏壮士丁旿(wǔ)等于幔中，引长民却人闲语。旿自幔后出，拉杀之。

---

① 后秦弘始十四年，北魏永兴四年。

② 姑臧：县名，常为凉州治所，今甘肃武威市。

③ 后秦弘始十五年，北魏永兴五年。

④ 盘龙：刘毅小字。

⑤ 阿寿：刘敬宣小字。

⑥ 东府：司马道子为扬州刺史时治事处，在建康宫城东南。

纲 夏筑统万城①。

纲 甲寅,十年(414)②,夏五月,西秦袭灭南凉,以傉檀归,杀之。

纲 乙卯,十一年(415)③,春,太尉裕帅师击荆州,都督司马休之拒战,众溃。

目 正月,刘裕收司马休之次子文宝、兄子文祖,赐死,自领荆州刺史,将兵击之。二月,休之上表罪状裕,勒兵拒之。裕密书招休之录事韩延之,延之复书曰:"刘裕足下,海内之人,谁不见足下之心?而欲欺诳国士! 自谓'处怀期物,有由来矣',夫伐人之君,啖人以利,真可谓'处怀期物,自有由来'乎! 吾诚鄙劣,尝闻道于君子,以平西之至德④,宁可无授命之臣乎! 假令天长丧乱,九流浑浊,当与臧洪游于地下耳⑤。"裕视书叹息,以示将佐曰:"事人当如此矣!"延之以裕父名翘,字显宗,乃更其字曰显宗,名其子曰翘,以示不臣刘氏。裕遂使参军檀道济、朱超石将步骑出襄阳。三月,裕率诸将济江。休之兵临峭岸,裕腾之而上,直前力战。休之兵稍却。裕兵乘之,休之兵遂大溃。

纲 司马休之出奔秦,秦以为扬州刺史。

纲 太尉裕剑履上殿,入朝不趋,赞拜不名。秋八月,太尉裕还建康。以

---

① 统万城:夏都城,故址在今陕西靖边县红墩界镇统万城国家考古遗址公园。
② 后秦弘始十六年,北魏神瑞元年。
③ 后秦弘始十七年,北魏神瑞二年。
④ 司马休之曾任平西将军。
⑤ 臧洪:东汉末年人物,为报旧主之恩舍生取义,被视为义士楷模。

刘穆之为左仆射。

<u>纲</u>荧惑不见八十余日①,复出东井。秦大旱。

<u>纲</u>丙辰,十二年(416)②,春正月,太尉裕自加都督二十二州军事。

<u>纲</u>秦姚弼、姚愔(yīn)作乱,伏诛。秦王兴卒,太子泓立。

<u>纲</u>三月,太尉裕自加中外大都督,戒严伐秦。诏遣琅邪王德文修敬
山陵③。

〔刘裕灭后秦〕

<u>纲</u>秋八月,太尉裕督诸军发建康。

<u>目</u>裕以世子义符为中军将军,监留府事。刘穆之领军司,入居东府,总
摄内外,司马徐羡之副之。遂发建康。遣将军王镇恶、檀道济将步军
自淮、泗向许、洛,朱超石、胡藩趋阳城④,沈田子、傅泓之趋武关⑤,沈
林子、刘遵考将水军出石门⑥,自汴入河,以王仲德督前锋,开巨野入
河⑦。穆之谓镇恶曰:"公今委卿以伐秦之任,卿其勉之!"镇恶曰:
"吾不克关中,誓不复济江!"穆之内总朝政,外供军旅,决断如流,事
无壅滞。求诉咨禀,盈阶满室,穆之目览耳听,手答口酬,不相参涉,

---

① 荧惑:火星。
② 后秦永和元年,北魏泰常元年。
③ 指洛阳西晋帝陵。
④ 阳城:县名,今河南登封市东南。
⑤ 武关:在今陕西丹凤县东。
⑥ 石门:在今河南荥阳市东北。
⑦ 巨野:泽名,在今山东巨野县、郓城县之间。

悉皆赡举。

裕至彭城。王镇恶、檀道济入秦境,所向皆捷。

纲 冬十月,将军檀道济入洛阳。

纲 十二月,太尉裕自加相国、扬州牧,封宋公,备九锡。复辞不受。

单敏捷　评注

楼　　劲　审定

纲鉴易知录卷三五

　　卷首语：本卷起东晋安帝义熙十三年
(417)，止宋文帝元嘉二十七年(450)，所记主要
为晋末、南朝宋前期三十四年史事。晋末刘裕北
伐，废杀晋安帝立晋恭帝，篡晋建宋。刘裕去世
后，徐羡之、傅亮废宋少帝立宋文帝，宋文帝创元
嘉治世，但北伐失败。北魏太武帝灭佛教、治国
史之狱和南侵刘宋的历史也穿插其间。

东晋纪

安皇帝

纲 丁巳,十三年(义熙十三年,417)①,春正月朔②,日食。

纲 二月,西凉公李暠(hào)卒③,世子歆立。

纲 三月,弘农人送义租给王镇恶等军④。

〔刘裕北伐〕

纲 夏四月,太尉裕入洛阳⑤。

目 齐郡太守王懿降魏⑥,上书言:"刘裕在洛,宜发兵绝其归路,可不战而克。"魏主嗣善之,以问崔浩,曰:"刘裕克乎?"对曰:"克之。"嗣曰:"何故?"对曰:"姚兴好事虚名而少实用,子泓懦弱,兄弟乖争。裕乘其危,兵精将勇,故必克。"嗣曰:"裕既入关,不能进退,我以精骑直捣彭城⑦,裕将若何?"对曰:"诸将用兵,皆非裕敌。兴兵远攻,未见其

---

① 后秦永和二年,北魏泰常二年。是岁后秦亡。

② 朔:初一日。

③ 西凉:十六国之一,都今甘肃酒泉市。

④ 弘农:郡名,治今河南灵宝市北。

⑤ 太尉:三公之一,主掌军政。

⑥ 齐郡:治今山东淄博市临淄区。

⑦ 彭城:郡名,治今江苏徐州市。

利,不如静以待之。裕克秦而归①,必篡其主。关中华、戎杂错,风俗劲悍,裕欲以荆、扬之化施之函秦②,此无异解衣包火,张罗捕虎。虽留兵守之,人情未洽,趋向不同,适足资敌耳。愿且按兵息民,以观其变,秦地终为国家之有,可坐而守也。”嗣笑曰:“卿料之审矣。”浩曰:“臣尝私论近世将相:若王猛之治国,苻坚之管仲也;慕容恪之辅幼主,慕容暐之霍光也;刘裕之平祸乱,司马德宗之曹操也③。”

綱秋七月,将军沈田子入武关④。八月,秦主泓自将击之⑤,大败而还。

綱太尉裕至潼关⑥,遣王镇恶帅水军自河入渭,大破秦兵,遂入长安⑦。秦主泓出降。

綱九月,太尉裕至长安,送姚泓诣建康⑧,斩之。

綱夏人进据安定⑨。

目夏王勃勃闻裕伐秦,曰:“裕取关中必矣。然不能久留,必将南归。若留子弟及诸将守之,吾取之如拾芥耳。”乃秣马养士,进据安定。

綱冬十月,太尉裕自晋爵为王,增封十郡,复辞不受。

---

① 秦:后秦。
② 函秦:谓关中,秦东有函谷关,秦人恃之以为险固,故曰函秦。
③ 司马德宗:东晋安帝。
④ 武关:在今陕西商洛市商州区东。
⑤ 秦主泓:后秦主姚泓。
⑥ 潼关:在今陕西渭南潼关县东北。
⑦ 长安:后秦国都。
⑧ 建康:东晋国都,今江苏南京市。
⑨ 夏:匈奴人赫连勃勃建立的夏国。安定:郡名,治今甘肃泾川县北。

纲 十一月,刘穆之卒。

纲 十二月,太尉裕东还,留子义真都督雍、梁、秦州军事①。

目 裕欲留长安经略西北,而诸将佐久役思归,多不欲留。会闻刘穆之卒,裕以根本无托,决意东归。乃以徐羡之为丹阳尹②,管留任;而以次子义真为安西将军,守关中,王修为长史③,王镇恶为司马④,沈田子、毛德祖、傅弘之皆为参军、从事⑤。关中人素重王猛⑥,而是役也,镇恶功为多,故南人忌之。沈田子与镇恶争功,尤不平。裕将还,田子屡言"镇恶家在关中,不可保信"。裕曰:"钟会不得遂其乱者⑦,以有卫瓘故也⑧。语曰'猛兽不如群狐',卿等十余人,何惧镇恶邪!"十二月,裕发长安,义真生十三年矣。

纲 夏王勃勃遣兵向长安。

目 夏王勃勃闻刘裕东还,大喜,召王买德问计。买德曰:"关中形胜之地,而裕以幼子守之,狼狈而归,正欲急成篡事,不暇复以中原为意。此天以关中赐我,不可失也。"勃勃乃使其子璝(guī)帅骑二万,向长安,而自将大军为后继。

---

① 雍、梁、秦州:今陕西南部、甘肃东南部一带。
② 丹阳尹:丹阳郡长官,东晋首都所在,郡守称尹。丹阳郡治今江苏南京市南。
③ 长史:军府高级佐官。
④ 司马:军府长官的佐官之一。
⑤ 参军、从事:府、州僚佐。
⑥ 王猛:王镇恶之祖父,前秦苻坚时名臣。
⑦ 钟会:曹魏灭蜀的将领,灭蜀后谋据蜀地叛变,被杀。
⑧ 卫瓘:钟会领兵灭蜀时的监军,钟会死后安抚征蜀大军。

纲 戊午,十四年(418)①,春正月,王镇恶、沈田子帅师拒夏兵。田子矫杀镇恶②,安西长史王修讨田子③,斩之。参军傅弘之击夏兵,却之。

目 夏赫连璝至渭,关中民降之者属路。沈田子将兵拒之,畏其众盛,不敢进。王镇恶闻之,曰:"公以十岁儿付吾属,当共竭力,而拥兵不进,虏何由得平!"遂与田子俱出。田子与镇恶素有相图之志,至是益忿惧。军中又讹言:"镇恶欲尽杀南人,据关中反。"田子遂请镇恶至傅弘之营计事,因屏人语,使人斩之,矫称受太尉令。义真与王修披甲登门,以察其变。修执田子,数以专戮而斩之。弘之破夏兵,夏兵乃退。

纲 太尉裕至彭城,解严④。琅邪(láng yá)王德文还建康⑤。

纲 以刘义隆为荆州刺史⑥。

纲 夏六月,太尉裕受相国⑦、宋公、九锡之命⑧。

纲 冬十月,刘义真杀其长史王修,关中大乱。十一月,夏王勃勃陷长安,义真逃归。

纲 夏王勃勃称皇帝。

---

① 北魏泰常三年。
② 矫杀:假传命令杀人。
③ 安西长史:刘义真安西将军府佐官之首。
④ 解严:解除戒严状态。
⑤ 琅邪王德文:晋安帝弟司马德文。
⑥ 荆州:治今湖北荆州市。
⑦ 相国:丞相的尊称。
⑧ 九锡:天子赐给有殊勋的诸侯、大臣的九种天子规格礼器,以示最高礼遇。赐九锡多为权臣篡位步骤。"锡"同"赐"。

纲 彗星见。

目 彗星出天津①,入太微,经北斗,络紫微,八十余日而灭。魏崔浩谓魏主嗣曰:"晋室陵夷,危亡不远,彗之为异,其刘裕将篡之应乎!"

〔刘裕弑晋安帝立晋恭帝〕

纲 十二月,宋公刘裕弑帝于东堂。奉琅邪王德文即位。

目 裕以谶云:"昌明之后②,尚有二帝。"乃使中书侍郎王韶之与帝左右密谋弑帝而立德文。德文常在帝左右,韶之不得间③。会德文有疾,出居于外,韶之以散衣缢(yì)帝于东堂④。裕因称遗诏,奉德文即位。

恭皇帝

纲 己未,恭皇帝元熙元年(419)⑤,春正月,立皇后褚氏。葬休平陵⑥。

〔赫连勃勃杀韦祖思,以夷狄非类为耻〕

纲 夏主勃勃杀隐士韦祖思。

目 夏主勃勃征隐士京兆韦祖思。既至,恭惧过甚,勃勃怒曰:"我以国士待汝,汝乃以非类遇我! 汝昔不拜姚兴,今何独拜我? 我在,汝犹不

---

① 天津:星名,在箕、斗之间。
② 昌明:晋孝武帝字。
③ 间:机会。
④ 散衣:平时穿的衣服。缢:勒死。
⑤ 北魏泰常四年。
⑥ 休平陵:晋安帝司马德宗陵,在今江苏南京市玄武区钟山西南麓。

以我为帝王，我死，汝曹弄笔，当置我于何地邪！”遂杀之。

纲 夏主勃勃还统万[①]。

纲 秋七月，宋公裕始受进爵之命[②]，移镇寿阳[③]。

纲 冬十月，以刘义真为扬州刺史[④]。

纲 十二月，宋主裕加殊礼[⑤]，进太妃为太后，世子曰太子。

〔刘裕代晋立宋〕

纲 庚申，二年(420)[⑥]，夏四月，长星出，竟天[⑦]。六月，宋王裕还建康，称皇帝，废帝为零陵王[⑧]，以兵守之。

目 宋王裕欲受禅而难于发言，乃集朝臣宴饮，从容言曰：“桓玄篡位，鼎命已移。我唱义兴复，平定四海，功成业著，遂荷九锡。今年将衰暮，崇极如此，物忌盛满，非可久安。今欲奉还爵位，归老京师。”群臣莫喻其意。日晚，坐散，中书令傅亮乃悟，叩扉请见[⑨]，曰：“臣暂宜还都。”裕解其意，无复他言。亮出，见长星竟天，拊髀(bì)叹曰[⑩]：“我常

① 统万：夏国都，故址在今陕西榆林靖边县红墩界镇统万城国家考古遗址公园。
② 进爵之命：晋恭帝晋刘裕爵为宋王。
③ 寿阳：县名，今安徽寿县。
④ 扬州：治今江苏南京市。
⑤ 殊礼：指入朝不趋，赞拜不名，剑履上殿。
⑥ 宋永初元年，北魏泰常五年。是岁晋亡，刘宋建立。
⑦ 长星：彗星，有长形光芒，故名。竟天：横贯整个天空。
⑧ 零陵：国名，都今湖南永州市。
⑨ 扉：门扇。
⑩ 髀：大腿。

不信天文,今始验矣。"亮至建康。四月,征裕入辅。裕留子义康镇寿阳。以参军刘湛为长史,决府事。湛自幼年即有宰物之志,常自比管、葛①,博涉书史,不为文章,不喜谈议。裕甚重之。

六月,裕至建康。亮具诏草,使帝书之。帝欣然操笔,谓左右曰:"桓玄之时,晋氏已无天下,重为刘公所延,将二十载。今日之事,本所甘心。"遂书赤纸为诏。逊于琅邪第,百官拜辞,秘书监徐广流涕哀恸。裕为坛于南郊,即位。广又悲感流涕,侍中谢晦谓之曰:"徐公得无小过?"广曰:"君为宋朝佐命,身是晋室遗老,悲欢之事,固不可同。"宋主临太极殿,大赦,改元。奉晋恭帝为零陵王,即宫于故秣陵县②,使将军刘遵考将兵防卫。

评刘裕废晋建宋:

　　东晋门阀政治下,把持权力的士族门阀争权夺利,内斗激烈,埋下了政权走向终结的隐患。东晋末期,北府兵将领刘裕参与镇压孙恩、卢循起义,击败桓玄,掌握东晋大权。继而灭南燕,定蜀地,降后秦。其后恃功而废晋建宋。出身寒门的刘裕建宋,终结了东晋士族门阀政治,开启了皇权复兴、寒族崛起的南朝。刘裕当政期间,抑制豪强大族,减轻民庶赋税,奠定元嘉小康基础。

纲 宋尊王太后为皇太后。

纲 北凉王蒙逊诱西凉公歆与战③,杀之,遂灭西凉。

―――――――――――

① 管葛:管仲、诸葛亮。
② 秣陵县:今江苏南京市。
③ 北凉:十六国之一,都今甘肃武威市。蒙逊:沮渠蒙逊。歆:李歆。

纲秋八月,宋立子义符为皇太子。

纲冬,凉李恂入敦煌①,称刺史。

右东晋十一帝,共一百四年;合两晋一十五帝,共一百五十六年。

评东晋:

琅邪王司马睿承西晋之祚,建立东晋,偏安江东。东晋为北方南迁的汉人提供了安身立命之所,实现了南方各民族的大融合,促进了南方的大开发,是南方经济和生产技术进步的关键时期。在南、北多元文化交流中,催发了儒学、文学、史学、书法、绘画、天文、算学、医学等方面的发展,推动了佛教、道教的流传演化。

东晋皇权式微,门阀势盛,琅邪王氏、颍川庾氏、陈郡谢氏、谯国桓氏等过江高门,与顾、陆、朱、张及虞、贺、孔、魏等江东大姓,既联手把持内外要职,时或与皇权相抗,又争权夺利,往往导致社会动乱。东晋末年,桓玄废晋立楚,孙恩、卢循起义,北府将刘裕在讨伐桓玄、平定起义和北伐的过程中,实现了统治集团和权力结构的转变,最终代晋建宋,开启了寒人崛起和政治、社会继续变迁的南朝。

南北朝

南朝,自晋传宋,宋传齐,齐传梁,梁传陈。北朝,自诸国并于魏,后分为西魏、东魏,东魏传北齐,西魏传北周,北周并北齐而传之隋。隋灭陈,然后南北混为一。

————————

① 凉:西凉。

宋纪附北魏

刘宋世系表

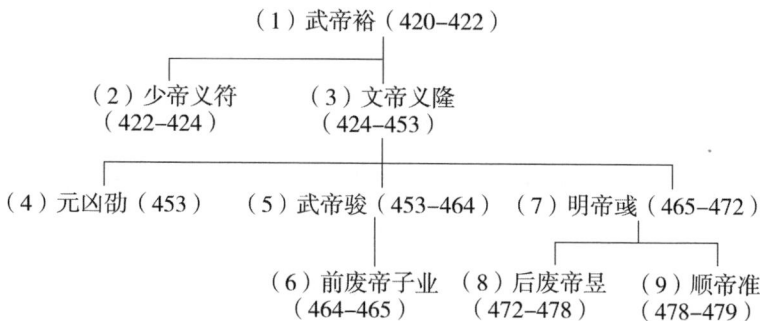

（1）武帝裕（420–422）

（2）少帝义符　　　（3）文帝义隆
（422–424）　　　　（424–453）

（4）元凶劭（453）　　（5）武帝骏（453–464）　　（7）明帝彧（465–472）

（6）前废帝子业　　（8）后废帝昱　　（9）顺帝准
（464–465）　　　（472–478）　　（478–479）

高祖武帝

纲 辛酉（421）①，春二月，宋以庐陵王义真为司徒②，徐羡之为尚书令③、扬州刺史，傅亮为仆射④。

纲 北凉屠敦煌，杀李恂。

纲 秋九月，宋主刘裕弑零陵王于秣陵。

目 初，宋主刘裕以毒酒一罂（yīng）授前琅邪郎中令张伟⑤，使鸩零陵王。伟叹曰："酖君以求生，不如死！"乃自饮而卒。至是，裕令兵人逾垣而

① 宋永初二年，北魏泰常六年。是岁西凉亡。
② 司徒：三公之一，掌土地、人民、选举等事务。
③ 尚书令：尚书省长官，宰相之一。
④ 仆射：次于尚书令的尚书省长官。
⑤ 罂：大腹小口的酒器。

人,进药于王。王不肯饮,兵人以被掩杀之。裕帅百官临于朝堂三日①。

纲 冬十一月,葬晋恭帝于冲平陵②。

纲 宋豫章太守谢瞻卒③。

目 初,宋台始建,瞻为中书侍郎④,其弟晦为右卫将军⑤。时晦权遇已重,自彭城还都迎家,宾客辐凑⑥。瞻惊骇,谓晦曰:"汝名位未多,而人归趣乃尔! 吾家素以恬退为业,不愿干豫时事,交游不过亲朋。而汝遂势倾朝野,此岂门户之福邪!"乃以篱隔门庭曰:"吾不忍见此。"及宋主即位,晦以佐命功,位任益重,瞻愈忧惧。至是,遇病不疗,临终,遗晦书曰:"吾得启体幸全,亦何所恨! 弟思自勉励,为国为家。"

纲 壬戌(422)⑦,春,宋以徐羡之为司空、录尚书事⑧。

目 羡之起自布衣,无学术。直以志力局度⑨,一旦居廊庙,朝野推服,咸谓有宰臣之望。沉密寡言,不以忧喜见色。颇工弈棋,观戏,常若未解。傅亮、蔡廓常言:"徐公晓万事,安异同。"尝与傅亮、谢晦宴聚,

①临:集众举哀。
②冲平陵:在今江苏南京市玄武区钟山西南麓。
③豫章:郡名,治今江西南昌市。
④中书侍郎:中书省官员,职掌诏令起草,并协助中书令管理中书省事务。
⑤右卫将军:禁卫军的统领之一。
⑥辐凑:聚集。
⑦宋永初三年,北魏太常七年。
⑧司空:三公之一,主掌工程营建等事。录尚书事:一种加衔,带此衔者可协助皇帝处理尚书省诸务。
⑨志力局度:才干和胸襟气度。

亮、晦才学辩博,羡之风度详整,时然后言。郑鲜之叹曰:"观徐、傅言论,不复以学问为长。"

纲 夏五月,宋主裕殂,太子义符立。

目 宋高祖疾甚,召太子义符诫之曰:"檀道济虽有干略,而无远志、难御之气也。徐羡之、傅亮当无异图。谢晦数征伐,颇识机变,若有同异,必此人也。"又为手诏曰①:"后世若有幼主,朝事一委宰相,母后不烦临朝。"羡之、亮、晦、道济同被顾命②,遂殂。义符即位,年十七,立妃司马氏为皇后。七月,葬初宁陵③。

纲 六月,宋以傅亮为中书监、尚书令,谢晦为中书令④,谢方明为丹阳尹。

营阳王

纲 癸亥(423)⑤,春正月,宋以蔡廓为吏部尚书⑥,不受。

目 宋以廓为吏部尚书。廓谓傅亮曰:"选事若悉以见付,不论;不然,不能拜也⑦。"亮以语徐羡之,羡之曰:"黄、散以下悉以委蔡⑧;以上,故宜共参同异。"廓曰:"我不能为徐干木署纸尾⑨!"遂不拜。

---

① 手诏:皇帝亲手书写的诏书。
② 顾命:皇帝临死前遗命大臣辅政。
③ 初宁陵:在今江苏南京市钟山。
④ 中书监:中书省最高长官。中书令:次于中书监的中书省长官。二者均是宰相。
⑤ 宋景平元年,北魏泰常八年。
⑥ 吏部尚书:尚书省吏部主官,掌官员选用及吏部诸曹。
⑦ 拜:接受任命。
⑧ 黄、散:黄门侍郎和散骑常侍,均为门下省官员,限由高门子弟担任。
⑨ 徐干木:徐羡之字干木,羡之当时任录尚书事。署纸尾:选案黄纸,录尚书与吏部尚书连名,故云。

纲二月,魏筑长城。

目柔然寇魏边①。魏筑长城,自赤城至五原②,二千余里,置戍以备之。

纲冬十一月,魏主嗣殂,太子焘立。

纲魏立天师道场。

目魏光禄大夫崔浩,不好老、庄书。曰:"此矫诬之说,不近人情。"尤不信佛法,曰:"何为事此胡神!"③左右多毁之。魏主不得已,命浩以公归第。然素知其贤,每有疑议,辄召问之。浩常自谓才比张良而稽古过之。既归第,因修服食养性之术。初,嵩山道士寇谦之修张道陵之术④,自言尝遇老子降,命继道陵为天师,授以辟谷轻身之术⑤,使之清整道教。又遇神人李谱文,云老子之玄孙也,授以图箓真经,使之辅佐北方太平真君,出天宫静轮之法。谦之奉其书,献于魏主。朝野多未之信,浩独师受其术,且上书曰:"圣王受命,必有天应,河图、洛书皆寄言于虫兽之文,未若今日人神接对,手笔粲然,辞旨深妙,自古无比。岂可以世俗常虑而忽上灵之命哉!"魏主欣然,使谒者奉玉帛、牲牢祭嵩岳,迎致谦之弟子,起天师道场于平城东南⑥。

---

① 柔然:北魏时期的北方少数民族及其政权。

② 赤城:在今河北赤城县东北。五原:塞名,在今内蒙古五原县东。

③ 胡神:佛教自西域传入中国,故称胡神。

④ 张道陵:东汉沛国丰县人,创立道教正一道,又称五斗米教。子孙世代称张天师,其孙张鲁东汉末曾割据汉中。

⑤ 辟谷:不吃五谷,方士道家当做修炼成仙的方法。轻身:飞升登仙。

⑥ 平城:北魏都城,今山西大同市。

太祖文帝

纲 甲子,春正月,宋废其庐陵王义真为庶人。

[徐羡之、傅亮和谢晦废立]

纲 甲子(424)①,春正月,宋废其庐陵王义真为庶人。

纲 夏五月,宋徐羡之、傅亮、谢晦废其主义符为营阳王,迁于吴②。六月,弑之。迎宜都王义隆于江陵,杀前庐陵王义真,以谢晦行都督荆、湘等州军事③。

纲 秋八月,宋主义隆立。

纲 乙丑(425)④,春正月,宋主始亲听政。

纲 二月,燕有女子化为男⑤。

纲 秋八月,夏主勃勃殂,世子昌立。

纲 丙寅(426)⑥,春正月,宋讨徐羡之、傅亮,诛之。以王弘为司徒、扬州刺史、录尚书事,彭城王义康都督荆、湘等州军事。谢晦举兵反江陵。

———————

① 宋景平二年,北魏始光元年。
② 吴:郡名,治今江苏苏州市。
③ 湘州:治今湖南长沙市。
④ 宋元嘉二年,北魏始光二年。
⑤ 燕:北燕。
⑥ 宋元嘉三年,北魏始光三年。

目宋主下诏,暴徐羡之、傅亮、谢晦杀二王之罪①,命中领军到彦之②、征
　北将军檀道济以时收斸。羡之走至新林③,自经死。亮出走,被执,
　伏诛。

　　宋主问讨晦之策于檀道济,对曰:"臣昔与晦同从北征,入关十策,晦
　有其九,才略明练,殆为少敌。然未尝孤军决胜,戎事恐非其长。臣
　悉晦智,晦悉臣勇。今奉王命以讨之,可未陈而擒也。"征王弘为侍
　中④、司徒、录尚书事、扬州刺史,彭城王义康为荆、湘都督、荆州刺史。
　晦闻徐、傅等已诛,自出射堂勒兵⑤。奉表称羡之等忠贞,横被冤酷,
　皆王弘等谗构成祸。今当举兵,以除君侧之恶。

纲闰月,宋子劭生⑥。

目初,袁皇后生皇子劭,后自详视,使驰白帝曰:"此儿形貌异常,必破国
　亡家,不可举⑦。"即欲杀之。帝狼狈至后殿户外,禁之,乃止。以尚
　在谅闇(liàng àn)⑧,故秘之。至是,始言劭生。

纲宋主自将讨谢晦。二月,诛之。

纲三月,宋以谢灵运为秘书监⑨,颜延之为中书侍郎。

_____

① 二王:营阳王刘义符、庐陵王刘义真。
② 中领军:禁军的统领之一。
③ 新林:在今江苏南京市西南。
④ 侍中:门下省主官,宰相之一。
⑤ 射堂:习射的场所。
⑥ 劭:宋文帝刘义隆之长子刘劭。
⑦ 举:养。
⑧ 谅闇:居丧时的房子,借指居丧。
⑨ 秘书监:秘书省长官,主管图书秘籍。

目 宋主还建康,既征灵运、延之,用之。又以慧琳善谈论①,因与议朝廷大事,遂参权要,宾客辐凑,四方赠赂相属。琳着高屐(jī),披貂裘,置通呈书佐。会稽孔顗曰②:"遂有黑衣宰相,可谓冠屦失所矣③!"

纲 夏五月,宋以檀道济为江州刺史④,到彦之为南豫州刺史⑤。

纲 六月,宋以王华、王昙首、殷景仁、刘湛为侍中,谢弘微为黄门侍郎。

目 王华与刘湛、王昙首、殷景仁俱为侍中,风力局干⑥,冠冕一时,黄门侍郎谢弘微与华等皆宋主所重,当时号为"五臣"。

弘微精神端审,时然后言。婢仆之前,不妄语笑。由是尊卑小大,敬之若神。从叔混特重之,常曰:"微子异不伤物,同不害正,吾无间然⑦。"初,混尚晋晋陵公主⑧。混死,诏绝婚,公主悉以家事委弘微。混仍世宰辅,僮仆千人,唯有二女,年数岁,弘微为之纪理生业,一钱尺帛皆有文簿。九年而晋亡,公主降号东乡君⑨,听还谢氏。入门,屋宇、仓廪不异平日,田畴垦辟有加于旧。东乡君叹曰:"仆射平生重此子⑩,可谓知人。仆射为不亡矣!"

---

① 慧琳:东晋南朝僧人。
② 会稽:郡名,治今浙江绍兴市。
③ 冠屦失所:帽子和鞋子位置颠倒,比喻用人不当。
④ 江州:治今江西九江市。
⑤ 南豫州:治今安徽当涂县南。
⑥ 风力局干:风度气质和能力。
⑦ 无间然:挑不出毛病。
⑧ 晋陵公主:晋孝武帝之女。
⑨ 乡君:晋以来的贵族命妇封号,低于县君,有食邑和相应礼仪待遇。
⑩ 仆射:谢混居官尚书左仆射。

纲冬十月，魏主自将攻夏。

纲十一月，魏主入统万，别将取蒲坂及长安①。

纲丁卯(427)②，春正月，魏主还平城。

纲宋主谒京陵③。

目初，高祖命藏微时耕具，以示子孙。帝至故宫，见，有惭色。近侍或进
曰："大舜躬耕历山，伯禹亲事水土。陛下不睹遗物，安知先帝之至
德，稼穑之艰难乎！"

纲夏五月，魏主发平城。

纲六月，夏主及魏主战于统万，败，走上邽④。魏取统万。

纲秋八月，魏主还平城。

〔陶渊明不为五斗米折腰〕

纲冬十一月，晋征士陶潜卒⑤。

目潜字渊明，浔阳人⑥，侃之曾孙也⑦。少有高趣，博学不群。以亲老、家

---

① 蒲坂：在今山西永济市。
② 宋元嘉四年，北魏始光四年。
③ 京陵：刘裕父刘翘墓，在京口，今江苏镇江市。
④ 上邽：今甘肃天水市。
⑤ 征士：皇帝征召之人。
⑥ 浔阳：即寻阳，今江西九江市。
⑦ 侃：陶侃，东晋重臣。

贫,为州祭酒①,少日自解归。召主簿②,不就。躬耕自资,遂抱羸疾。后复为彭泽令③,不以家自随,送一力给其子④,书曰:"此亦人子也,可善遇之。"在官八十余日,郡遣督邮至县⑤,吏请曰:"应束带见之。"潜叹曰:"我岂能为五斗米⑥,折腰向乡里小儿!"即日解印绶去。赋《归去来辞》,著《五柳先生传》以自见。征著作郎⑦,不就。妻翟氏,亦与同志,能安勤苦,夫耕于前,妻锄于后。潜自以先世为晋辅,耻复屈身后代。自宋高祖王业渐隆,不复肯仕。是岁,将复征之,会卒。世号靖节先生。

纲 戊辰(428)⑧,春二月,魏人及夏战于上邽,执其主昌以归。夏赫连定称帝于平凉⑨,魏人追之,败绩。夏复取长安。

纲 夏五月,秦乞伏炽磐卒⑩,世子暮末立。

纲 己巳(429)⑪,春三月,宋立子劭为太子。

纲 冬十月,魏以崔浩为抚军大将军⑫。

----

① 州祭酒:州学校的主管。
② 主簿:各级官府属僚,掌管文书。
③ 彭泽:县名,今江西彭泽县。
④ 力:官府配给的仆役。
⑤ 督邮:郡官,代表郡太守督察县、乡,宣达政令,兼管司法。
⑥ 五斗米:陶渊明每日俸禄的约数。
⑦ 著作郎:掌修史、著书之官。
⑧ 宋元嘉五年,北魏神麚元年。
⑨ 平凉:今甘肃平凉市西北。
⑩ 秦:西秦。
⑪ 宋元嘉六年,北魏神麚二年。
⑫ 抚军大将军:抚军将军的尊衔。

目魏主加崔浩侍中、特进①、抚军大将军，以赏其谋画之功。浩善占天文，魏主每如浩家，问以灾异。尝谓浩曰："卿才智渊博，著忠三世，故朕引以自近。卿宜尽忠规谏，勿有所隐。"尝指浩以示高车渠帅②，曰："此人尪(wāng)纤懦弱③，不能弯弓持矛，然其胸中所怀，乃过于甲兵。朕之前后有功，皆此人所教也。"

纲十一月朔，日食，星昼见，秦地震。

〔宋文帝元嘉七年、八年北伐，河南四镇得而复失〕

纲庚午(430)④，春三月，宋遣将军到彦之等伐魏。

目宋主有恢复河南之志。诏简甲卒五万给右将军到彦之，统将军王仲德、竺灵秀舟师入河。又使将军段宏将精骑直指虎牢⑤，刘德武将兵继进，长沙王义欣监征讨诸军事，出镇彭城，为众军声援。先遣将军田奇告魏主曰："河南旧是宋土，中为彼所侵，今当修复旧境，不关河北。"魏主大怒，曰："我生发未燥⑥，已闻河南是我地。必若进军，当权敛戍相避，冬寒冰合，自更取之。"

纲秋七月，魏河南诸军退屯河北，宋到彦之等取河南。

① 特进：加官，位次三公。
② 高车：又称敕勒，中国北方少数民族。渠帅：酋长。
③ 尪纤：胸背弯曲且瘦小。
④ 宋元嘉七年，北魏神麚三年。
⑤ 虎牢：即虎牢关，在今河南荥阳市西北。
⑥ 生发未燥：胎发未干，指孩童之时。

目魏主诏造船三十艘,简幽州以南戍兵集河上①。以司马楚之为安南大将军,封琅邪王②,屯颍川③。

到彦之自淮入泗,七月,至须昌④,乃溯河西上。魏主以河南四镇兵少⑤,命悉众北渡。彦之留朱修之守滑台,尹冲守虎牢,杜骥守金墉。诸军进屯灵昌津⑥,列守南岸,至于潼关。于是司、兖既平⑦,诸军皆喜。王仲德独有忧色,曰:"诸贤不谙北土情伪,必堕其计。胡虏虽仁义不足,而凶狡有余,今敛戍北归,必并力完聚。若河冰既合,将复南来,岂可不以为忧乎!"

纲八月,魏遣将军安颉(jié)击宋师。

纲九月,燕王冯跋殂,弟弘杀其太子翼,自立。

纲西秦春正月不雨,至于是月⑧。

纲冬十月,宋铸四铢钱⑨。

纲宋到彦之保东平⑩。魏攻宋金墉、虎牢,取之。

---

① 幽州:治今北京市。
② 琅邪:国名,都今山东临沂市北。
③ 颍川:郡名,治今河南许昌市。
④ 须昌:今山东东平县。
⑤ 河南四镇:金墉、虎牢、滑台、碻磝,均在黄河南岸。金墉,在今河南洛阳市东。滑台,在今河南滑县。碻磝,在今山东聊城市茌平区西南。
⑥ 灵昌津:即延津,在今河南延津县北。
⑦ 司:州名,治虎牢。兖:州名,治滑台。
⑧ 西秦:鲜卑人乞伏国仁所建,都今甘肃兰州市。
⑨ 铢:古代重量单位,一铢等于二十四分之一两。
⑩ 东平:郡名,治今山东东平县无盐村南。

纲十一月,宋遣将军檀道济伐魏。到彦之弃军走。魏攻宋滑台。

纲辛未(431)①,春正月,宋檀道济救滑台,败魏师于寿张②。

纲夏灭秦,以秦王暮末归③,杀之。

纲二月,魏克滑台。

目檀道济等至济上。与魏三十余战,道济多捷。至历城④,魏叔孙建等纵轻骑邀其前后,焚烧谷草,道济军乏食,不能进。由是安颉、司马楚之等得专力攻滑台,魏主复使将军王慧龙助之。朱修之坚守数月,粮尽,与士卒熏鼠食之。魏遂克滑台,执修之,嘉其守节,以为侍中。

纲宋檀道济引兵还,青州刺史萧思话弃城走⑤。

目道济等食尽,自历城还,士有亡走魏者,具告之。魏人追之,众恼惧,将溃。道济夜唱筹量沙,以所余少米覆其上。及旦,魏军见之,谓资粮有余,以降者为妄而斩之。道济引兵徐出,魏人以为有伏兵,不敢逼,道济全军而返。青州刺史萧思话弃城走,魏军竟不至。

纲夏六月,夏主定击凉⑥,吐谷(yù)浑袭败之,执定以归。

纲秋九月,魏以崔浩为司徒,长孙道生为司空。

————————

① 宋元嘉八年,北魏神麚四年。是岁西秦、大夏皆亡。
② 寿张:在今山东东平县西南。
③ 秦:西秦。暮末:乞伏暮末。
④ 历城:今山东济南市。
⑤ 青州:指南朝宋的北青州,治今山东青州市。
⑥ 凉:北凉。

目 道生性清俭，一熊皮鄣泥①，数十年不易。魏主使歌工历颂群臣，曰："智如崔浩，廉若道生。"

纲 癸酉(433)②，夏四月，凉王蒙逊卒，子牧犍立。

纲 冬十一月，宋谢灵运有罪，诛。

目 灵运好为山泽之游，穷幽极险，从者数百人，伐木开径，百姓惊扰，以为山贼。会稽太守孟顗表其有异志，灵运诣阙自陈③，上以为临川内史④。灵运游放自若，为有司所纠，遣使收之。灵运执使者，兴兵逃逸，作诗曰："韩亡子房奋⑤，秦帝鲁连耻⑥。"追讨，擒之。廷尉论正斩刑⑦，上爱其才，降死，徙广州。或告灵运令人买兵器，结健儿，欲于三江口篡取之⑧，不果。诏于广州弃市⑨。

纲 甲戌(434)⑩，春，燕王弘称藩于魏。

目 燕王遣高颙称藩，请罪于魏，以季女充掖庭⑪，魏主许之，征其太子王仁入朝。燕王送魏使者于什门还平城⑫。什门在燕二十一年，不

----

① 鄣泥：以皮张或毡布垂在马两边，用来遮挡泥土。
② 宋元嘉十年，北魏延和二年。
③ 诣阙：到朝廷。
④ 临川：国名，治今江西抚州市西。内史：诸侯国的行政长官，相当于郡太守。
⑤ 子房：西汉张良字。
⑥ 鲁连：战国时齐国人鲁仲连。
⑦ 廷尉：九卿之一，掌司法。
⑧ 三江口：此指郁水、漓水、封水三水相会之三江口。
⑨ 弃市：本义为"刑人于市，与众弃之"，后泛指当众执行死刑。
⑩ 宋元嘉十一年，北魏延和三年。
⑪ 掖庭：后宫。
⑫ 平城：北魏都城，今山西大同市。

屈节。魏主下诏褒称,以比苏武,拜治书御史①,策告宗庙,颁示天下。

〔宋文帝杀名将檀道济,自毁长城〕

纲丙子(436)②,春三月,宋杀其司空檀道济。

目道济立功前朝,威名甚重,左右腹心并经百战,诸子又有才气,朝廷疑畏之。宋主久疾不愈,刘湛说司徒义康,以为宫车一日晏驾③,道济不复可制。会宋主笃疾,义康请召道济入朝。至,留累月。将还,义康称诏召道济入祖道④,因执之。三月,下诏称:"道济因朕寝疾,规肆祸心。"收付廷尉,并其子植等十一人,诛之。又杀其参军薛肜、高进之,二人皆道济腹心,有勇力,时人比之关、张。道济见收,愤怒,目光如炬,脱帻(zé)投地⑤,曰:"乃坏汝万里长城!"魏人闻之,喜曰:"道济死,吴子辈不足复惮⑥。"

纲夏,魏伐燕,燕主弘奔高丽。

纲冬,宋铸浑仪⑦。

---

① 治书御史:御史台官,掌弹劾不法,知台内杂务。
② 宋元嘉十三年,北魏太延二年。是岁北燕亡。
③ 宫车:皇帝坐的车,指代皇帝。晏驾:皇帝去世。
④ 祖道:为出行者祭祀路神,并饮宴送行。
⑤ 帻:男子包裹鬓发的头巾。
⑥ 吴子辈:北魏人对宋人的称呼。
⑦ 浑仪:浑天仪,模拟日月星辰在天体球面坐标系上的位置。

〔宋文帝立儒玄文史四学〕

纲 戊寅（438）①，冬十一月，宋立四学。以雷次宗为给事中，不受。

目 豫章雷次宗好学，隐居庐山。尝征为散骑侍郎②，不就。是岁，以处士征至建康，为开馆于鸡笼山③，使聚徒教授。宋主雅好艺文，使丹阳尹何尚之立玄学，太子率更令何承天立史学④，司徒参军谢元立文学，并次宗儒学，称四学。宋主数幸次宗学馆，令次宗以巾褠（gōu）侍讲⑤，资给甚厚。又除给事中⑥，不就。久之，还庐山。

〔元嘉之治〕

宋主性仁厚恭俭，勤于为政，守法而不峻，容物而不弛。百官皆久于其职，守宰以六期为断⑦，吏不苟免，民有所系。三十年间，四境之内，晏安无事，户口蕃息。出租供徭，止于岁赋，晨出暮归，自事而已。闾阎之内⑧，讲诵相闻，士敦操尚，乡耻轻薄，江左风俗，于斯为美。后之言政治者，皆称元嘉焉。

纲 己卯（439）⑨，春二月，宋以衡阳王义季都督荆、湘等州军事。

---

① 宋元嘉十五年，北魏太延四年。
② 散骑侍郎：门下省官员，侍从皇帝，备顾问应对。
③ 鸡笼山：即鸡鸣山，在今江苏南京市内。
④ 率更令：东宫官，主宫殿门户和赏罚。
⑤ 巾褠：头巾和单衣，士人盛服。
⑥ 给事中：门下省官员，给事宫中，纠正政令之失。
⑦ 期：年。
⑧ 闾阎：平民居住之地。
⑨ 宋元嘉十六年，北魏太延五年。是岁北凉亡。

目义季尝春月出畋①,有老父被苫(shān)而耕②。左右斥之,老父曰:"盘
于游畋,古人所戒。今阳和布气,一日不耕,民失其时。奈何以从禽
之乐而驱斥老农也!"义季止马曰:"贤者也。"命赐之食。辞曰:"大
王不夺农时,则境内之民皆饱大王之食,老夫何敢独受大王之赐乎!"
义季问其名,不告而退。

纲夏六月,魏主伐凉。秋九月,姑臧溃,凉王牧犍降。

纲冬十二月,宋太子劭冠③。

纲魏主还平城。

〔河西儒风影响平城〕

目凉州自张氏以来④,号为多士。沮渠牧犍尤喜文学,其臣阚骃、张
湛、刘昞、索敞、阴兴、宗钦、赵柔、程骏、程弘,魏主皆礼而用之。河
内常爽世寓凉州,不受礼命,魏主以为宣威将军。以索敞为中书博
士⑤。时魏方尚武功,贵游子弟不以讲学为意,敞为博士十余年,勤
于诱导,肃而有礼,贵游严惮,多所成立。常爽亦置馆于温水之右,
教授七百余人,立赏罚之科,弟子事之如严君⑥。由是,魏之儒风

---

① 畋:游猎。
② 苫:用草做成的遮雨之物。
③ 冠:行冠礼,古代男子成年礼。
④ 凉州:治今甘肃武威市。张氏:前凉统治者张轨及其子孙,自301年张轨为凉州刺史,
　　至376年前凉被前秦所灭。
⑤ 中书博士:北魏前期设学于中书省,中书博士是其教师。
⑥ 严君:父亲。

始振。

纲 魏命崔浩、高允修国史。

纲 庚辰(440)①,夏六月,魏大赦,改元。

[宋彭城王刘义康专权失败,人臣应知进退之节]

纲 冬十月,宋领军刘湛有罪,诛。以彭城王义康为江州刺史,江夏王义恭为司徒、录尚书事,始兴王濬为扬州刺史。

目 宋司徒义康专总朝权,势倾远近,朝野辐凑。自谓兄弟至亲,不复存君臣形迹。领军刘湛与仆射殷景仁有隙,欲倚义康以倾之。义康权势已盛,湛愈推崇之,无复人臣之礼,宋主浸不能平。至是,收湛,下诏诛之。义康上表逊位,诏以为江州刺史,出镇豫章。

义康用事,人争求亲昵。唯主簿江湛,早能自疏②,求出为武陵内史③。檀道济尝为子求婚于湛,湛固辞,道济因义康以请,湛拒之愈坚,故不染于二公之难。义康问沙门慧琳曰:"弟子有还理否?"琳曰:"恨公不读数百卷书。"初,吴兴太守谢述累佐义康④,数有规益,早卒。至是,义康叹曰:"昔谢述唯劝吾退,刘斑唯劝吾进。今斑存而述死,其败也宜哉!"

江夏王义恭惩彭城之败,虽为总录⑤,奉行文书而已。以始兴王濬为

① 宋元嘉十七年,北魏太平真君元年。
② 自疏:主动疏远。
③ 武陵:国名,都今湖南常德市西。
④ 吴兴:郡名,治今浙江湖州市。
⑤ 总录:录尚书事有分录,有总录,义恭为总录。

扬州刺史；范晔、沈演之为左、右卫将军①，对掌禁旅；庾炳之为吏部郎。俱参机密。

纲　壬午（442）②，春正月，魏主诣道坛受符箓③。

纲　冬十二月，宋修孔子庙。

纲　甲申（444）④，春正月，宋主耕藉田⑤，大赦。

纲　秋八月，魏主畋于河西⑥。

目　魏主诏以肥马给猎骑。尚书令古弼留守，悉以弱马给之。魏主大怒，欲还台斩之⑦。弼官属惶怖，恐并坐诛。弼曰：“吾为人臣，不使人主盘于游田，其罪小；不备不虞，乏军国之用，其罪大。今蠕蠕方强⑧，南寇未灭，吾为国远虑，虽死何伤！且吾自为之，非诸君之忧也。”魏主闻之，叹曰：“有臣如此，国之宝也。”赐衣一袭。他日复畋于山北，获麋鹿数千头，诏尚书发牛车五百乘以运之。既而谓左右曰：“笔公必不与我⑨，汝辈不如自以马运之。”寻果得弼表，曰：“秋谷悬黄，麻菽布野⑩，猪鹿窃食，鸟雁侵费，风雨所耗，朝夕

① 左、右卫将军：对掌皇帝近身禁卫的两位将军。
② 宋元嘉十九年，北魏太平真君三年。
③ 符箓：道教所用绘有神秘图像符号，可上奉天命、驱使鬼神的文符。
④ 宋元嘉二十一年，北魏太平真君五年。
⑤ 藉田：天子亲耕之田。古时帝王于春耕前亲耕农田，寓劝农之意。
⑥ 河西：河西走廊一带。
⑦ 台：朝廷。
⑧ 蠕蠕：柔然别名。
⑨ 笔公：古弼头尖，似笔头，故人以此称之。
⑩ 菽：豆类。

三倍。乞赐矜缓,使得收载。"魏主曰:"果如吾言,笔公可谓社稷之臣矣!"

纲 乙酉(445)①,春正月朔,宋行元嘉历。

纲 三月,魏诏中书以经义决疑狱。

纲 冬十二月,宋太子詹事范晔谋反②,伏诛。

目 初,鲁国孔熙先博学文史,兼通数术,为员外散骑侍郎③,愤愤不得志。父默之为广州刺史,以赃获罪,彭城王义康救解得免。及义康迁豫章,熙先密怀报效。且以为天文、图谶,宋主必以非道晏驾,祸由骨肉,而江州应出天子。以范晔志意不满,欲引与同谋,而素不为晔所重。乃厚结晔甥太子中舍人谢综,综引熙先见晔。熙先家饶于财,数与晔博④,故为拙行,以物输之,由是情好款洽。熙先乃从容说晔弑宋主,立义康。晔愕然,熙先曰:"丈人雅誉过人⑤,谗夫侧目久矣,比肩竞逐,庸可遂乎! 今建大勋,奉贤哲,图难于易,以安易危,岂可弃置而不取哉!"晔犹疑未决。熙先曰:"又有过于此者,愚则未敢道耳。"晔曰:"何谓也?"熙先曰:"丈人奕叶清通⑥,而不得连姻帝室,人以犬豕相遇,而丈人曾不耻之,欲为之死,不亦惑乎!"晔门无内行⑦,

---

① 宋元嘉二十二年,北魏太平真君六年。
② 太子詹事:太子宫官,总领宫中众务,纠弹非违。
③ 员外:正员以外的官员。
④ 博:博戏,可押财物赌输赢。
⑤ 丈人:对老年男子的尊称。
⑥ 奕叶:累世。
⑦ 内行:平日私居时的操行。

故熙先以此激之。晔默然不应,反意乃决。事泄,宋主命有司收晔等赴廷尉。晔在狱为诗曰:"虽无嵇生琴①,庶同夏侯色②。"十二月,晔、综、熙先及其子弟党与皆伏诛。晔母至市,涕泣责晔,晔色不怍③,妹及妓妾来别,晔悲涕流连。综曰:"舅殊不及夏侯色。"晔收泪而止。

纲 宋废其彭城王义康为庶人,徙安成郡④。

目 义康在安成,读书,见淮南厉王事,废书叹曰:"自古有此,我乃不知,得罪宜矣⑤。"

纲 丙戌(446)⑥,春正月,宋伐林邑⑦。

目 初,林邑王范阳迈虽贡奉于宋,而寇盗不绝,宋主遣交州刺史檀和之讨之⑧。南阳宗悫(què)家世儒素,悫独好武事,常言"愿乘长风破万里浪"。至是,自请从军。和之进围区(ōu)粟城⑨,遣悫为前锋,击林邑别将⑩,破之。

〔北魏太武帝灭佛〕

纲 三月,魏诛沙门,毁佛书、佛像。

---

① 嵇生:曹魏名士嵇康,为司马氏所杀,临刑奏《广陵散》。
② 夏侯色:三国魏主曹芳时,夏侯玄等谋诛司马师,事泄被杀,临刑颜色不变,举动自若。
③ 怍:惭愧。
④ 安成郡:治今江西安福县东南。
⑤ 淮南厉王:汉高祖刘邦之子刘长,汉文帝之弟,恃宠而骄,谋叛被捕,流放蜀地途中去世。
⑥ 宋元嘉二十三年,北魏太平真君七年。
⑦ 林邑:国名,在今越南境内。
⑧ 交州:治今越南河内市境。
⑨ 区粟城:在今越南广治省境内。
⑩ 别将:军中别部的统领官。

目 魏崔浩素不信佛法,每言于魏主,以为佛法虚诞,为世费害,宜悉除
之。及魏主至长安,入佛寺,沙门饮从官酒,入其室,见内有兵器,出
以白魏主。魏主怒,命有司按诛阖寺沙门,阅其财产,大得酿具及窟
室、妇女。浩因说魏主,悉诛境内沙门,焚毁经像,魏主从之。诏曰:
"昔后汉荒君信惑邪伪①,以乱天常,使政教不行,礼义大坏。朕欲除
伪定真,灭其踪迹。有司其宣告征镇②,诸有佛像、胡书,皆击破焚
烧;沙门无少长,悉坑之。"太子晃素好佛法,乃缓宣诏书,沙门多亡匿
获免,或收藏书像,唯塔庙无复孑遗。

纲 宋师克林邑。

目 檀和之等拔区粟,林邑王范阳迈倾国来战,以具装被象,前后无际。
宗悫曰:"吾闻外国有狮子,威服百兽。"乃制其形,与象相拒,象果惊
走。和之遂克林邑,阳迈父子挺身走。所获未名之宝,不可胜计。悫
一无所取,还家之日,衣栉萧然。

纲 秋七月,宋以杜坦为青州刺史。

目 初,杜预之子耽,避晋乱,居河西,仕张氏。秦克凉州③,子孙始还关
中。高祖灭后秦,坦兄弟从过江。时江东王、谢诸族方盛,北人晚渡
者,朝廷悉以伧(cāng)荒遇之④,虽复人才可施,皆不得践清途⑤。宋

---

① 后汉荒君:指东汉明帝,据传曾派人西行求取佛法。
② 征镇:指各地长官,因其皆带将军号镇抚一方,故云。
③ 秦:前秦。
④ 伧:粗鄙。荒:荒远。时江东人讥北人粗鄙、北地荒远,故称"伧荒"。
⑤ 清途:清要仕途。

主尝与坦论金日磾①,曰:"恨今无复此辈人!"坦曰:"日磾假生今世,养马不暇,岂办见知?"宋主变色曰:"卿何量朝廷之薄也?"坦曰:"请以臣言之:臣本中华高族,世业相承,直以南渡不早,便以伧荒赐隔。况日磾胡人,身为牧圉乎!"宋主默然。

纲 丁亥(447)②,春三月,宋铸大钱。

纲 己丑(449)③,夏四月,宋罢大钱。

纲 秋七月,宋以随王诞为雍州刺史④。

目 宋主欲经略中原,群臣争献策以迎合取宠。王玄谟尤好进言,宋主谓侍臣曰:"观玄谟所陈,令人有封狼居胥意⑤。"御史中丞袁淑曰:"陛下今当席卷赵、魏,检玉岱宗⑥,臣逢千载之会,愿上封禅书。"宋主悦,以襄阳外接关、河,欲广其资力,乃罢江州军府文武,悉配雍州;湘州入台租税⑦,悉给襄阳。

〔崔浩之狱〕

纲 庚寅(450)⑧,夏六月,魏杀其司徒崔浩,夷其族。

_____

① 金日磾:匈奴休屠王太子,汉武帝赐姓金,受遗诏辅汉昭帝。
② 宋元嘉二十四年,北魏太平真君八年。
③ 宋元嘉二十六年,北魏太平真君十年。
④ 雍州:治今湖北襄阳市。
⑤ 狼居胥:山名,一说今蒙古国肯特山。汉武帝元狩三年,霍去病击匈奴,封狼居胥山而还。
⑥ 检玉岱宗:封禅泰山。
⑦ 台:即台城,皇帝所居,代指中央。
⑧ 宋元嘉二十七年,北魏太平真君十一年。

目 魏主使崔浩、中书侍郎高允等共撰《国记》,曰:"务从实录。"著作令
史闵湛、郄(xì)标性巧佞,浩尝注《易》及《论语》《诗》《书》,湛、标上
疏言:"马、郑、王、贾①,不如浩之精微。乞收境内诸书,颁浩所注,令
天下习业。"浩亦荐湛、标有著述才。湛、标又劝浩刊所撰国史于石,
以彰直笔。允闻之,谓著作郎宗钦曰:"湛、标所营,分寸之间,恐为崔
门万世之祸,吾徒亦无噍(jiào)类矣②!"浩竟刊石,立于郊坛东③,方
百步。所书魏之先世,事皆详实,列于衢路。北人无不忿恚,相与谮
浩,以为暴扬国恶。魏主大怒,使有司按浩及秘书郎吏等罪状④。

初,辽东公翟黑子奉使并州⑤,受布千匹。事觉,谋于高允。允曰:
"公帷幄宠臣,有罪首实,庶或见原,不可重为欺罔。"崔鉴谓曰:"首
实,罪不可测,不如讳之。"黑子怨允曰:"君奈何诱人就死地!"遂不
以实对,魏主杀之。

魏主使允授太子经。及崔浩被收,太子召允谓曰:"吾自导卿,至尊有
问,但依吾语。"太子入,言"高允小心慎密,且制由崔浩,请赦其死。"
魏主问曰:"国书皆浩所为乎?"对曰:"《太祖记》,前著作郎邓渊所
为;《先帝记》及《今记》,臣与浩共为之。然浩所领事多,总裁而已,
至于著述,臣多于浩。"魏主怒曰:"允罪甚于浩,何以得生!"太子惧
曰:"天威严重,允小臣,迷乱失次耳。臣向问,皆云浩所为。"魏主问:
"信如东宫所言乎?"对曰:"臣罪当灭族,不敢虚妄。殿下哀臣,欲匄

---

① 东汉马融、郑玄、贾逵、三国魏王肃,俱为经学宗师。
② 噍类:活人。
③ 郊坛:平城西郊祭天坛,所祭为拓跋氏及来附各部崇奉之神。
④ 秘书郎吏:秘书省中下级官员,负责图书、文教等。
⑤ 并州:治今山西太原市。

(gài)其生耳①。"魏主顾谓太子曰:"直哉!此人情所难,而允能为之!临死不易辞,信也;为臣不欺君,贞也。宜特除其罪以旌之。"遂赦之。六月,诏诛浩,夷其族,余皆诛其身。他日,太子让允曰:"吾欲为卿脱死,而卿终不从,激怒帝如此。每念之,使人心悸。"允曰:"夫史者,所以记人主善恶,为将来劝戒,故人主有所畏忌,慎其举措。崔浩孤负圣恩,以私欲没其廉洁,爱憎蔽其公直,不为无罪。至于书朝廷起居,言国家得失,此为史之大体,未为多违。臣与浩实同其事,死生荣辱,义无独殊。诚荷殿下再造之慈,违心苟免,非臣所愿也。"太子动容称叹。允退谓人曰:"我不奉东宫指导者,恐负翟黑子故也。"

〔元嘉北伐失败〕

纲 秋,宋人大举侵魏,取碻磝(qiāo áo),围滑台。冬十月,魏主自将救之。宋将军王玄谟退走。

目 宋主欲伐魏,丹阳尹徐湛之、尚书江湛、宁朔将军王玄谟等并劝之。校尉沈庆之固陈不可,宋主使湛之等难之。庆之曰:"治国譬如治家,耕当问奴,织当访婢。陛下今欲伐国,而与白面书生辈谋之,事何由济。"宋主不从。七月,宋主遣王玄谟师沈庆之、申坦水军入河,受督于青、冀刺史萧斌②,建武司马申元吉趣碻磝。魏济、青刺史皆弃城走。萧斌与沈庆之留守碻磝,使王玄谟进围滑台。九月,魏主引兵南救滑台。王玄谟攻城,数月不下。十月,魏主夜渡河,众号百万,玄谟惧,退走。魏人追击之,死者万余人。萧斌遣沈庆之将五千人救玄

---

① 匄:乞求。
② 冀:州名,治今山东济南市。

谟,会玄谟遁还,斌将斩之,庆之固谏曰:"佛狸威震天下,控弦百万,岂玄谟所能当!且杀战将以自弱,非良计也①。"斌乃止。斌欲守固碻磝,庆之曰:"今青、冀虚弱,而坐守穷城,若虏众东过,青东非国家有也。碻磝孤绝,复作朱修之滑台耳②。"会诏使至,不听退师。斌复召诸将议之,庆之曰:"阃(kǔn)外之事③,将军得以专之。诏从远来,不知事势。节下有一范增不能用④,空议何施?"斌及坐者并笑曰:"沈公乃更学问!"庆之厉声曰:"众人虽知古今,不如下官耳学也⑤。"斌乃使王玄谟戍碻磝,申坦、垣护之据清口⑥,自将诸军还历城。

纲 十一月,魏主进至鲁郡⑦,以太牢祠孔子⑧。

纲 十二月,魏主引兵南下,攻盱眙,不克。进次瓜步⑨,宋人戒严守江。

目 魏主引兵南下,所过无不残灭,城邑皆望风奔溃。初,盱眙太守沈璞到官,江、淮无警。璞以郡当冲要,乃缮城浚隍⑩,积财谷,储石矢,为城守之备。魏人之南寇也,不赍粮用,唯以钞掠为资⑪。及过淮,民多窜匿,钞掠无所得,人马饥乏。闻盱眙有积粟,欲以为北归之资。

---

① 佛狸:北魏太武帝拓跋焘的小名。
② 朱修之:宋将,元嘉八年守滑台,食尽,为魏所执。
③ 阃:郭门。
④ 节下:指萧斌麾下,沈庆之自比范增。
⑤ 耳学:沈庆之不识字,靠听闻领悟学问。
⑥ 清口:泗水入淮河之口,在今江苏淮安市西北。
⑦ 鲁郡:治今山东曲阜市。
⑧ 太牢:牛、羊、猪三牲齐备。
⑨ 瓜步:山名,在今江苏南京市六合区,东临长江。
⑩ 隍:城下壕堑,指护城河。
⑪ 钞掠:即抄掠。

攻城不拔,即留数千人守盱眙,自帅大众南向。魏主至瓜步,坏民庐舍,及伐箽(wěi)为筏①,声言欲渡江。建康震惧,民皆荷担而立,内外戒严。宋主登石头城②,有忧色,谓江湛曰:"北伐之计,同议者少。今日士民劳怨,予之过也。"又曰:"檀道济若在,岂使胡马至此!"

纲 魏及宋平③。

评元嘉之治:

宋文帝强化皇权,勤于为政,打击势族兼并侵渔,开设儒玄文史四学,开创了役宽务简,户口增殖,文教兴盛,政治相对清明的局面,史称"元嘉之治"。鉴于魏晋以来统治集团内斗激烈,因而猜忌多疑。虽有志收复中原,却指挥失当;欲励精图治,而用人赏罚多有可议。遂至北伐失败,内乱渐起,元嘉之治告终,宋祚随之衰微。

陶新华 评注

楼　劲 审定

———————

① 箽:一种竹子。
② 石头城:在今南京市清凉山附近。
③ 平:议和。

纲鉴易知录卷三六

卷首语：本卷起宋文帝元嘉二十八年（451），止齐明帝即位（494）。其要是以南朝宋文帝政衰生乱被害，至孝武帝、明帝的平叛、内斗和萧齐代宋及其治乱为主线，述其内政外事之况。间以北魏太武帝被害前后至文成帝、献文帝、孝文帝时期政局，包括文成帝后冯氏的影响，至孝文帝迁都洛阳进入新阶段。相关史事反映了北朝渐强而南朝渐弱的趋势。

宋纪附北魏

太祖文帝

纲 辛卯(451)①,春正月,魏师还。

纲 宋主杀其弟义康。

纲 二月,宋令民遭寇者,蠲(juān)其税调②。

目 魏人凡破南兖、徐、兖、豫、青、冀六州③,杀掠不可胜计,丁壮者即加斩截,婴儿贯于槊(shuò)上④,盘舞以为戏。所过郡县,赤地无余,春燕归,巢于林木。魏之士马死伤亦过半。宋主每命将出师,常授以成律,交战日、时,是以将帅趑趄(zī jū)⑤,莫敢自决。又江南白丁⑥,轻进易退,此其所以败也。自是,邑里萧条,元嘉之政衰矣。

纲 三月,魏主还平城。

〔宗爱之乱,太武帝被害〕

纲 夏六月,魏太子晃卒。

---

① 宋元嘉二十八年,北魏太平真君十二年。
② 蠲:免除。
③ 南兖州:治今江苏扬州市。徐州:治今江苏徐州市。兖州:治今山东邹县。豫州:治今河南汝南县。青州:指北青州,治今山东青州市。冀州:治今山东济南市。
④ 槊:矛类兵器。
⑤ 趑趄:行进犹疑迟缓。
⑥ 白丁:隶属于军队的平民壮丁。

目魏中常侍宗爱①，性险暴，多不法，太子晃恶之。给事中仇尼道盛②，有宠于晃，与爱不协。爱恐为所纠，遂构其罪。魏主怒，斩道盛于都街，东宫官属多坐死，晃以忧卒。

纲壬辰（452）③，春二月，魏中常侍宗爱弑其君焘，而立南安王余。

目魏世祖追悼景穆太子不已，宗爱惧诛。二月，弑之。仆射兰延，和疋（yǎ）、薛提等秘不发丧④。延疋以皇孙濬冲幼⑤，欲立长君，征秦王翰，置之秘室。提以濬嫡孙，不可废。议久不决。宗爱知之，自以得罪于景穆太子，而素恶翰，善南安王余，乃密迎余；矫皇后令召延等，而使宦者持兵伏禁中，以次收缚，斩之；杀翰，立余。余以爱为大司马、大将军。

纲冬十月，魏宗爱弑其君余。魏主濬立，讨爱，诛之。

纲魏复建佛图，听民出家。

纲魏行玄始历。

纲癸巳（453）⑥，春二月，宋太子劭弑其君义隆及其左卫率袁淑、仆射徐湛之、尚书江湛而自立。以何尚之为司空。

———————

① 中常侍：皇帝的侍从官，得传达诏令，掌机要，多由宦官充任。
② 给事中：门下省官员，给事宫中，掌侍从规谏。
③ 宋元嘉二十九年，北魏文成帝兴安元年。
④ 据《魏书》，应为仆射兰延，侍中和疋、薛提。
⑤ 濬：拓跋晃子，时年五岁。
⑥ 宋元嘉三十年，北魏兴安二年。

〔宋太子劭杀文帝〕

目宋主欲废太子劭，赐始兴王濬死。先与侍中王僧绰谋之，使寻汉魏典
故，送徐湛之、江湛。武陵王骏素无宠，故屡出外藩，南平王铄、建平
王宏皆为宋主所爱。铄妃，江湛之妹；随王诞妃，徐湛之之女也；湛劝
立铄，湛之欲立诞。僧绰曰：“建立之事，仰由圣怀。臣谓唯宜速断，
不可稽缓。愿以义割恩，略小不忍；不尔，但应坦怀如初，无烦疑论。
事机虽密，易致宣广，不可使难生虑表。”宋主曰：“卿可谓能断大事。
然此事至重，不可不殷勤三思。”宋主与湛之屏人语，或连日累夕，常
使湛之自秉烛，绕壁间行，虑有窃听者。既而以其谋告潘淑妃，妃以
告濬，濬驰报劭。劭乃谋为逆，夜呼前中庶子萧斌、左卫率袁淑①、中
舍人殷仲素入宫，流涕谓曰：“主上信谗，将见罪废。内省无过，不能
受枉。明日当行大事。”众惊愕，莫能对。久之，淑、斌皆曰：“自古无
此，愿加善思。”劭怒，变色。斌惧曰：“当竭力奉令。”淑叱之曰：“卿
便谓殿下真有是邪？殿下幼尝患风，今疾动耳。”劭愈怒，因眄淑
曰②：“事当克否？”淑曰：“居不疑之地，何患不克！但既克之后，不为
天地所容，大祸亦旋至耳。假有此谋，犹将可息。”左右引淑出曰：“此
何事，而云可罢乎！”淑还省，绕床行，至四更乃寝。明日，宫门未开，
劭以朱衣加戎服上，乘画轮车，与萧斌同载，呼袁淑甚急。淑眠不起，
劭停车催之。淑徐起，至车后，劭使登车，又辞不上，劭命杀之。门开
而入，令张超之等数十人驰入斋阁，拔刃径上合殿。宋主其夜与徐湛

---

① 左卫率：太子官属，保卫太子宫。
② 眄：斜视。

之屏人语至旦,烛犹未灭,卫兵尚未起。宋主见超之入,举几捍之,五指皆落,遂弑之。湛之惊起,兵入杀之。江湛闻喧噪声,叹曰:"不用王僧绰言,以至于此!"劭遣兵杀之,并使人杀潘淑妃。濬时在西州府①,闻台内喧噪,不知事之济否,骚扰不知所为。俄而劭驰召濬,濬入见劭。劭曰:"潘淑妃遂为乱兵所害。"濬曰:"此是下情,由来所愿。"劭遂即位,下诏曰:"徐湛之、江湛弑逆无状,今罪人斯得,可大赦,改元太初。"以萧斌为仆射,以何尚之为司空。劭不知王僧绰之谋,以为吏部尚书。

纲 三月,宋劭杀其吏部尚书王僧绰。

目 劭料简文帝巾箱,及江湛家书疏,得王僧绰所启飨士并前代故事②,收杀之。僧绰弟僧虔为司徒属,所亲咸劝之逃。僧虔泣曰:"吾兄奉国以忠贞,抚我以慈爱,今日之事,苦不见及耳。若得同归九泉,犹羽化也③。"劭因诬北第诸王侯④,云与僧绰谋反,杀之。

纲 夏四月,宋江州刺史武陵王骏举兵讨劭,宋人立骏。五月,劭及弟濬皆伏诛。

纲 宋复以何尚之为尚书令。

世祖孝武帝

纲 甲午(454)⑤,春正月,宋铸孝建四铢钱。

① 西州:扬州刺史治在台城西,因名。在今江苏南京市。
② 故事:指汉魏废立故事。
③ 羽化:道士成仙。
④ 北第:刘宋宗室王侯列第于台城北,故称。
⑤ 宋孝建元年,北魏太安元年。

纲 宋立子业为太子。

纲 乙未（455）①，春，宋镇北大将军沈庆之罢就第。

目 宋镇北大将军、南兖州刺史沈庆之请老，表数十上。诏听以公就第。顷之，宋主复欲用庆之，使何尚之往起之。庆之笑曰："沈公不效何公，往而复返。"尚之惭而止。

纲 丙申（456），春正月，魏立贵人冯氏为后。二月，魏主立其子弘为太子。

纲 宋以宗悫为豫州刺史。

纲 冬十二月，宋金紫光禄大夫颜延之卒②。

目 延之子竣贵重，凡所资供，一无所受，布衣茅屋，萧然如故。尝乘羸牛笨车，逢竣卤簿③，即屏在道侧。常语竣曰："吾平生不喜见要人④，今不幸见汝！"竣起宅，延之谓曰："善为之，无令后人笑汝拙也。"延之尝早诣竣，见宾客盈门，竣尚未起，延之怒曰："汝出粪土之中⑤，升云霞之上，遽骄傲如此，其能久乎！"竣丁忧，逾月起为右将军，丹阳尹如故。

〔高允面谏君过、不以喜愠示人、勇于担责，人品可敬〕

纲 戊戌（458）⑥，春二月，魏以高允为中书令。

---

① 宋孝建二年，北魏太安二年。
② 金紫光禄大夫：一种加官，金章紫绶。
③ 卤簿：出行的仪卫。
④ 要人：权贵。
⑤ 出粪土中：指从卑微家庭出身。
⑥ 大明二年，北魏太安五年。

目魏中书侍郎高允,好切谏,事有不便,允辄求见,屏人极论。时有上事为激讦(jié)者,魏主谓群臣曰:"君有得失,不能面陈,而上表显谏,欲以彰君之短,明己之直,此岂忠臣所为乎! 如高允者,乃真忠臣也。朕有过,未尝不面言,朕闻其过而天下不知,可不谓忠乎!"允所与同征者游雅等皆至大官,封侯,而允为郎二十七年不徙官。魏主谓群臣曰:"汝等虽执弓刀在朕左右,未尝有一言规正;唯伺朕喜悦,祈官乞爵,今皆无功而至王公。允执笔佐国家数十年,为益不少,不过为郎,汝等不自愧乎!"乃拜允中书令。帝重允,常呼为"令公"而不名。

游雅常曰:"前史称卓子康、刘文饶之为人①,褊(biǎn)心者或不之信②。余与高子游处四十年,未尝见其喜愠之色,乃知古人为不诬耳。高子内文明而外柔顺,其言呐呐不能出口。昔崔司徒尝谓③:'高生丰才博学,一代所推,所乏者,矫矫风节耳。'余亦以为然。及司徒得罪,诏指临责,声嘶股栗④,殆不能言。高允独敷陈事理,辞义清辩,人主为之动容,此非所谓矫矫者乎! 宗爱用事,威振四海,王公以下趋庭望拜,高子独升阶长揖,此非所谓风节者乎! 夫人固未易知,吾既失之于心,崔又漏之于外,此乃管仲所以致恸于鲍叔也。"

〔顾觊之不事权幸〕

纲冬十月,宋以戴法兴、戴明宝、巢尚之为中书舍人⑤。

---

① 卓子康:卓茂,两汉间通儒,西汉末为密县令,爱民如子,无喜愠之色。刘文饶:刘宽,东汉南阳太守,遇紧急事务时也无愠怒之色。

② 褊心:心胸狭隘。

③ 崔司徒:司徒崔浩。

④ 声嘶股栗:声音嘶哑,大腿颤抖。

⑤ 中书舍人:中书省官员,南朝颇受皇帝倚重。

目时宋主亲览朝政，不任大臣。凡选授、迁徙、诛赏大处分，皆与法兴、尚之参怀；内外杂事，多委明宝。三人权重当时，而法兴、明宝大纳货贿，门外成市。吏部尚书顾觊之独不降意，蔡兴宗与觊之善，嫌其风节太峻。觊之曰："辛毗有言：'孙、刘不过使吾不为三公耳①。'"觊之常以为"人禀命有定分，非智力所移，唯应恭己守道。而闇（àn）者不达，妄意侥幸，徒亏雅道，无关得丧。"乃著《定命论》以释之。

纲己亥（459）②，夏五月，宋杀其东扬州刺史颜竣③。

纲秋七月，宋以沈庆之为司空。

纲庚子（460）④，春正月，宋主耕藉田。三月，后亲蚕西郊⑤，太后观礼。

纲辛丑（461）⑥，夏，宋雍州刺史海陵王休茂反襄阳，为其下所杀。

〔谢庄忠于职守〕

目宋主畋游无度，尝出，夜还，敕开门。侍中谢庄居守，以棨（qǐ）信或虚⑦，执不奉旨，须墨敕乃开⑧。宋主曰："卿欲效郅君章邪⑨？"对曰："臣

① 孙、刘：三国魏明帝时的中书监刘放、中书令孙资，二人很受宠任。
② 宋大明三年，北魏太安六年。
③ 东扬州：治今浙江绍兴市。
④ 宋大明四年，北魏和平元年。
⑤ 西郊：建康城西先蚕坛所在。
⑥ 宋大明五年，北魏和平二年。
⑦ 棨信：一种木制的信物，两半相合，以为凭信。
⑧ 墨敕：皇帝亲笔写的命令。
⑨ 郅君章：郅恽，东汉初任看守城门的小官，拒绝为游猎晚归的光武帝开门，光武等只好改从别的城门入城。

闻王者祭祀、畋游,出入有节。今陛下晨往宵归,臣恐不逞之徒,妄生矫诈。是以伏须神笔,乃敢开门耳。"

綱秋九月,宋司空沈庆之罢就第。

綱癸卯(463)①,夏,宋以蔡兴宗、袁粲为吏部尚书。

〔宋孝武帝轻薄大臣,生活奢侈,失为君之道〕

目粲,淑之兄子也。宋主好狎(xiá)②侮群臣,常呼金紫光禄大夫王玄谟为老伧③,仆射刘秀之为老悭(qiān),侍中颜师伯为齴(yǎn)④;其余短、长、肥、瘦,皆有称目。又宠一昆仑奴,令以杖击群臣。惟惮蔡兴宗方严,不敢侵媟(xiè)⑤。议曹郎王耽之曰:"蔡豫章昔在相府⑥,亦以方严不狎,武帝晏私之日,未尝相召。蔡尚书今日可谓能负荷矣。"

綱宋大修宫室。

目宋主为人机警勇决,记问博洽,文章华敏。又善骑射,而奢欲无度。自晋氏渡江以来,宫室草创,孝武始作清暑殿。宋兴,无所增改。至是,始大修宫室,土木被锦绣,赏赐倾府藏。坏高祖所居阴室,于其处起玉烛殿,与群臣观之,床头有土障,壁上挂葛灯笼、麻蝇拂⑦。侍中

---

① 宋大明七年,北魏和平四年。
② 狎:亲昵而不庄重。
③ 伧:王玄谟是山西祁县人,当时江南人称中州人为伧。
④ 齴:牙齿外露。
⑤ 侵媟:侵犯侮辱。
⑥ 蔡豫章:兴宗父廓曾为豫章太守。
⑦ 土障:枕屏,垒土而成,用来挡风。葛灯笼、麻蝇拂:以葛布蒙灯笼,以麻结蝇拂。

袁顗因盛称高祖俭素之德。宋主曰:"田舍公得此,已为过矣。"

纲 甲辰(464)①,夏闰五月,宋主骏殂,太子子业立。

目 宋主殂于玉烛殿。太子即位,年十六。蔡兴宗奉玺绶②,太子受之,傲惰无戚容。兴宗出,告人曰:"家国之祸,其在此乎!"

废帝

纲 乙巳(465)③,春,宋铸二铢钱。

纲 夏五月,魏主濬殂,太子弘立。

纲 冬十一月,宋主杀其太尉沈庆之。

纲 宋主幽其诸父湘东王彧等于殿内。

〔宋晋安王刘子勋反〕

纲 宋江州刺史、晋安王子勋举兵寻阳。

目 宋主子业,以太祖、世祖在兄弟数皆第三,江州刺史、晋安王子勋亦第三,故恶之。因何迈之谋,使左右朱景云送药,赐子勋死。景云至溢口④,停不进。子勋典签谢道迈闻之⑤,驰告长史邓琬。琬曰:"身南土寒士,蒙先帝殊恩,以爱子见托,岂得惜门户百口,期当以死报效。

---

① 宋大明八年,北魏和平五年。
② 玺绶:印玺上的彩色丝带,借指印玺。
③ 宋泰始元年,北魏和平六年。
④ 溢口:一名溢浦,溢水入长江之口,在今江西九江市西。
⑤ 典签:诸侯王府、军府的小官,南朝被皇帝利用来监视诸侯王和主将。

幼主昏暴,社稷危殆,虽曰天子,事犹独夫。今便指帅文武,直造京师,与群公卿士废昏立明耳。"遂称子勋教令,所部戒严,子勋戎服出听事①,集僚佐,使主帅潘欣之宣旨谕之。四座未对,参军陶亮首请效死前驱,众皆奉旨。乃以亮为咨议中兵、总统军事。旬日得五千人,出镇大雷②,移檄远近。

纲宋弑其君子业而立湘东王彧。

〔宋废帝嬉游无节〕

目时三王久幽③,不知所为。湘东王彧主衣阮佃夫及子业左右寿寂之、王敬则等阴谋弑子业④。先是,子业游华林园竹林堂⑤,使宫人倮(luǒ)相逐⑥,一人不从命,斩之。夜,梦在竹林堂,有女子骂曰:"悖逆不道,明年不及熟矣⑦!"于是巫觋(xí)言竹林堂有鬼。子业出华林园,悉屏侍卫,与群巫彩女射鬼于竹林堂。寿寂之等抽刀前弑之,宣太皇太后令,数子业罪恶,命湘东王纂承皇极。彧即位,大赦。

纲宋雍、郢、荆州、会稽郡皆举兵应寻阳⑧。

---

① 听事:亦作"厅事",即厅堂,是右代官府办公视事之所。
② 大雷:即雷池戍,在今安徽望江县南。
③ 三王久幽:湘东王彧、建安王休仁、山阳王休祐俱幽于殿内。
④ 主衣:官名,掌帝王服玩等事。
⑤ 华林园:在今江苏南京市东北。
⑥ 倮:赤身裸体。
⑦ 不及熟:谓不至麦熟时死。
⑧ 郢州:治今湖北武汉市武昌区。会稽:郡名,治今浙江绍兴市。

太宗明帝

〔宋诸方镇应晋安王子勋,淮北和豫州淮西之地降北魏〕

网 丙午(466)①,春正月,宋遣建安王休仁讨江州。晋安王子勋遂称帝,
　　二徐、司、豫、青、冀、湘、广、梁、益州皆应之②。

目 时宫省危惧,宋主谋于群臣。蔡兴宗曰:"今普天同叛,人有异志,宜
　　镇之以静,至信待人。叛者亲戚,布在宫省,若绳之以法,则土崩立
　　至,宜明罪不相及之义。物情既定,人有战心,六军精勇,器甲犀利,
　　以待不习之兵,其势相万矣! 愿陛下勿忧。"
　　建武司马刘顺说豫州刺史殷琰,使应寻阳。琰初以家在建康,未许,
　　后不得已而从之。宋主复谓兴宗曰:"诸处未平,殷琰已复同逆,为之
　　奈何?"兴宗曰:"逆之与顺,臣无以辨。然今商旅断绝,而米甚丰贱,
　　四方云合,而人情更安,以此卜之,清荡可必。但臣之所忧,更在事
　　后,犹羊公之言耳③。"宋主知琰附寻阳非本意,乃厚抚其家以招之。

网 秋八月,宋台军克江州④,杀子勋。

网 冬十月,宋徐州刺史薛安都、汝南太守常珍奇叛降于魏⑤。

————————

① 宋泰始二年,北魏天安元年。
② 二徐:徐州和南徐州,徐州治今江苏徐州市,南徐州治今江苏镇江市。司州:治今河
　南信阳市南。湘州:治今湖南长沙市。广州:治今广东广州市。梁州:治今陕西汉中
　市。益州:治今四川成都市。
③ 羊公之言:羊祜晚年曾拒绝伐吴之命说:"取吴不必须臣自行,但既平之后,当劳圣虑耳。"
④ 台军:朝廷军。
⑤ 汝南:郡名,治今河南汝南县。

目 宋徐州刺史薛安都、汝南太守常珍奇等,并遣使乞降于建康。宋主以
　南方已平①,欲示威淮北,命张永、沈攸之将兵五万迎安都。蔡兴宗
　曰:"安都归顺不虚,止须单使。今以重兵迎之,势必疑惧。如其外
　叛,招引北寇,将为朝廷盱(gàn)食之忧②。"宋主不从。安都果惧而
　叛,常珍奇亦以悬瓠降魏③,皆请兵自救。

纲 宋立子昱为太子。

目 宋主无子,尝以宫人陈氏赐嬖人李道儿④,已复迎还,生昱。又密取诸
　王姬有孕者,内之宫中,生男则杀其母,而使宠姬母之。

纲 丁未(467)⑤,春正月,魏取宋淮北四州及豫州淮西地⑥。

目 宋张永等弃城夜走。尉元邀其前,薛安都乘其后,大破永等于吕梁之
　东⑦,死者以万数。宋主召蔡兴宗,以败书示之,曰:"我愧卿甚!"永
　及攸之皆坐贬,还屯淮阴。宋由是失淮北四州及豫州淮西之地。

〔萧道成镇淮阴,开始政治崛起〕

纲 秋八月,宋遣中领军沈攸之击彭城,将军萧道成镇淮阴⑧。

---

① 南方:指刘子勋。
② 盱食:晚食,谓事务繁忙,来不及按时吃饭。
③ 悬瓠:今河南汝南县。
④ 嬖人:宠信之人。
⑤ 宋泰始三年,北魏皇兴元年。
⑥ 淮北四州:指青、冀、徐、兖。
⑦ 吕梁:山名,在今江苏徐州市东南。
⑧ 淮阴:今江苏淮安市淮阴区,侨兖州治所。

目 宋主复遣沈攸之等击彭城。攸之以清、泗方涸①,粮运不继,固执以为
不可。宋主怒,强遣之,而使行徐州事萧道成镇淮阴。道成收养豪
俊,宾客始盛。

纲 戊申(468)②,秋七月,宋以萧道成为南兖州刺史。

纲 己酉(469),春正月,魏拔宋青州,执其刺史沈文秀。

目 沈文秀守东阳③,魏人围之三年,外无救援,士卒昼夜拒战,甲胄生虮
虱,无离叛之志。至是,魏人拔东阳,文秀解戎服,正衣冠,持节坐斋
内。魏人执之,缚送慕容白曜,使之拜,文秀曰:"各两国大臣,何拜之
有!"白曜还其衣,为设馔,锁送平城。魏主宥之,待为下客,给恶衣、
疏食。既而重其不屈,拜外都下大夫④。于是,青、冀之地,尽入于
魏矣。

纲 夏六月,魏立子宏为太子。冬十一月,魏遣使如宋修好。

纲 庚戌(470),夏六月,宋以南兖州刺史萧道成为黄门侍郎,寻复本任。

目 道成在军中久,民间或言其有异相,宋主疑之,征为黄门侍郎。道成
惧,不欲内迁,而无计得留。参军荀伯玉教其遣数十骑入魏境,魏果
遣游骑行境上。道成以闻,宋主乃使道成复本任。

---

① 清泗:清水和泗水。
② 宋泰始四年,北魏皇兴二年。
③ 东阳:郡名,治今山东青州市。
④ 外都下大夫:掌刑狱的官员。

纲辛亥(471)①,春二月,宋主杀其弟晋平王休祐,以巴陵王休若为南徐
　州刺史。

纲夏五月,宋主杀其弟建安王休仁。

纲宋以袁粲为尚书令,褚渊为仆射。

纲秋七月,宋主杀其弟巴陵王休若,以桂阳王休范为江州刺史。

纲宋以萧道成为散骑常侍②。

目道成被征,所亲以朝廷方诛大臣,多劝勿行。道成曰:"诸卿殊不见
　事,主上自以太子稚弱,剪除诸弟,何预他人! 今唯应速发,不宜见
　疑。且骨肉相残,自非灵长之祚,祸难将兴,方与卿等戮力耳③。"既
　至,拜散骑常侍。

〔北魏孝文帝开始执政〕

纲八月,魏主弘传位于太子宏,自称太上皇帝。

目魏主聪睿夙成,刚毅有断;而好黄、老、浮屠之学,常有遗世之心。以
　尚书陆馛(bó)为太保④,与太尉源贺持节奉玺绶,传位于太子宏。时
　宏生五年矣,有至性,前年,魏主病痈(yōng)⑤,亲吮之。及是,悲泣不

———————

① 宋泰始七年,北魏延兴元年。
② 散骑常侍:门下省官,晋以来位在通直散骑常侍、员外散骑常侍和散骑侍郎上,侍从
　皇帝,出谋献策。
③ 戮力:并力。
④ 太保:上公,位次太傅。
⑤ 痈:化脓性炎症。

自胜。魏主问其故,对曰:"代亲之感,内切于心。"宏即位,群臣奏曰:"今皇帝幼冲,万机大政,陛下犹宜总之。谨上尊号曰太上皇帝。"从之。徙居北苑崇光宫,国大事乃以闻。

纲 冬十月,宋作湘宫寺。

目 宋主以故第为湘宫寺,备极壮丽。新安太守巢尚之罢还①,宋主谓曰:"卿至湘宫寺未? 此是我大功德。"散骑侍郎虞愿侍侧,曰:"此皆百姓卖儿贴妇钱所为②,佛若有知,当慈悲嗟愍;罪高浮图③,何功德之有!"宋主怒,使人驱下殿。

纲 壬子(472)④,春二月,宋杀其扬州刺史江安侯王景文⑤。

目 宋主虑晏驾后,皇后临朝,景文或有异图,遣使赍手敕并药,赐死。景文正与客棋,叩函看已⑥,复置局下,神色不变,局竟,敛子纳奁(lián)毕⑦,徐曰:"奉敕见赐以死。"方以敕示客,乃作黑启致谢,饮药而卒。

纲 夏四月,宋主彧殂,太子昱立。

〔萧道成代宋立齐〕

目 宋主病笃,以桂阳王休范为司空⑧,褚渊为护军将军⑨,刘勔为右仆

① 新安:郡名,治今浙江淳安县。
② 贴:以物为抵押品。
③ 浮图:佛塔。
④ 宋泰豫元年,北魏延兴二年。
⑤ 江安:县名,在今湖北公安县东北。
⑥ 叩:打开。
⑦ 奁:匣子。
⑧ 桂阳:国名,都今湖南郴州市。
⑨ 护军将军:中央军的将领之一。

射,与尚书令袁粲、荆州刺史蔡兴宗、郢州刺史沈攸之并受顾命。渊
素与萧道成善,荐之,诏以为右卫将军,共掌机事。宋主遂殂。太子
昱即位,生十年矣。粲等秉政,承奢侈之后,务行节俭,欲救其弊;而
阮佃夫等用事,货赂公行,不能禁也。

苍梧王

纲癸丑(473)①,春二月,魏以孔乘为崇圣大夫。

纲冬十月,宋尚书令袁粲以母丧去职。

纲甲寅(474)②,夏六月,宋以萧道成为中领军。

目道成与袁粲、褚渊、刘秉更日入直决事,号为"四贵"。秋九月,宋以袁
粲为中书监、领司徒,褚渊为尚书令,刘秉为丹阳尹。

纲丙辰(476)③,夏六月,魏太后冯氏弑其主弘,复称制。

目魏尚书李敷弟奕,得幸于冯太后,为太上所诛。冯太后由此怒太上。
至是,密行鸩毒。大赦,改元,复临朝称制。

纲宋加萧道成左仆射,刘秉中书令。

顺帝

纲丁巳(477)④,秋七月,宋中领军萧道成弑其主昱,而立安成王准,自

----

① 宋元徽元年,北魏延兴三年。
② 宋元徽二年,北魏延兴四年。
③ 宋元徽四年,北魏承明元年。
④ 宋升明元年,北魏太和元年。

为司空、录尚书事。

目 宋主昱自京口既平,骄恣尤甚。尝直入领军府,道成昼卧裸袒,昱令起立,画腹为的,引满将射之。道成敛板曰①:"老臣无罪。"乃更以骲(báo)箭②,射中其脐,投弓大笑。道成忧惧,密与袁粲、褚渊谋废立。粲曰:"主上幼年,微过易改。伊、霍之事③,非季世所行。纵使功成,亦终无全地。"渊默然。

越骑校尉王敬则潜自结于道成。道成命敬则阴结昱左右杨玉夫、杨万年、陈奉伯等,使伺机便。至是,昱乘露车,与左右于台冈赌跳,仍往青园尼寺。晚,至新安寺偷狗,饮酒醉,还。玉夫、万年刎其首。奉伯袖之,称敕开门,出,与敬则。敬则驰诣领军府。道成以太后令召诸大臣,入议。王敬则拔刃跳跃,曰:"天下事皆应关萧公!敢有开一言者,血染敬则刃!"褚渊曰:"非萧公无以了此。"道成乃下议,迎立安成王。遂以太后令,数昱罪恶,追废为苍梧王。仪卫至东府门,安成王令门者勿开,以待袁司徒。粲至,乃入即位,时年十一。以道成为司空、录尚书事、骠骑大将军,出镇东府④;刘秉为尚书令;袁粲镇石头。粲性冲静,每有朝命,常固辞,不得已乃就职。至是,知萧道成有不臣之志,阴欲图之,即日受命。

纲 冬十一月,宋荆、襄都督沈攸之举兵江陵,讨萧道成。

纲 宋中书监袁粲、尚书令刘秉,谋诛萧道成。不克而死。

---

① 板:手板,臣子上朝时持以记事。
② 骲箭:骨镞箭,不能伤人。
③ 伊、霍之事:商朝伊尹放太甲,西汉霍光废昌邑王。
④ 东府:宰相理政之所,在宫城东,故称。

目湘州刺史王蕴与沈攸之深相结。与袁粲、刘秉密谋诛道成。粲谋既定,将以告褚渊;众谓不可。粲曰:"渊与彼虽善,岂容大作同异!"乃以谋告渊,渊即以告道成。道成遣戴僧静等攻粲。刘秉逾城走。粲下城,谓其子最曰:"本知一木不能止大厦之崩,但以名义至此。"僧静逾城独进,最以身卫粲,僧静直前斫之。粲谓最曰:"我不失忠臣,汝不失孝子!"遂父子俱死。百姓哀之,为之谣曰:"可怜石头城,宁为袁粲死,不作褚渊生!"秉父子亦为追者所杀。

纲沈攸之攻郢城①,不克。

纲宋萧道成假黄钺②,出顿新亭③。

目道成谓参军江淹曰:"天下纷纷,君谓何如?"淹曰:"成败在德,不在众寡。公雄武有奇略,宽容而仁恕,贤能毕力,民望所归,奉天子以伐叛逆,五胜也。彼志锐而器小④,有威而无恩,士卒解体,缙绅不怀,悬兵数千里而无同恶相济,五败也。虽豺狼十万,终为我获必矣。"

纲戊午(478),春正月,宋沈攸之军溃,走死。萧道成自为太尉,都督十六州诸军事。

纲秋九月,宋萧道成自为太傅、扬州牧,加殊礼。

目道成欲倾宋室,夜召长史谢朏(fěi),屏人与语。久之,朏无言;道成虑朏难提烛小儿,取烛遣出,朏又无言;道成乃呼左右。王俭知其旨,他

---

① 郢城:即郢州。
② 黄钺:皇帝授予权臣,使其享有专杀权的涂金斧子。
③ 新亭:建康城西南濒临长江岗阜上的一处名胜和要塞,在今江苏南京市南。
④ 彼:指沈攸之。

日,请间言于道成曰①:"公今名位,故是经常宰相,宜绝礼群后,微示变革。然当先令褚公知之。"少日,道成造褚渊,曰:"我梦得官。"渊曰:"今始授尔,恐一二年间未容便移。"道成还以告俭。俭曰:"褚未达耳。"即倡议加道成太傅,假黄钺。道成谓所亲任遐曰:"褚公不从,奈何?"遐曰:"彦回惜身②,保妻子,非有奇才异节。遐能制之。"渊果无违异。诏进道成假黄钺、大都督中外诸军事、太傅、领扬州牧③,剑履上殿,入朝不趋,赞拜不名。

右宋八主,合六十年。

评萧道成代宋:

刘宋宗室诸王位高权重,自相残杀,亦被皇帝猜忌。宋明帝时期,发生了晋安王刘子勋为首的大范围叛乱,淮北的徐、冀、青、兖等州和豫州的淮西诸郡长官投附北魏。淮北沦陷,出镇淮阴的将军萧道成地位迅速上升,又得明帝顾命大臣褚渊之助,进入宋后废帝辅臣之列,主持镇压刘宋作乱宗亲,任命亲信,清除异己,终成权臣而废宋建齐,即齐高帝。在位时减免赋役,安抚流民,提倡节俭。其子武帝时出现相对稳定的"永明治世"。

---

① 请间:找机会。
② 彦回:褚渊字。
③ 都督中外诸军事:总领京城内外禁卫及驻军,魏晋以来为权臣要职。

齐纪附北魏

南齐世系表

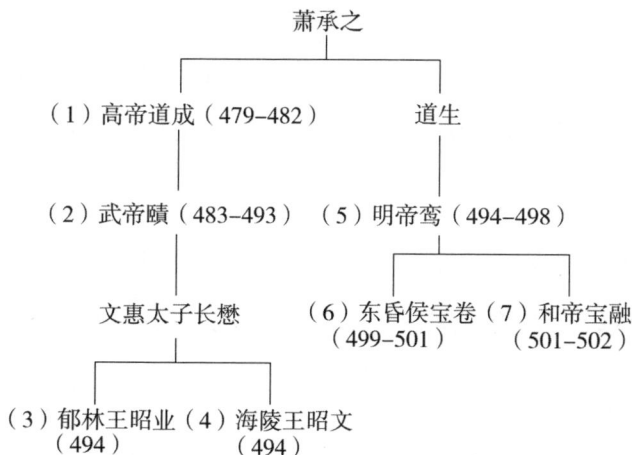

太祖高帝

纲 己未(479)①,春正月,宋以谢朏为侍中。

纲 三月,宋萧道成自为相国,封齐公,加九锡。

纲 夏四月,齐公道成进爵为王。

纲 齐王道成称皇帝,废宋主为汝阴王,徙之丹阳。以褚渊为司空。

目 宋主下诏,禅位于齐,而不肯临轩。王敬则勒兵入迎,启譬令出。宋

———

① 宋升明三年,南齐建元元年,北魏太和三年。是岁宋亡,南齐代宋。

主收泪,谓曰:"欲见杀乎?"敬则曰:"出居别宫耳。官先取司马家亦如此。"宋主泣而弹指①,曰:"愿后身世世勿复生帝王家!"是日,百僚陪位。侍中谢朏在直,当解玺绶,阳为不知,曰:"有何公事?"传诏云:"解玺绶,授齐王。"朏曰:"齐自应有侍中。"乃引枕卧。传诏惧,使朏称疾。朏曰:"我无疾,何所道!"遂朝服步出。乃以王俭为侍中,解玺绶。礼毕,宋主出就东邸②。司空褚渊奉玺绶,诣齐宫劝进。齐王即皇帝位。奉宋主为汝阴王,筑宫丹阳,置兵守卫。以褚渊为司空。

纲 齐褚渊、王俭等进爵有差。

目 处士何点戏谓人曰:"我作《齐书》已竟,其赞曰:'渊既世族,俭亦国华,不赖舅氏,遑恤国家。'"点,尚之孙也。渊、俭母皆宋公主,故点云然。

纲 五月,齐主道成弑汝阴王,灭其家。

纲 齐立世子赜为太子,诸子皆封王。

纲 庚申(480),冬十二月,齐以褚渊为司徒。

目 渊入朝,以腰扇障日。征虏功曹刘祥曰:"作如此举止,羞面见人,扇障何益!"渊曰:"寒士不逊!"祥曰:"不能杀袁、刘③,安得免寒士!"祥好文章,性刚疏,撰《宋书》,讥斥禅代。王俭以闻,徙广州,卒。

纲 壬戌(482),春三月,齐主道成殂,太子赜立。

---

① 弹指:捻指作声,情绪激越。
② 邸:馆舍,凡郡国朝宿之舍。
③ 袁、刘:袁粲、刘秉。

目高帝沉深有大量,博学能文。性清俭,主衣中有玉导①,上曰:"留此正长病源②!"即命击碎,仍简按有何异物,皆随此例。每曰:"使我治天下十年,当使黄金与土同价。"

纲夏六月,齐立子长懋(mào)为太子。

纲秋,齐南康公褚渊卒。

目渊卒,世子贲耻其父失节,服除,遂不仕。以爵让其弟蓁(zhēn),屏居墓下终身。

世祖武帝

纲癸亥(483)③,夏,闰四月,魏子恂生。

目魏主后宫林氏生子恂。冯太后以恂当为太子,赐林氏死,自抚养之。

纲秋七月,齐以王僧虔为特进、光禄大夫④。

目初,齐主以侍中王僧虔为光禄大夫、开府仪同三司⑤。僧虔固辞开府,谓兄子俭曰:"汝行登三事⑥,我若受此,是一门二台司也。吾实惧焉。"累年不拜,至是许之,加特进。

---

① 主衣:又称尚衣,掌帝王服玩等事务。玉导:一种冠饰,用来将头发引入冠帻内。
② 病:指奢侈之风。
③ 南齐永明元年,北魏太和七年。
④ 光禄大夫:一种加官。
⑤ 开府仪同三司:皇帝特令地位不至公的官员开公府,置椽属。
⑥ 三事:三公。三公主天、地、人之事,故称。

纲 冬十月,荧惑逆行入太微①。

目 齐有司请禳(ráng)之②,齐主曰:"应天以实不以文。我克己求治,思隆惠政,灾若在我,禳之奚益!"

纲 十二月,魏始禁同姓为婚。

纲 甲子(484),春正月,齐以竟陵王子良为司徒。

目 子良,齐主之子也。少有清尚。倾意宾客,开西邸,多聚古人器服以充之。范云、萧琛、任昉、王融、萧衍、谢朓、沈约、陆倕并以文学见亲,号曰"八友"。柳恽、王僧孺、江革、范缜、孔休源亦预焉。

〔神灭论〕

　　子良笃好释氏,招致名僧讲论,或亲为赋食、行水。范缜盛称无佛。子良曰:"君不信因果,何得有富贵、贫贱?"缜曰:"人生如树花同发,随风而散。或拂帘幌,坠茵席之上③;或关篱墙,落粪溷(hùn)之中④。坠茵席者,殿下是也;落粪溷者,下官是也。贵贱虽殊,因果何在?"子良无以难。缜又著《神灭论》,以为:"形者神之质,神者形之用也。神之于形,犹利之于刀,未闻刀没而利存,岂容形亡而神在哉!"子良使王融谓之曰:"卿才美,何患不至中书郎?而故乖剌为此⑤,甚可惜也!

----

① 荧惑:火星的别称。太微:天帝南宫,三垣之一。
② 禳:祭祀以消灾去邪。
③ 幌:帷幔。茵:褥。
④ 溷:厕所。
⑤ 乖剌:乖戾不顺。

宜急毁之。"缜大笑曰:"使缜卖论取官,已至令、仆矣①。"

萧衍好筹略,有文武才干。王俭深器之,曰:"萧郎出三十,贵不可言。"

纲 冬十月,齐以长沙王晃为中书监。

目 齐旧制:诸王在都,唯得置捉刀四十人②。至是,晃自南徐刺史罢还,私载数百人仗。齐主闻之,大怒,遂不被亲宠。武陵王晔多才艺而疏悻,亦无宠。尝侍宴,醉伏地,貂抄肉柈(pán)③。帝笑曰:"肉污貂。"对曰:"陛下爱羽毛而疏骨肉④。"帝不悦。

纲 乙丑(485)⑤,夏五月,齐以王俭领国子祭酒⑥。

目 自宋世祖好文章,士大夫无专经者。俭少好礼学及《春秋》,言论造次必于儒者,由是衣冠翕然,更尚儒术。俭作解散髻(jì),斜插簪(zān),朝野多慕效之。俭尝谓人曰:"江左风流宰相,唯有谢安。"意以自比也。上深委仗之,士流选用,奏无不可。

纲 丁卯(487),春正月,魏光禄大夫咸阳公高允卒。

目 允历事五帝,出入三省,五十余年,未尝有谴。冯太后及魏主甚重之。允仁恕简静,虽处贵重,情同寒素;执书吟览,昼夜不去手;诲人以善,恂恂不倦;笃亲念故,无所遗弃。显祖徙青、徐望族于代⑦,其人多允

---

① 令:尚书令。仆:尚书仆射。
② 捉刀:捉执刀戟,指仪仗人员。
③ 貂:冠饰貂尾。抄:轻轻拂过。柈:盘。
④ 骨肉:借指兄弟。萧晔意谓其兄齐武帝萧赜爱惜貂尾,却不爱惜兄弟。
⑤ 南齐永明三年,北魏太和九年。
⑥ 国子祭酒:国子学及全国学政主官。
⑦ 代:代郡,治平城,今山西大同市。

婚媾(gòu)①,流离饥寒,允倾家赈施,咸得其所。又随其才行,荐之于朝,议者多以初附间之②。允曰:"任贤使能,何有新旧! 必若有用,岂可以此抑之!"至是卒,年九十八。

纲 冬十二月,魏以高祐为西兖州刺史③。

[王者不私人以官]

目 魏主问秘书令高祐曰:"何以止盗?"对曰:"昔宋均立德,猛虎渡河;卓茂行化,蝗不入境。况盗贼,人也。苟守宰得人,治化有方,止之易矣。"又言:"今之选举,不采识治之优劣,专简年劳之多少,非所以尽人才也。若停薄艺,弃朽劳,唯才是举,则官方穆矣。又勋旧之臣,才非抚民者,可加以爵赏,不宜委以方任,所谓王者可私人以财,不私人以官者也。"魏主善之。祐出镇滑台,命县立讲学,党立小学④。

纲 己巳(489),冬十二月,齐以张绪领扬州中正,江敩(xiào)为都官尚书⑤。

[士大夫非天子所命]

目 长沙王晃属张绪用吴兴闻人邕⑥,绪不许。晃使固请,绪正色曰:"此

① 婚媾:亲戚和婚姻对象。
② 间:非难。
③ 西兖州:即兖州,治今河南滑县。
④ 党:北魏行三长制,五家为一邻,五邻为一里,五里为一党。
⑤ 都官尚书:尚书省都官部主官,掌刑狱,统都官所属诸曹。
⑥ 属:嘱托。吴兴:扬州辖郡,治今浙江湖州市。

是身家州乡①,殿下安得见逼!"中书舍人纪僧真得幸于齐主,容表有士风。请于齐主曰:"臣出自武吏,阶荣至此,无复所须,唯就陛下乞作士大夫。"齐主曰:"此由江敩、谢瀹(yuè),可自诣之。"僧真诣敩,登榻坐定,敩顾左右曰:"移吾床远客!"僧真丧气而退,告齐主曰:"士大夫故非天子所命!"

纲 庚午(490),秋九月,魏太后冯氏殂。

纲 壬申(492),春,魏修尧、舜、禹、周公、孔子之祀。

纲 冬,齐诏太子家令沈约撰《宋书》。

纲 齐遣使如魏。

目 魏主甚重齐人,亲与谈论,顾谓群臣曰:"江南多好臣。"侍臣李元凯对曰:"江南多好臣,岁一易主;江北无好臣,百年一易主。"魏主甚惭。

纲 癸酉(493),春正月,齐以陈显达为江州刺史。

目 显达自以门寒位重,每迁官,常有愧惧之色。戒其子勿以富贵陵人,而诸子多事豪侈。显达曰:"麈尾、蝇拂是王、谢家物②,汝不须捉此!"取而烧之。

纲 齐太子长懋卒。夏四月,齐主立其孙昭业为太孙。

---

① 身家:本人和家族。州乡:家乡。
② 麈尾:用鹿尾做成的扇状拍子,用来驱蝇和掸尘。蝇拂:用丝麻或马尾缠在柄上做成的工具,可用来驱蝇和拂尘。二物被魏晋以来的人用为清谈的道具。

纲 秋七月,魏主立其子恂为太子。

〔孝文帝迁都洛阳〕

纲 魏诏大举伐齐。

目 魏主以平城地寒,六月雨雪,风沙常起,将迁都洛阳。恐群臣不从,
乃议大举伐齐,欲以胁众。命太常卿王谌筮之,遇革①。魏主曰:
"'汤、武革命,顺乎天而应乎人②。'吉孰大焉!"任城王澄曰:"陛下奕
叶重光,帝有中土,今出师而得革命之象,未为全吉也。"魏主厉声曰:
"社稷,我之社稷,任城欲沮众邪!"澄曰:"社稷虽为陛下之有,臣为
社稷之臣,安可知危而不言邪?"魏主还宫,召澄屏人,谓曰:"平城,用
武之地,非可文治。移风易俗,其道诚难。朕欲因此迁宅中原,卿以
为何如?"澄曰:"陛下欲卜宅中土③,以经略四海,此周、汉之所以兴
隆也。"魏主曰:"北人习常恋故,必将惊扰。奈何?"澄曰:"非常之
事,故非常人之所及。陛下断自圣心,彼亦何所能为!"魏主曰:"任
城,吾之子房也!"于是戒严。齐主闻之,亦发扬、徐民丁,广设召募以
备之。

纲 齐主赜殂,太孙昭业立。以竟陵王子良为太傅,萧鸾为尚书令。

目 世祖留心政事,务总大体。严明有断,郡县久于其职。长吏犯法,封
刃行诛。故永明之世,百姓丰乐,盗贼屏息。然颇好游宴、华靡之事,

---

① 革:《易·革卦》。
②《革卦》彖传之辞。
③ 卜宅中土:指定都洛阳。

常言恨之,未能顿遣。

纲魏主发平城。

纲九月,魏主至洛阳,罢兵。

目魏主至洛阳,霖雨不止。诏诸军前发,魏主戎服执鞭,乘马而出。群
　臣稽颡于马前,曰:"今者之举,天下所不愿,臣不知陛下独行何之?
　臣等敢以死请!"魏主乃谕群臣曰:"今者兴发不小,动而无成,何以示
　后! 苟不南伐,当迁都于此。"南安王桢进曰:"成大功者不谋于众。
　今陛下苟辍南伐之谋,迁都洛邑,此臣等之愿,苍生之幸也。"群臣皆
　呼万岁。时旧人虽不愿内徙,而惮于南伐,无敢言者。遂定迁都之
　计。李冲曰:"愿陛下暂还代都,俟经营毕功,然后临之。"魏主曰:
　"朕将巡省州郡,至邺小停①,春首即还,未宜归北。"乃遣任城王澄还
　平城,谕留司百官曰:"此真所谓革矣。王其勉之!"又使将军于烈还
　镇平城。

纲冬十月,魏营洛都。

纲魏以王肃为辅国将军。

目王肃见魏主于邺,陈伐齐之策。魏主与之言,不觉促席移晷(guǐ)②。
　自是器遇日隆,人莫能间③。或屏左右,语至夜分,自谓相得之晚。
　时魏主方议兴礼乐,变华风,凡威仪文物,皆肃所定。

---

① 邺:今河北临漳县。
② 移晷:日影移动,指时间很长。
③ 间:离间。

高宗明帝

纲 甲戌(494)①,春三月,魏主还平城。

纲 秋七月,齐萧鸾弑其君昭业而立新安王昭文,自为骠骑大将军、录尚书事,封宣城公。

目 是时,萧谌(chén)、萧坦之握兵权,仆射王晏总尚书事。西昌侯鸾以废立之谋告晏及丹阳尹徐孝嗣,皆从之。鸾虑事变,以告坦之,坦之驰谓谌,谌惶遽从之。鸾使谌先入,自引兵入云龙门。齐主闻变,犹为手敕呼萧谌。俄而谌引兵入阁,齐主拔剑自刺,不入,舆接而出。行至西弄(lòng)②,弑之。以太后令,追废昭业为郁林王,迎立新安王昭文。吏部尚书谢瀹方与客棋,闻变,竟局。还卧,竟不问外事。大匠虞惊窃叹曰③:"王、徐遂缚袴(kù)废天子④,天下岂有此理邪!"新安王即位,年十五。以鸾为骠骑大将军、录尚书事、扬州刺史,封宣城郡公。

纲 九月,魏主考绩,黜陟百官。

目 初,魏主诏:"三载考绩,即行黜陟,各令当曹考其优劣为三等。"于是亲临朝堂,黜陟百官。又谓陆叡曰:"人言'北俗质鲁,何由知书!'然今知书者甚众,顾学与不学耳。朕修百官,兴礼乐,其志固欲移风易俗,使卿等子孙渐染美俗,闻见广博耳。"

---

① 南齐建武元年,北魏太和十八年。
② 弄:亦作挵,小巷及过道屋。
③ 大匠:将作大匠,主工程建设。
④ 王:王晏。徐:徐孝嗣。袴:戎服,又称急装。

〔齐萧鸾篡政〕

纲 齐宣城公鸾杀鄱阳王锵等七人。

纲 冬十月,齐宣城公鸾自为太傅、扬州牧,进爵为王。

目 鸾谋继大统,多引名士与参筹策。侍中谢朏心不愿,乃求出为吴兴太守。至郡,致酒数斛遗其弟吏部尚书瀹,曰:"可力饮此,勿预人事!"

纲 鸾虽专政,人情未服。自以胛有赤志①,以示王洪范而谓之曰:"人言此是日月相,卿幸勿泄!"洪范曰:"公日月在躯,如何可隐,当转言之。"

纲 齐宣城王鸾杀衡阳王钧等四人。

纲 魏主发平城。

纲 齐宣城王鸾废其主昭文为海陵王而自立。

目 鸾以皇太后令,废昭文为海陵王而自立。以王敬则为大司马,陈显达为太尉。尚书虞悰称疾,不陪位。齐主鸾欲引参佐命,使王晏喻之。悰曰:"主上圣明,公卿戮力,宁假朽老以赞维新乎! 不敢闻命。"因恸哭。朝仪欲纠之,徐孝嗣曰:"此亦古之遗直。"乃止。

纲 十一月,齐立子宝卷为太子。

纲 魏主至洛阳。

---

① 志:痣。

纲 齐主鸾弑海陵王。

纲 十二月,魏禁胡服①。

纲 魏主自将伐齐。

陶新华　评注

楼　　劲　审定

---

① 胡服:北魏的鲜卑族服装。

纲鉴易知录卷三七

卷首语:本卷起齐明帝建武二年(495),止梁武帝大通元年(527)。主要包括齐明帝至齐末的动荡不安,萧梁代齐和梁武帝之政,间以北魏孝文帝改革及宣武帝、孝明帝和胡太后时期的政局。展示了南朝至萧梁力欲振作而未逮,北朝自宣武帝循孝文之政而渐衰,直至爆发六镇之乱的历程。

齐纪附北魏

高宗明帝

纲 乙亥(495)①,春二月,魏主攻钟离②,不克。遣使临江,数齐主之罪而还。

纲 夏四月,魏主如鲁城③,祠孔子,封其后为崇圣侯。

目 魏主如鲁城,亲祠孔子。拜孔氏四人、颜氏二人官,仍选诸孔宗子一人,封崇圣侯,奉孔子祀。命修其墓,建碑铭。

纲 五月,魏主至洛阳。

纲 六月,魏禁胡语,求遗书,法度量。

纲 秋八月,魏立国子、太学④、四门小学⑤。

纲 魏以薛聪为直阁将军⑥。

目 魏主好读书,手不释卷。又善属文,诏策皆自为之。好贤乐善,情如

---

① 南齐建武二年,北魏太和十九年。
② 钟离:郡名,治今安徽凤阳县东北。
③ 鲁城:在今山东曲阜市东旧曲阜县,有孔子坟、庙。
④ 国子、太学:官方设立的最高学府,国子学自中书学改来,生徒出身较太学为高,多为显贵子弟。
⑤ 四门小学:在京城洛阳的四面城门设立的小学。
⑥ 直阁将军:在京城殿阁值勤的将军。

饥渴,所与游接,常寄以布素之意。如李冲、李彪、高闾、王肃之徒,皆以文雅见亲,贵显用事。制礼作乐,蔚然可观,有太平之风焉。

〔薛聪恪尽职守〕

治书侍御史薛聪弹劾不避强御①,魏主或欲宽贷,聪辄争之。魏主每曰:"朕见聪,不能不惮。况诸人乎!"自是贵戚敛手。累迁直阁将军,魏主外以德器遇之,内以心膂为寄,亲卫禁兵,委聪管领,时政得失,动辄匡谏,而厚重沉密,外莫窥其际。每欲进以名位,辄苦让不受。魏主亦雅相体悉,谓之曰:"卿天爵自高,固非人爵之所能荣也。"

纲九月,魏六宫、文武迁于洛阳。

纲冬十二月,魏班品令,赐冠服。

目魏主见群臣于光极堂,宣下品令,光禄勋于烈子登引例求迁官,烈表曰:"圣明之朝,理应廉让,而登引例求进,是臣素无教训,乞行黜落!"魏主曰:"此乃有识之言,不谓烈能辨此!"乃引见登,谓曰:"以卿父有谦逊之美,直士之风,进卿校尉。"魏主谓群臣曰:"国家从来有一事可叹,臣下莫肯公言得失是也。夫人君患不能纳谏,人臣患不能尽忠。自今朕举一人,如有不可,卿等直言其失;若有才能而朕所不识,卿等亦当举之。得人有赏,不言有罪。"

纲魏行太和五铢钱。

---

① 治书侍御史:御史台副贰,掌弹劾不法,主台内杂务。强御:权势之臣。

〔北魏孝文帝定姓族〕

纲 丙子(496),春正月,魏改姓元氏,初定族姓。

目 魏主下诏,以为"北人谓土为'拓',后为'跋'。魏之先出于黄帝,以
土德王,故为拓跋氏。夫土者,黄中之色,万物之元也。宜改姓
元氏。"

魏主雅重门族,以范阳卢敏①、清河崔宗伯②、荥阳郑羲③、太原王琼四
姓,衣冠所推④,咸纳其女以充后宫。又诏以:"代人穆、陆、贺、刘、
楼、于、嵇、尉八姓⑤,勋著当世,位尽王公,勿充猥官,一同四姓。"

魏主与群臣论选调,李冲曰:"今日何为专取门品,不拔才能?傅
说、吕望岂可以门地得之⑥?"魏主曰:"非常之人,旷世乃有一二
耳。"李彪曰:"鲁之三卿⑦,孰若四科⑧?"韩显宗曰:"陛下岂可以贵
袭贵,以贱袭贱?"魏主曰:"必有高明卓然、出类拔萃者,朕亦不拘
此制。"

纲 二月,魏诏:"群臣听终三年丧。"

---

① 范阳:郡名,治今河北涿州市。
② 清河:郡名,治今河北清河县东南。
③ 荥阳:郡名,治今河南荥阳市。
④ 衣冠:士大夫。
⑤ 代人:指鲜卑人。
⑥ 吕望:即姜子牙。
⑦ 鲁之三卿:春秋时鲁的季孙、孟孙、叔孙氏。
⑧ 四科:孔门四科,德行、言语、政事、文学。李冲是说三家世卿之贵,不如颜渊、闵子骞
等布衣之贤。

纲 三月,齐诏:"去乘舆金银饰①。"

〔齐明帝尚俭〕

目 齐主志慕节俭,故有是诏。太官元日上寿②,有银酒鎗(chēng)③,齐主
欲坏之,王晏等咸称盛德。卫尉萧颖胄曰:"朝廷盛礼,莫若三元④。
此器旧物,不足为侈。"齐主不悦。后遇曲宴⑤,银器满席。颖胄曰:
"陛下前欲坏酒鎗,恐宜移在此器。"齐主甚惭。

纲 秋八月,魏太子恂有罪,废为庶人。

〔北魏太子拓跋恂离洛还代,反汉化〕

目 恂不好学,体素肥大,苦河南地热,常思北归。魏主赐之衣冠,恂常私
着胡服。中庶子高道悦数切谏⑥,恂恶之。谋轻骑奔平城,手刃道悦
于禁中。魏主大骇,引见群臣,议欲废之。太傅穆亮、太保李冲免冠
谢,帝曰:"大义灭亲,古人所贵。恂欲违父逃叛,跨据恒、朔⑦,天下
之恶孰大焉!若不去之,乃社稷之忧也。"乃废恂为庶人,置于河阳无
鼻城⑧,以兵守之。

---

① 乘舆:指皇帝。
② 太官:掌御饮食的官。上寿:上酒称寿。
③ 鎗:三足温酒器。
④ 三元:元月一日,是一年之元、四季之元、正月之元。
⑤ 曲宴:私宴。
⑥ 中庶子:即太子中庶子,太子的侍从之臣。
⑦ 恒、朔:恒州、朔州。恒州指北魏旧都平城,朔州治今内蒙古和林格尔县。
⑧ 河阳:县名,治今河南孟州市西。无鼻城:一名无辟城,在今孟州市东。

纲冬十月,魏置常平仓①。

〔北魏除逋亡缘坐法〕

纲魏除逋亡缘坐法②。

目初,魏主以有罪徙边者多逋亡,乃制一人逋亡,阖门充役。光州刺史崔挺谏曰③:"善人少,恶人多。若一人有罪,延及阖门,则司马牛受桓魋(tuí)之罚④,柳下惠婴盗跖(zhí)之诛⑤,岂不哀哉!"魏主从之。

纲丁丑(497)⑥,春正月,魏立子恪为太子。三月,魏主杀其故太子恂。

目恂既废,颇自悔过。中尉李彪表恂复与左右谋逆⑦,魏主赐恂死。

纲戊寅(498)⑧,夏四月,齐大司马王敬则反会稽,至曲阿⑨,败死。

〔南齐会稽太守王敬则反〕

目齐大司马、会稽太守王敬则,自以高、武旧将,心不自安。齐主外虽礼之,而内实相疑。闻其衰老,且居内地,故得少宽。敬则世子仲雄善

---

① 常平仓:政府为调节粮价,储粮备荒而修筑的粮仓。
② 逋亡缘坐:一人逃亡,家庭成员连坐受罚。
③ 光州:治今山东莱州市。
④ 桓魋:司马牛之兄。
⑤ 婴:遭受。盗跖:柳下惠之弟。
⑥ 南齐建武四年,北魏太和二十一年。
⑦ 中尉:即御史中尉,中央监察机关长官。
⑧ 南齐永泰元年,北魏太和二十二年。
⑨ 曲阿:县名,今江苏丹阳市。

琴,齐主以蔡邕焦尾琴借之。仲雄作《懊憹(náo)歌》曰:"常叹负情
侬①,郎今果行许。"又曰:"君行不净心,那得恶人题!"齐主愈猜愧。
会疾病,乃以张瓌为平东将军、吴郡太守②,以防敬则。敬则闻之,曰:
"东今有谁,只是欲平我耳! 东亦何易可平?"徐州行事谢朓③,敬则
子媚也。敬则子幼隆遣人告之,朓执其使以闻。敬则遂举兵反,帅实
甲万人,过浙江。张瓌遣人拒之,闻鼓声,皆散走,瓌逃民间。五月,
齐主诏前军司马左兴盛、将军胡松等筑垒于曲阿长冈。敬则急攻之,
松引骑兵突其后,敬则军大败,斩之。

谢朓以功迁吏部郎④。三让,不许。中书疑朓官未及让,祭酒沈约
曰⑤:"近世小官不让,遂成恒俗。谢今所让,又别有意。夫让出人
情,岂关官之大小邪!"

纲秋七月,魏省宫掖费用,以给军赏。

〔萧衍崛起〕

纲齐以萧衍为雍州刺史。

纲齐主鸾殂,太子宝卷立。

目齐主初有疾,甚秘之,至是殂。太子宝卷即位,恶灵在太极殿⑥,欲速

---

① 侬:古吴语,意为"我"。
② 吴郡:治吴县,今江苏苏州市。
③ 徐州行事:行南徐州事,代理南徐州刺史。
④ 吏部郎:尚书省吏部曹主官,协助吏部尚书选用官员。
⑤ 祭酒:国子祭酒,国子监长官。
⑥ 恶:厌恶。

葬。尚书令徐孝嗣固争,得逾月。每当哭,辄云喉痛。大中大夫羊阐入临①,无发,俯仰帻脱②,宝卷辍哭大笑,谓左右曰:"秃鹙(qiū)啼来乎③!"

东昏侯

纲 己卯(499)④,春正月,齐遣太尉陈显达帅师侵魏。

纲 魏后冯氏有罪,退处后宫。

纲 魏以彭城王勰为司徒。

纲 二月,齐师取魏马圈、南乡⑤。

纲 三月,魏主自将御之,齐师败绩。

纲 夏四月,魏主宏殂于谷塘原⑥,后冯氏伏诛,太子恪立。

评北魏孝文帝改革:

北魏孝文帝时,实行了一系列政治改革,加强了中央集权。改革前半段在冯太后指导下展开,实行均田制、三长制、俸禄制,改革法制、官制和礼制,步骤相对平稳。冯太后去世后,孝文帝改革进入厉行汉化的后半段:迁都洛阳;改鲜卑姓为汉姓;定胡汉族姓高下;区分官职清浊,依门

① 入临:进来举哀。
② 俯仰帻脱:跪拜和站起时头巾脱落。
③ 秃鹙:指秃头。
④ 南齐永元元年,北魏太和二十三年。
⑤ 马圈:城名,在今河南邓州市东北。南乡:县名,在今河南淅川县东南。
⑥ 谷塘原:在今河南邓州市东南。

第出身选任;官方场合禁止鲜卑语、胡服,改用汉语、汉服;祭祀礼仪按儒经和汉俗改造。两阶段改革前后衔接,理顺了统治体制,强盛了北魏国力,促进了民族融合。但也一直受到守旧派的抵制,至迁都后更为激烈。以保守派贵族奉孝文帝太子拓跋恂谋反被镇压为标志,北魏统治集团在拥护和反对改革的立场上近乎分裂。此后宣武帝时期政局的波澜,孝明帝时期六镇叛乱、羯胡首领尔朱荣势力壮大,以及东魏、西魏相分乃至北齐、北周的历史皆与此密切相关。

纲 秋八月,齐主杀其仆射江祏、侍中江祀。始安王遥光起兵东城,右将军萧坦之讨平之。

纲 闰月,齐主杀其仆射萧坦之、领军刘暄。冬十月,齐主杀其司空徐孝嗣、将军沈文季。

纲 庚辰(500)①,春正月,齐豫州刺史裴叔业以寿阳叛,降于魏。魏遣司徒彭城王勰镇之。

纲 夏四月,齐遣将军崔慧景将兵讨寿阳。慧景还兵,奉江夏王宝玄逼建康,兵败,皆死。

目 齐主遣平西将军崔慧景将水军,讨寿阳,过广陵数十里②,会诸军士,曰:"吾荷三帝厚恩,当顾托之重。幼主昏狂,朝廷坏乱;危而不扶,责在今日。欲与诸君共建大功,以安社稷。何如?"众皆响应。于是还军向广陵,司马崔恭祖纳之。齐主遣左兴盛督诸军以讨之。

---

① 南齐永元二年,北魏景明元年。
② 广陵:今江苏扬州市。

慧景济江,遣使奉江夏王宝玄为主。宝玄斩其使,而密与相应,分部军众,随慧景向建康。攻竹里①,拔之。万副儿说慧景曰:"今平路皆为台军所断,不可议进,惟宜从蒋山龙尾上②,出其不意耳。"慧景从之,分遣千余人,鱼贯缘山,自西岩夜下,鼓噪临城。台军惊散,宫门闭,慧景引众围之。左兴盛走逃淮渚,慧景擒杀之。

时豫州刺史萧懿将兵在小岘③,齐主遣密使告之。懿方食,投箸而起,自采石济江④。慧景独遣崔觉将数千人度南岸,战败。慧景将腹心数人潜去,为人所杀。宝玄逃亡,数日乃出,齐主杀之。

初,慧景欲交处士何点⑤,点不顾。及围建康,逼召点,点往赴之,日谈佛义,不及军事。慧景败,齐主欲杀点。萧畅曰:"点若不诱贼共讲,未易可量。以此言之,乃应得封!"齐主乃止。

纲 齐以萧懿为尚书令。

〔南齐东昏侯奢靡〕

纲 秋八月,齐后宫火。

目 齐后宫火。时嬖幸之徒皆号为"鬼"。有赵鬼者,能读《西京赋》⑥,言于齐主曰:"柏梁既灾,建章是营。"齐主乃大起芳乐、玉寿等诸殿,以

---

① 竹里:山名,在今江苏句容市北。
② 蒋山:即钟山,在今江苏南京市内。
③ 豫州:原治今安徽寿县。裴叔业降魏后,改立豫州于历阳,今安徽和县。小岘:山名,在今安徽合肥市东。
④ 采石:山名,一名采石矶,在今安徽马鞍山市西南。
⑤ 处士:未当官的士人。
⑥《西京赋》:东汉张衡所作。西京指西汉之都长安。

麝涂壁,刻画装饰,穷极绮丽。后宫服御,极选珍奇,凿金为莲花以帖地,令潘妃行其上,曰:"此步步生莲花也。"嬖幸因缘为奸利,课一输十。百姓困尽,号泣道路。

纲 冬十月,齐主杀其尚书令萧懿。

目 初,齐主出入无度,或劝懿因其出门,举兵废之。懿不听。嬖臣茹法珍等惮懿,说齐主曰:"懿将行隆昌故事①。"齐主然之。长史徐曜甫知之,密具舟江渚,劝懿奔襄阳。懿曰:"自古皆有死,岂有叛走尚书令邪!"至是,齐主赐懿药于省中。懿且死,曰:"家弟在雍②,深为朝廷忧之。"

〔萧衍起兵反东昏侯〕

纲 十一月,齐雍州刺史萧衍起兵襄阳,行荆州事萧颖胄亦以南康王宝融起兵江陵③。

目 萧衍闻懿死,夜召张弘策等入宅定议。明日,集僚佐谓曰:"昏主暴虐,当与卿等共除之!"时南康王宝融为荆州刺史,长史萧颖胄行府州事,齐主遣将军刘山阳就颖胄兵,袭襄阳。衍知其谋,遣将军王天虎诣江陵,遍与州府书,声云:"山阳西上,并袭荆、雍。"颖胄疑未决,山阳至巴陵④,衍复令天虎赍书与颖胄及其弟颖达。山阳迟回不上,颖胄大惧,夜呼参军席阐文等闭斋定议。阐文曰:"萧雍州蓄养士马,非

————————

① 隆昌故事:齐萧昭业隆昌元年(494),萧鸾弑帝,追废帝为郁林王,自为帝。
② 家弟:指萧衍。
③ 行荆州事:代行荆州刺史事。
④ 巴陵:今湖南岳阳市。

复一日,必不可制。就能制之,岁寒复不为朝廷所容。今若杀山阳,与雍州举事,立天子以令诸侯,则霸业成矣。山阳既不信我,今斩送天虎,则彼疑可释。至而图之,罔不济矣。"颖达亦劝颖胄从闇文计。诘旦①,颖胄谓天虎曰:"卿与刘辅国相识②,今不得不借卿头!"乃斩天虎送山阳,山阳大喜,单车诣颖胄,伏兵斩之。乃以南康王宝融教纂严③。以萧衍都督前锋,颖胄都督行留诸军事。

颖胄送刘山阳首于萧衍,衍遂表劝宝融称尊号,不许。十二月,颖胄及司马夏侯详移檄建康州郡④,数齐主及梅虫儿、茹法珍罪恶。夏侯详之子亶为殿中主帅,自建康亡归。称奉宣德太后令⑤:"南康王纂承皇祚。方俟清宫,未即大号,可封十郡为宣城王、相国、荆州牧,选百官。"

初,陈显达、崔慧景之乱⑥,上庸太守韦叡曰⑦:"陈虽旧将,非命世才;崔颇更事,懦而不武。其赤族宜矣。定天下者,殆必在吾州将乎⑧?"乃遣二子自结于萧衍。及衍起兵,叡帅郡兵二千,倍道赴之。冯道根居母丧,亦帅乡人子弟来赴。

和帝

纲 辛巳(501)⑨,春正月,齐南康王宝融称相国。萧衍发襄阳。

---

① 诘旦:明旦,第二日天亮时。
② 刘辅国:辅国将军刘山阳。
③ 教:教令。纂严:戒严。
④ 檄:用于声讨传令、晓喻百姓的公告。
⑤ 宣德太后:齐文惠太子之妻,海陵王萧昭文之母。
⑥ 陈显达之乱:东昏侯永元元年(499)十二月,江州刺史陈显达举兵袭建康,败死。
⑦ 上庸:郡名,治今湖北竹山县西南。
⑧ 州将:指雍州军政长官萧衍。
⑨ 南齐中兴元年,北魏景明二年。

纲二月,齐萧衍围郢城①。

纲三月,齐相国南康王宝融废其君宝卷为涪陵王而自立。

纲秋八月,齐萧衍克寻阳。

纲九月,齐萧衍引兵东下。

目齐主宝融诏萧衍,若定京邑,得以便宜从事。衍留郑绍叔守寻阳,引兵东下,谓曰:“卿,吾之萧何、寇恂也②。”比克建康,绍叔督江、湘粮运③,未尝乏绝。

纲冬十月,齐萧衍围建康。

纲十二月,齐人弑涪陵王宝卷。萧衍入建康,以太后令,追废宝卷为东昏侯,自为大司马,承制④。

目衍入屯阅武堂,下令大赦。凡昏制谬赋,淫刑滥役,悉皆除荡。潘妃有国色,衍欲留之,以问领军王茂,茂曰:“亡齐者此物,留之恐贻外议。”乃并茹法珍等诛之。

纲齐大司马衍执豫州刺史马僧瑝、吴兴太守袁昂,既而释之。

右齐七主合二十四年

---

① 郢城:今湖北武汉市武昌区。
② 楚、汉之际,萧何守关中,转运调兵以给高帝。汉光武为萧王时,寇恂守河内,调粮治械以给军。
③ 江、湘:江州和湘州。
④ 承制:承蒙授权得便宜行事。

梁纪附北魏

梁世系表

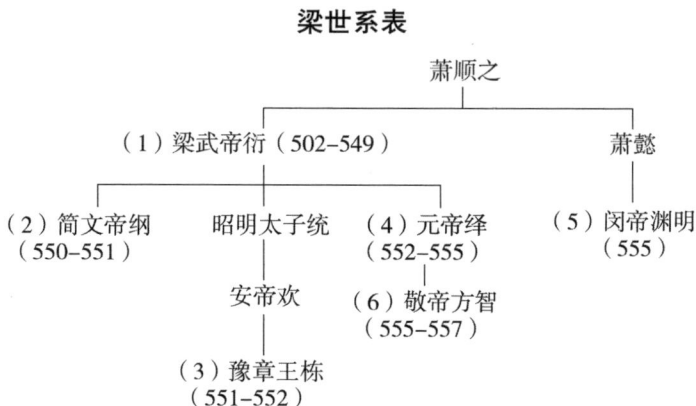

```
                              萧顺之
        ┌───────────────────────────┴────────────┐
   （1）梁武帝衍（502-549）                      萧懿
   ┌──────────┼──────────┬──────────┐
（2）简文帝纲  昭明太子统  （4）元帝绎   （5）闵帝渊明
（550-551）              （552-555）   （555）
              │
           安帝欢     （6）敬帝方智
                      （555-557）
              │
        （3）豫章王栋
        （551-552）
```

高祖武帝

〔萧衍代齐建梁〕

纲 壬午（502）①，春正月，齐大司马衍迎宣德太后入宫称制；二月，衍自
　　为相国，封梁公，加九锡。

目 初，衍与范云、沈约、任昉同在竟陵王西邸②，至是，引云为谘议，约为
　　司马，昉为记室，参谋议。谢朓（tiǎo）、何胤先弃官居家，衍奏征为军谘
　　祭酒，朓、胤皆不至。衍内有受禅之志，沈约进曰："齐祚已终，明公当
　　承其运，虽欲谦光，不可得已。"衍曰："吾方思之。"约曰："公初建牙

---

① 南齐中兴二年，梁天监元年，北魏景明三年。是岁南齐亡，梁代齐。
② 竟陵王：指齐武帝第二子萧子良。西邸：萧子良建于建康鸡笼山延揽才俊的官舍。

樊、沔①,此时应思,今王业已成,何所复思?若天子还都,公卿在位,则君臣分定,无复异心,岂复有人方更同公作贼!"衍然之。召云等告之,云对略同约旨。衍曰:"我起兵三年矣,诸将不为无功,然成帝业者,卿二人也。"乃诏进衍位相国、扬州牧,封十郡为梁公,备九锡,置百司。

纲 梁公衍进爵为王。

纲 三月,齐主发江陵,以萧憺(dàn)都督荆、湘六州军事。

纲 夏四月,梁王衍称皇帝,废齐主为巴陵王,迁太后于别宫。封拜其功臣有差。

评萧衍建梁代齐:

南齐武帝后的诸帝皆奢靡,猜忌功臣,政治紊乱,阶级矛盾日趋尖锐。东昏侯尤以昏庸奢靡、朝政衰败著称。雍州刺史萧衍据荆襄上流而素有大志,谋虑深远,起兵举义,平定时局,废齐和帝,建立梁朝,是为梁武帝。即位后曾深鉴萧齐之弊,力图开辟新局,虽未称治,在经济文化方面皆有新的发展。

纲 梁主衍弑巴陵王于姑孰②,齐御史中丞颜见远死之③。

目 梁主欲以南海郡为巴陵国④,徙王居之。沈约曰:"不可慕虚名而受

---

① 建牙:建将军牙旗,指起兵。樊、沔:樊城、沔水,指襄阳。
② 姑孰:今安徽当涂县。
③ 御史中丞:御史台长官。
④ 南海郡:治今广东广州市。

实祸。"梁主颔之①,乃使所亲郑伯禽诣姑孰,以生金进王。王曰:"我死不须金,醇醪足矣。"乃饮沉醉,伯禽就折杀之。王之镇荆州也,琅邪颜见远为录事参军②;及即位,为御史中丞;既禅位,见远不食,数日而卒。梁主闻之曰:"我自应天从人,何预天下士大夫事? 而颜见远乃至于此!"

纲 梁征谢朏、何胤、何点,不至。

〔梁武帝欲下情上达〕

纲 梁置谤木、肺石函③。

目 梁主诏:"公车府谤木、肺石各置一函,若肉食莫言④,欲有横议,投谤木函;若有功劳才器,冤沉莫达者,投肺石函。"

纲 秋八月,梁定正雅乐。

纲 冬十一月,梁立子统为太子。

目 统生五岁,能遍诵五经。

纲 癸未(503)⑤,春正月,梁以沈约、范云为左、右仆射,尚书令王亮废为庶人。

————————————

① 颔:点头同意。
② 琅邪:郡名,治今山东临沂市。录事参军:军府中的纠察官。
③ 谤木:立于要道征求谏言的木柱。肺石:置于宫门击之伸冤的石磬。
④ 肉食:身居高位的当权者。
⑤ 梁天监二年,北魏景明四年。

纲 夏五月，梁仆射范云卒，以左丞徐勉、将军周舍同参国政①。

纲 六月，梁以谢朓为司徒。

目 朓逃窜年余，一旦轻舟自出，诣阙，以为司徒、尚书令。朓辞脚疾不堪
　　拜谒，角巾白舆，诣云龙门谢。诏乘小车就席。明日，梁主幸其宅，宴
　　语尽欢。朓固陈本志，不许。朓素惮烦，不省职事，众颇失望。

纲 冬十月，魏以仆射源怀为行台②，巡北边。

〔北魏巡察北边诸镇〕

目 魏既迁洛阳，北边荒远，因以饥馑，百姓困弊。乃加仆射源怀行台，
　　使持节巡行北边，赈贫乏，考殿最③，事之得失，先决后闻。怀通济
　　有无，饥民赖之。沃野镇将于祚④，后之世父⑤，与怀通婚。时于劲
　　方用事⑥，势倾朝野，祚颇有受纳。怀将入镇，祚郊迎道左，怀不与
　　语，即劾奏免官。怀朔镇将元尼须与怀旧交，贪秽狼藉，置酒，谓
　　怀曰："命之长短，系卿之口。"怀曰："今日源怀与故人饮酒之坐，
　　非鞫狱之所也⑦。明日，公庭始为使者检镇将罪状之处耳。"竟案
　　抵罪。

────────────

① 左丞：尚书左丞，尚书令、仆射之佐官，总领尚书省纲纪。
② 行台：行尚书台，代表朝廷总制一地军政要务。
③ 殿最：官员考课的品级，下功为殿，上功为最。
④ 沃野镇：北魏北边军镇，治今内蒙古巴彦淖尔乌特拉前旗。
⑤ 后：北魏宣武帝的皇后于氏。世父：大伯父。
⑥ 于劲：于皇后之父。
⑦ 鞫狱：审问案件。

纲 梁吉翂(fēn)请代父死,梁主赦之。

目 冯翊吉翂,父为原乡令①,为奸吏所诬,逮诣廷尉,罪当死。翂年十五,挝登闻鼓②,乞代父命。梁主以其幼,疑人教之,使廷尉卿蔡法度讯之③。翂曰:"囚虽愚幼,岂不知死之可惮?顾不忍见父极刑④,故求代之。此非细故,奈何受人教邪?"法度以闻上,乃宥其父罪。丹阳尹王志欲于岁首举充纯孝,翂曰:"异哉王尹,何量翂之薄乎?父辱子死,道固当然。若翂当此举,乃是因父取名,何辱如之!"固拒而止。

纲 甲申(504)⑤,冬十一月,魏营国学。

目 时魏学业大盛,燕、齐、赵、魏间,教授者不可胜数,弟子著录多者千余人。州举茂异,郡贡孝廉,每年逾众。

〔梁武帝崇儒学〕

纲 乙酉(505),春正月,梁置五经博士,立州、郡学。

目 梁主雅好儒术,以东晋、宋、齐虽置国学,而无讲授之实,乃下诏曰:"二汉登贤,莫非经术,服习雅道,名立行成。魏晋浮荡,儒教沦歇,风节罔树,抑此之由。其置五经博士,广开馆宇,招内后进,给其饩廪(xì lǐn)⑥。

---

① 冯翊:郡名,治今陕西大荔县。原乡:县名,今浙江安吉县西南。
② 登闻鼓:置于朝堂,可击之鸣冤或言事。
③ 廷尉:九卿之一,中央的审判机关。
④ 顾:只不过。
⑤ 梁天监三年,北魏正始元年。
⑥ 饩廪:生活补贴。

其射策通明者①，即除为吏。"又选学生往云门山②，从何胤受业，命胤选经明行修者以闻。分遣博士、祭酒巡州、郡，立学。

纲 夏六月，梁初立孔子庙。

纲 秋八月，魏有芝生于太极殿。

目 侍中崔光上表曰："气蒸成菌，生于墟落湿秽之地，不当生于殿堂高华之处。今忽有之，诚足异也。夫野木生朝，野鸟入庙，古人皆以为败亡之象，故太戊、高宗惧灾修德，殷道以昌。今西、南二方，兵革未息，郊甸之内，大旱逾时，民劳物悴，莫此之甚。承天育民者，所宜矜恤。愿陛下侧躬耸意，惟新圣道，节夜饮之乐，养方富之年，则魏祚可以永隆，皇寿等于山岳矣。"

纲 冬十一月，梁大有年③。

纲 丙戌（506）④，夏四月，魏罢盐池之禁。

目 初，魏御史中尉甄琛言："一家之长，必惠养子孙；天下之君，必惠养兆民。未有为人父母而吝其醯醢（xī hǎi）⑤，富有群生而榷其一物者也⑥。今县官鄣护河东盐池⑦，而收其利，是专奉口腹而不及四体也。天子富有四海，何患于贫？乞弛盐禁，与民共之。"录尚书事勰、尚书

---

① 射策：一种考试方式，类似今天的抽题考试。
② 云门山：在今浙江绍兴市南。
③ 大有年：大丰收。
④ 梁天监五年，北魏正始三年。
⑤ 醯醢：用肉、鱼等制成的酱。
⑥ 榷：专卖。
⑦ 县官：天子代称。河东：郡名，治今山西运城市。

峦奏曰①：“圣人敛山泽之货以宽田畴之赋，收关市之税以助什一之储，取此与彼，皆非为身。所谓资天地之产，惠天地之民也。窃谓宜如旧式。”魏主卒从琛议。

[梁败北魏之军]

纲 丁亥（507）②，春三月，梁将军曹景宗、豫州刺史韦叡大败魏师于钟离③。

目 魏中山王英与将军杨大眼等众数十万，攻钟离。钟离城北阻淮水，魏人于邵阳洲两岸为桥④，树栅数百步，跨淮通道。城中才三千人，昌义之随方抗御⑤。二月，梁主命豫州刺史韦叡救钟离，受曹景宗节度。叡自合肥由阴陵大泽行⑥，值涧谷，辄飞桥以济师。人畏魏兵盛，多劝缓行。叡曰：“钟离凿穴而处，负户而汲⑦，车驰卒奔，犹恐其后，而况缓乎！魏人已堕吾腹中，卿曹勿忧也。”旬日至邵阳，梁主豫敕景宗曰：“韦叡，卿之乡望，宜善敬之！”景宗见叡，礼甚谨。梁主闻之曰：“二将和，师必济矣。”梁主命景宗等豫装高舰，与魏桥等，为火攻之计，叡攻其南，景宗攻其北。三月，淮水暴涨六七尺，叡使冯道根等乘舰，击魏洲上军，尽殪（yì）⑧。别以小船载草，灌膏焚其桥，风怒火盛，烟尘晦冥，死士拔栅斫桥，倏忽俱尽。道根等身自搏战，军人奋勇，呼声动天地，无不一当

---

① 勰：元勰。峦：邢峦。
② 梁天监六年，北魏正始四年。
③ 豫州：梁豫州治今河南汝南县。钟离：今安徽凤阳县。
④ 邵阳洲：在今安徽凤阳县西北。
⑤ 昌义之：北徐州刺史。南齐改徐州为北徐州，治今安徽滁州凤阳县。
⑥ 阴陵：山名，在今安徽和县西北。
⑦ 户：门板。
⑧ 殪：杀死。

百,魏军大溃。英脱身走,大眼亦焚营去。

义之德景宗及叡,设钱二十万,官赌之。景宗掷得雉,叡徐掷得卢,遽取一子反之,曰:"异事!"遂作塞①。群帅争先告捷,叡独居后。世尤以此贤之。

纲 冬十月,梁以徐勉为吏部尚书。

目 勉精力过人,虽文案填积,坐客充满,应对如流,手不停笔。尝与门人夜集,客求官,勉正色曰:"今夕止可谈风月,不可及公事。"时人咸服其无私。

[北魏尚书令高肇专权]

纲 闰月,魏尚书令高肇弑其主之后于氏及其子昌。

纲 戊子(508)②,秋七月,魏立贵嫔高氏为后。

目 高后既立,高肇益贵重用事。群臣宗室皆卑下之,唯度支尚书元匡与抗衡,肇恶之。会匡与刘芳议权、量,肇主芳议,匡表肇"指鹿为马"。有司处匡死刑,诏贬其官。

[梁武帝向北魏求和被拒]

纲 己丑(509),春正月,梁主遣使求成于魏③,魏主不肯。

---

① 塞:一种博戏。古博以五木为体,有枭、卢、雉、犊、塞五者。枭最胜,卢次之,雉与犊又次之,塞最下。
② 梁天监七年,北魏永平元年。
③ 求成:求和。

目　初，魏主遣中书舍人董绍慰劳叛城①，白早生囚之，送建康。吕僧珍与之言，爱其文义，言于梁主。梁主遣谓绍曰："今听卿还，令卿通两家之好，彼此息民，岂不善也？"因召见，慰劳之，且曰："战争多年，民物涂炭，吾是以不耻先言，卿宜备申此意。夫立君以为民也，凡在民上，岂可不思此乎？"绍还魏言之，魏主不从。

纲　冬十一月，魏主亲讲佛书，作永明、闲居寺。

目　时魏主专尚释氏，不事经籍，中书侍郎裴延俊上疏曰②："汉光武、魏武帝，虽在戎马之间，未尝废书。先帝迁都行师，手不释卷。良以学问多益，不可暂辍故也。陛下亲讲《大觉》，尘蔽俱开。然《五经》治世之模楷，应物之所先，伏愿互览兼存，则内外俱周矣。"时佛教盛于洛阳，沙门自西域来者三千余人，魏主别为之立永明寺千余间以处之。处士冯亮有巧思，魏主使择嵩山形胜之地立闲居寺，极岩壑土木之美。由是远近承风，无不事佛，比及延昌，州、郡共有一万三千余寺。

纲　庚寅（510）③，春三月，魏主之子诩生。

纲　辛卯（511）④，春正月，梁以张稷为青、冀刺史⑤。

目　仆射张稷自谓功大赏薄，侍宴酒酣，怨望形于辞色。上曰："卿兄杀郡守，弟杀其君，有何名称！"稷曰："臣乃无名称，至于陛下，不为无勋。

---

① 叛城：指豫州治所悬瓠城，今河南汝南县。
② 中书侍郎：中书省官，地位在中书监、令之下。
③ 梁天监九年，北魏永平三年。
④ 梁天监十年，北魏永平四年。
⑤ 青、冀：梁青州治今江苏连云港市南海州镇，冀州治今江苏涟水县。

东昏暴虐,义师伐之,岂在臣而已?"上捋其须,曰:"张公可畏人!"乃以为青、冀刺史。

纲 壬辰(512)①,春正月,魏以高肇为司徒,清河王怿为司空。

目 高肇自尚书令为司徒,自以去要任,怏怏形于言色。右丞高绰②、博士封轨素以方直自业③,及肇为司徒,绰送迎往来,轨竟不诣肇。绰顾不见轨,乃遽归,叹曰:"吾平生自谓不失规矩,今日举措,不如封生远矣。"清河王怿有才学闻望,惩彭城之祸④,因侍宴,谓肇曰:"天子兄弟讵有几人,而剪之几尽!昔王莽头秃,藉渭阳之资⑤,遂篡汉室。今君身曲,亦恐终成乱阶。"

纲 冬十月,魏立子诩为太子。

目 魏自是始不杀太子之母。以仆射郭祚领少师。祚尝从幸东宫,怀黄瓤(pián)以奉太子;时应诏左右赵桃弓深为魏主所信任⑥,祚私事之,时人谓之"桃弓仆射"、"黄瓤少师"。

纲 癸巳(513),夏五月,魏寿阳大水⑦。

目 寿阳久雨,大水入城,庐舍皆没。魏扬州刺史李崇勒兵泊于城上,城不没者二版。将佐劝崇弃城,保北山,崇曰:"淮南万里,系于吾身,一旦

---

① 梁天监十一年,北魏延昌元年。
② 右丞:尚书右丞,尚书令、仆射的佐官,位次左丞。
③ 博士:国子学、太学学官。
④ 彭城:指彭城王元勰,因进谏被杀。
⑤ 渭阳:指舅氏。
⑥ 应诏左右:在皇帝身边听诏旨办事之人。
⑦ 齐永元二年,齐豫州降于魏,魏以为扬州,治寿阳,今安徽寿县。

动足,百姓瓦解。吾岂以爱身,而取愧于王尊哉①!但怜此士民,无辜同死,可结筏随高②,人规自脱,吾必与此城俱没。"治中裴绚叛降于梁③,崇遣从弟神等讨之,绚败走,执之。绚曰:"吾何面目见李公乎!"乃投水死。崇表以水灾求解④,魏主不许。崇沉深宽厚,有方略,得士心。在寿春⑤十年,常养壮士数千人,寇来无不摧破,邻敌谓之"卧虎"。

纲 秋八月,魏恒、肆二州地震⑥、山鸣。

目 逾年不已,民覆压死伤甚众。

纲 乙未(515)⑦,春正月,魏主恪殂,太子诩立。

纲 二月,魏司徒高肇伏诛。

纲 魏尊贵嫔胡氏为太妃,废其太后高氏为尼。秋八月,魏尊太妃胡氏为太后。

纲 九月,魏太后称制⑧。以于忠为冀州刺史⑨,司空澄领尚书令。

纲 丙申(516)⑩,夏四月,梁淮堰成。

---

① 王尊:汉成帝时为东郡太守,黄河决口时,尊立大堤之上不动,而水波渐回。
② 结筏:编竹木为小船。
③ 治中:州刺史僚佐,位次别驾。
④ 求解:引咎自责,求解刺史之任。
⑤ 寿春:即寿阳。
⑥ 肆州:治今山西忻州市。
⑦ 梁天监十四年,北魏延昌四年。
⑧ 称制:临朝听政。
⑨ 冀州:治今河北衡水市冀州区。
⑩ 梁天监十五年,北魏孝明帝诩熙平元年。

目堰长九里,下广百四十丈,上广四十五丈,高二十丈,树以杨柳,军垒
　列居其上。或谓康绚曰:"四渎①,天所以节宣其气,不可久塞,若凿
　黎(qiū)东注②,则游波宽缓,堰得不坏。"绚乃开黎东注。

纲秋九月,梁淮堰坏。

目淮水暴涨,堰坏,其声如雷,闻三百里,缘淮城戍村落十余万口皆漂
　入海。

纲冬,魏作永宁寺。

目胡太后作永宁寺于宫侧,又作石窟寺于伊阙口③,皆极土木之美。为
　九层浮图④,高九十丈,刹高十丈⑤。塔庙之盛,未之有也。

纲丁酉(517)⑥,春三月,梁诏文锦不得为人兽之形。

目敕织官,文锦不得为仙人鸟兽之形,为其裁剪有乖仁恕。

纲夏四月,梁罢宗庙牲牢,荐以蔬果。

目诏以宗庙用牲牢,有累冥道,宜皆以面为之。于是朝野喧哗,以为宗
　庙去牲,乃是不复血食⑦。八座乃议⑧,以大脯代一元大武⑨。寻诏以

———————————

① 四渎:长江、黄河、淮河、济水。
② 黎:水沟。
③ 伊阙口:在今洛阳市龙门。
④ 九层浮图:指永宁寺佛塔。
⑤ 刹:佛塔的幡柱。
⑥ 梁天监十六年,北魏熙平二年。
⑦ 血食:杀牲为祭品。
⑧ 八座:尚书令、仆射和六曹尚书。
⑨ 大脯:干牛肉和鹿肉。一元大武:充牺牲的牛。

饼代脯,其余尽用蔬果。

纲 戊戌(518)①,秋九月,魏太后胡氏弑其故太后高氏。

纲 魏遣使如西域,求佛书。

目 魏胡太后遣使者宋云与比丘慧生如西域,求佛经。云等行四千里,至
　　赤岭②,乃出魏境。又西行,再期至乾罗国③,得佛书百七十部而还。

纲 魏补三字《石经》④。

〔北魏立停年格〕

纲 己亥(519)⑤,春二月,魏以崔亮为吏部尚书,立停年格。

目 时官员既少,应选者多,吏部尚书李韶铨注不行,大致怨嗟,乃更以崔
　　亮为尚书。亮为格制,不问士之贤愚,专以停解日月为断⑥,沉滞者
　　称其能。洛阳令薛琡上书,曰:"黎元之命,系于长吏,若选曹唯取年
　　劳,不简贤否,执簿呼名,一吏足矣! 数人而用,何谓铨衡⑦?"书奏,
　　不报。其后甄琛等继亮为尚书,利其便己,踵而行之。魏之选举失
　　人,自亮始也。

---

① 梁天监十七年,北魏神龟元年。
② 赤岭:今青海日月山。
③ 再期:两年。
④ 三字《石经》:用古篆、小篆与隶书三种字体刻于石碑的儒经定本,三国曹魏时始刻。
⑤ 梁天监十八年,北魏神龟二年。
⑥ 停解日月:任满停职的候选时间。
⑦ 铨衡:公平地鉴识选拔。

纲 庚子(520)①,春正月,梁左将军冯道根卒。

目 梁主春祠二庙,既出宫,有司以道根讣闻。梁主问中书舍人朱异曰:
"吉凶同日,可乎?"对曰:"昔卫献公闻柳庄死,不释祭服而往哭之。
道根有劳王室,临之,礼也。"梁主即幸其宅,哭之恸。

〔北魏侍中元乂专权〕

纲 秋七月,魏侍中元乂杀太傅清河王怿,幽太后于北宫。

目 魏太傅、侍中、清河王怿,美风仪,胡太后逼而幸之。然素有才能,
辅政多所匡益,好学礼士,时望甚重。侍中、领军将军元乂②,恃宠
骄恣,怿每裁之以法。卫将军刘腾,权倾内外,吏部用其弟为郡,怿
抑而不奏。乂、腾皆怨之,乃使主食胡定自列云:"怿货定,使毒魏
主。"魏主时年十一,信之。乂奉魏主御显阳殿,腾闭永巷门,太后
不得出。怿入,乂厉声止之,怿曰:"汝欲反邪!"乂曰:"正欲缚反者
耳!"命宗士执怿。腾称诏,集公卿议,论怿大逆③。众畏,无敢异
者,乂、腾遂杀怿。诈为太后诏,自称有疾,还政魏主。幽太后于北
宫,魏主亦不得省见,裁听传食而已。太后不免饥寒,乃曰:"养虎
得噬,我之谓矣。"乂与腾表里擅权,乂为外御,腾为内防,常直禁
省,威振内外。

纲 冬十月,魏以汝南王悦为太尉。

---

① 梁普通元年,北魏正光元年。
② 领军将军:禁卫军统领。
③ 大逆:危害君父、宗庙、宫阙等罪。

目魏清河王怿死,汝南王悦了无恨元义之意,以桑落酒候之①,尽其私佞。义大喜,以悦为侍中、太尉。

纲壬寅(522)②,夏五月,朔,日食既。

〔梁武帝待宗亲过宽〕

纲冬十一月,梁西丰侯正德奔魏,既而逃归。

目初,梁主养临川王宏之子正德为子。及太子统生,正德还本,赐爵西丰侯。怏怏不满意,常蓄异谋。是岁奔魏,魏人待之甚薄,正德逃归。梁主泣而诲之,复其封爵。

纲癸卯(523)③,冬,魏司徒崔光卒。

目光宽和乐善,终日怡怡,未尝忿恚。于忠、元义用事,皆尊敬之,事多咨决,而不能救裴、郭、清河之死④,时人比之张禹、胡广⑤。且死,荐贾思伯为侍讲。帝从思伯受《春秋》,思伯倾身下士,或问曰:“公何以能不骄?”思伯曰:“衰至便骄,何常之有?”当世以为雅谈。

纲十二月,梁铸铁钱。

纲甲辰(524)⑥,秋八月,魏秀容人乞伏莫于等反⑦,酋长尔朱荣讨平之。

_____

① 桑落酒:一种美酒。
② 梁普通三年,北魏正光三年。
③ 梁普通四年,北魏正光四年。
④ 裴、郭、清河:于忠用事,裴植、郭祚皆以无罪赐死。元义用事,清河王怿以谋叛被诛。
⑤ 张禹、胡广:张禹是西汉末丞相,胡广是东汉末司徒,皆以善于保位著称。
⑥ 梁普通五年,北魏正光五年。
⑦ 秀容:郡名,治今山西原平市西南。

目 荣,羽健之玄孙也。御众严整。时四方兵起,荣阴散其畜牧资财,招合骁勇,结纳豪杰。于是侯景、司马子如、贾显度、段荣、窦泰皆往依之。

纲 冬十二月,梁以散骑常侍朱异掌机政。

纲 乙巳(525)①,春二月,魏元乂解领军。

纲 夏四月,魏太后复临朝,诛其尚书令元乂。以元顺为侍中,郑俨、徐纥(hé)、李神轨为中书舍人。

目 乂虽解兵权,犹总内外。侍中穆绍劝太后速去之。潘嫔有宠于魏主,宦官说之云:"乂欲害嫔。"嫔泣诉于魏主,曰:"乂非独欲杀妾,又将不利于陛下。"魏主信之,因乂出宿,解乂侍中。明旦,将入宫,门者不纳。太后遂复临朝摄政。清河国郎中令韩子熙上书②,为清河王怿讼冤,乞诛乂等。太后以乂妹夫故,未忍诛。先是,黄门侍郎元顺以刚直忤乂意,出为齐州刺史③。太后征还,为侍中。侍坐于太后,顺曰:"陛下奈何以一妹之故,不正元乂之罪,使天下不得伸其怨愤?"太后默然。未几,有告"乂谋诱六镇降户反于定州"④,乃赐乂死。

初,郑俨为司徒胡国珍参军⑤,私得幸于太后。至是,拜中书舍人,领尝食典御,昼夜禁中。徐纥初谄事清河王怿,怿死,复谄事元乂。太后以纥为怿所厚,亦召为中书舍人。

---

① 梁普通六年,北魏孝昌元年。

② 郎中令:诸侯王国的重要属官,掌王国侍卫等事务,与中尉、大农合称王国三卿。

③ 齐州:即南朝宋冀州,魏改名,治今山东济南市。

④ 定州:治今河北定州市。

⑤ 胡国珍:胡太后之父。

神轨亦得幸于太后,亦领中书舍人。尝求婚于散骑常侍卢义僖,义僖
不许。侍郎王诵谓曰:"昔人不以一女易众男,卿岂易之邪?"义僖曰:
"所以不从,正为此耳。从之,恐祸大而速。"诵乃坚握义僖手,曰:
"我闻有命,不敢以告人。"女遂适他族。婚夕,太后遣中使宣敕停之,
内外惶怖,义僖夷然自若。

〔北魏柔玄镇民杜洛周反〕

纲 秋八月,魏柔玄镇民杜洛周反于上谷①,魏遣兵讨之。

目 洛周反,高欢、蔡儁、尉景、段荣、彭乐皆从之。魏以常景为行台,与都
　督元谭讨之。

纲 丙午(526)②,夏四月,魏以元顺为太常卿③。

目 城阳王徽与黄门侍郎徐纥毁侍中元顺,出为太常卿。顺奉辞,时纥侍
　侧,顺指之曰:"此魏之宰嚭(pǐ)④,魏国不亡,此终不死!"纥胁肩而
　出,顺叱之曰:"尔刀笔小才,正堪供几案之用,岂应污辱门下,斁(dù)
　我彝伦⑤!"因振衣而起。太后默然。

纲 冬十一月,魏幽州民执行台常景⑥,叛降杜洛周。

────────────

① 柔玄镇:治今内蒙古兴和县境。上谷:郡名,治今山西浑源县西,接河北蔚县界。
② 梁普通七年,北魏孝昌二年。
③ 太常卿:掌宗庙礼仪等事。
④ 宰嚭:春秋时吴国谗臣。
⑤ 斁:败坏。彝伦:指伦常。
⑥ 幽州:治今北京市。

目 魏盗贼日滋,征讨不息,国用耗竭。豫征六年租调①,犹不足,乃罢百官酒肉,税入市者人一钱,百姓嗟怨。

纲 丁未(527)②,春正月,魏以房景伯为东清河太守③。

目 魏东清河郡山贼群起,诏以房景伯为太守。郡民刘简虎尝无礼于景伯,举家亡去。景伯擒之,署其子为掾,令谕山贼。贼以景伯不念旧恶,相帅出降。景伯母崔氏,通经,有明识。贝丘妇人列其子不孝④,景伯白其母,母曰:"民未知礼义,何足深责?"乃召其母,与之对榻共食,使其子侍立堂下,观景伯供食。未旬日,悔过求还。崔氏曰:"此虽面惭,其心未也,且置之。"凡二十余日,其子叩头流血,母涕泣乞还,然后听之,卒以孝闻。

纲 三月,梁主舍身于同泰寺。

〔梁克北魏东豫州〕

纲 冬十月,梁将湛僧智、夏侯夔围魏广陵⑤,克之。

目 湛僧智围魏东豫州刺史元庆和于广陵,魏将军元显伯救之,梁司州刺史夏侯夔引兵助僧智⑥。庆和举城降。夔以让僧智,僧智曰:"庆和欲降公,僧智今往,必乖其意。且僧智所将应募乌合之人,不可御以

---

① 豫:预先。

② 梁大通元年,北魏孝昌三年。

③ 东清河:郡名,治今山东淄博市东北。

④ 列:举实状告。

⑤ 广陵:县名,魏东豫州治,今河南息县。

⑥ 司州:当时治关南,在今河南信阳市平靖、武胜两关南。

法。公持军素严，必无侵暴，受降纳附，深得其宜。夔乃登城，拔魏帜，建梁帜。庆和束兵而出，吏民安堵。

陶新华　评注

楼　　劲　审定

纲鉴易知录卷三八

卷首语：本卷起梁武帝大通二年（528），止太清三年（549）。北魏末年变乱频发，发生胡太后之乱及河阴之变。朝廷与各地的一系列变乱废立，最终形成了高氏和宇文氏主导的东、西魏相争局面。其间穿插了投奔南朝的北魏宗室元颢由陈庆之护送入洛为帝，又迅速败亡之事。梁武帝晚年政衰，发生侯景之乱，南朝进一步衰落。

梁纪附北魏东西魏

高祖武帝

纲 戊申（528）①，春正月，魏大赦。

目 魏潘嫔生女，胡太后诈言皇子，大赦、改元。

〔北魏胡太后杀孝明帝立临洮王〕

纲 魏太后胡氏进毒，弑其主诩，而立临洮（táo）王世子钊。

目 太后再临朝以来，嬖幸用事，政事纵弛，盗贼蜂起，封疆日蹙。魏主年
　浸长，太后自以所为不谨，凡魏主所爱信者，辄以事去之，务为壅蔽，
　不使知外事。由是母子之间，嫌隙日深。

　是时，车骑将军、六州大都督尔朱荣兵强②，刘贵、段荣、尉景、蔡儁皆
　归之。贵屡荐高欢于荣，荣见其憔悴，未之奇也。厩有悍马，命欢翦
　之③。欢不加羁绊而翦之④，竟不蹄啮。起谓荣曰："御恶人亦由是
　矣⑤。"荣奇其言，坐之床下，屏左右，访以时事。欢曰："闻公有马十

---

① 梁大通二年，北魏孝昌四年、孝庄帝永安元年。
② 六州大都督：北魏为安置沃野、怀朔、武川、柔玄、抚冥、怀荒等六镇流民而设置的军
　事统帅，六州指恒、燕、云、朔、显、蔚等州。
③ 翦：整齐马鬃。
④ 羁绊：马络头曰羁，絷足曰绊。
⑤ 由：通"犹"。

二谷①,色别为群,畜此竟何用也?"荣曰:"但言尔意!"欢曰:"今天子阍弱,太后淫乱,嬖孽擅命,朝政不行。以明公雄武,乘时奋发,讨郑俨、徐纥之罪,以清帝侧,霸业可举鞭而成。此贺六浑之意也②。"荣大悦,自是每参军谋。

并州刺史元天穆与荣善,荣兄事之。常与天穆及贺拔岳密谋举兵入洛,内诛嬖幸,外清群盗,二人皆劝成之。表请不听,遂举兵塞井陉(xíng)③。魏主亦恶俨、纥等,逼于太后,不能去,密诏荣举兵内向,欲以胁太后。荣以高欢为前锋,至上党④,魏主复以私诏止之。俨、纥恐祸及己,阴与太后谋酖魏主,杀之。伪立皇子为帝,既而下诏,曰:"潘嫔所生,实皇女也。临洮世子钊,高祖之孙,可立。"遂迎钊即位。生三年矣,太后欲久专政,故立之。尔朱荣闻之,大怒,谓元天穆曰:"吾欲赴哀山陵,翦除奸佞,更立长君,何如?"天穆曰:"如此,则伊、霍复见于今矣⑤。"

〔河阴之变〕

纲 三月,魏尔朱荣举兵晋阳⑥。夏四月,至河阳⑦,立长乐王子攸,而沉太后胡氏及幼主钊于河,杀王公以下二千人。自为都督中外诸军事,

---

① 谷:山谷。
② 贺六浑:高欢之小字。
③ 井陉:即井陉道,太行八陉之一,今山西与河北之间要道。
④ 上党:郡名,治今山西长治市。
⑤ 伊霍:伊尹、霍光。伊尹放逐商王太甲三年,霍光废昌邑王刘贺,代指权臣废立皇帝。
⑥ 晋阳:郡名,今山西太原市。
⑦ 河阳:县名,今河南孟州市。

封太原王,遂入洛阳。

目 尔朱荣与元天穆议,以彭城武宣王有忠勋①,其子长乐王子攸,素有令望,欲立之。遣从子天光告之,子攸许之,荣乃起兵发晋阳。太后用徐纥计,遣李神轨帅众拒之,别将郑先护、郑季明守河桥②。四月,子攸潜自高渚渡河,会荣于河阳。济河,即位,以荣为都督中外诸军事,封太原王。先护、季明开城纳之,将军费穆亦降。徐纥、郑俨皆亡走,太后落发出家。荣召百官奉玺绶、备法驾,迎于河桥。遣骑执太后及幼主,至河阴③,沉之河。荣至陶渚④,引百官集于行宫西北,列胡骑围之。责以天下丧乱,肃宗暴崩,朝臣贪虐,不能匡弼之罪,因纵兵杀之。自丞相高阳王雍、司空元钦、仪同三司元略以下,死者二千余人。荣所从胡骑杀朝士既多,不敢入洛,荣乃议欲迁都。其将泛礼固谏,乃奉魏主入城,大赦。荣犹执迁都议,都官尚书元谌争之⑤,荣怒曰:"河阴之役,君应知之。"谌曰:"天下事当与天下论之,奈何以河阴之酷恐元谌乎!谌,国之宗室,位居常伯,正使今日碎首流肠,亦无所惧!"荣大怒,欲抵谌罪,谌颜色自若,乃舍之。后数日,荣与魏主登高,见宫阙壮丽,列树成行,乃叹曰:"元尚书之言,不可夺也。"由是罢议。

纲 五月,魏立肃宗嫔尔朱氏为后。

目 荣女先为肃宗嫔,荣欲魏主纳以为后。魏主疑之,黄门侍郎祖莹曰:

---

① 武宣王:彭城王元勰的谥号。忠勋:指元勰立宣武帝。
② 河桥:河阳黄河浮桥,在今河南孟州市南。
③ 河阴:县名,在今河南孟津县东。
④ 陶渚:陶河之渚,即孟津,在今河南孟州市南。
⑤ 都官尚书:尚书诸部之一,主掌刑狱。

"昔文公在秦,怀嬴入侍。事有反经合义①,陛下独何疑焉!"遂从之,
荣甚悦。

纲 尔朱荣还晋阳。以元天穆为侍中、录尚书事,兼领军将军。

目 荣令元天穆入洛阳,朝廷要官,悉用其腹心为之。

纲 秋九月,魏尔朱荣自为大丞相。

〔梁拥元颢入洛〕

纲 冬十月,梁立元颢(hào)为魏王②,遣将军陈庆之将兵纳之。

纲 己酉(529)③,夏四月,魏王颢拔荥(xíng)城④,称皇帝。

纲 五月,魏王颢取梁国、荥阳、虎牢⑤。

纲 魏主子攸奔河内⑥。

纲 颢入洛阳,以陈庆之为车骑大将军。

纲 闰六月,魏尔朱荣渡河。魏王颢走,死。陈庆之走,归梁。魏主子攸
归洛阳,荣自为天柱大将军。

纲 秋七月,魏以高道穆为中尉。

---

① 反经合义:虽违背常道,但也符合义理。
② 元颢:魏北海王,本年四月奔梁。
③ 梁中大通元年,北魏永安二年。
④ 荥城:即堂城,在今河南宁陵县西北。
⑤ 梁国:今河南兰考县一带。
⑥ 河内:郡名,治今河南沁阳市。

目魏主之姊寿阳公主行犯清路,道穆击破其车。公主泣诉之,魏主曰:"中尉清直,岂可以私责之!"道穆见魏主,魏主劳之,道穆免冠谢,魏主曰:"朕愧卿,卿何谢也。"

〔梁武帝崇佛〕

纲魏始铸永安五铢钱。

纲九月,梁主舍身于同泰寺。

目梁主幸同泰寺,设大会。释御服,持法衣,行清净大舍①。素床瓦器,乘小车,役私人。亲为四众讲《涅槃经》。群臣以钱一亿万奉赎②,表请还宫。三请,乃许。

纲庚戌(530)③,秋七月,魏以宇文泰为征西将军,行原州事④。

目宇文泰从贺拔岳入关,以功迁征西将军,行原州事。时关、陇凋弊⑤,泰抚以恩信,民皆感悦,曰:"早遇宇文使君,吾辈岂从乱乎!"

纲九月,长星见。

〔北魏孝庄帝诛尔朱荣〕

纲魏尔朱荣至洛阳,与太宰元天穆皆伏诛。

---

① 清净大舍:舍身持戒。
② 亿:古代一般以十万为一亿。
③ 梁中大通二年,北魏建明元年。
④ 原州:治今宁夏固原市原州区。
⑤ 关、陇:关中和陇右,今陕西、甘肃一带。

目　魏尔朱荣虽居外藩,遥制朝政。魏主性勤政事,数亲览词讼,理冤狱,荣闻之,不悦。城阳王徽、侍中李彧劝魏主除荣,侍中杨侃、仆射元罗、胶东侯李侃晞亦预其谋。会荣请入朝,徽等劝因其入,刺杀之。魏主疑未定,而谋颇泄。尔朱世隆疑有变①,乃为匿名书,云“天子欲杀天柱”,以白荣。荣恃其强,不以为意。九月,至洛阳,魏主即欲杀之,以元天穆在并州,恐为后患,故忍未发,并召天穆。天穆至,荣与天穆俱入,坐。李侃晞等抽刀从东户入,荣即起趋御座,魏主先横刀膝下,遂手刃之,天穆亦死。内外喜噪,百僚入贺。魏主登门大赦。是夜,尔朱世隆帅荣部曲,走屯河阴。

纲　魏仆射尔朱世隆反,与汾州刺史尔朱兆立长广王晔于长子②。冬十二月,入洛阳,迁其主攸于晋阳而弑之。

纲　魏纥豆陵步蕃大破尔朱兆于秀容。兆及晋州刺史高欢击杀之。兆使欢统六镇。

纲　辛亥(531)③,春二月,魏乐平王尔朱世隆废其主晔,而立广陵王恭。

目　尔朱世隆兄弟密议,以魏主晔疏远④,无人望,欲立近亲。广陵王恭,羽之子也,好学有志度,以元乂擅权,阳得瘖(yīn)疾⑤。郎中薛孝通说尔朱天光曰:“广陵,高祖犹子⑥,夙有令望,沉晦不言,多历年所。

---

① 尔朱世隆:尔朱荣从弟。
② 汾州:治今山西汾阳市。长子:县名,在今山西长治市上党区东北。
③ 梁中大通三年,北魏普泰元年。
④ 疏远:指皇室远亲。
⑤ 瘖:哑。
⑥ 高祖犹子:孝文帝侄。

若奉以为主,则天人允协矣。"天光使尔朱彦伯潜往胁之,恭乃曰:"天何言哉!"世隆等大喜,乃废晔而立之。邢子才为赦文,叙敬宗枉杀尔朱荣之状①,魏主曰"永安手翦强臣②,非为失德,直以天未厌乱③,故逢成济之祸耳④。"魏主闭口八年,至是乃言,中外欣然,以为明主。

纲 魏河北大使高乾起兵信都,以冀州迎高欢⑤。

目 乾与前河内太守封隆之等袭信都,奉隆之行州事,为敬宗举哀,誓众,移檄州郡,共讨尔朱氏。高欢屯壶关⑥,声言讨信都。众惧,高乾曰:"吾闻高晋州雄略盖世⑦,其志不居人下。且尔朱无道,弑君虐民,正是英雄立功之会。今日之来,必有深谋,吾当轻马迎之,君等勿惧。"乃潜谒欢于滏(fǔ)口⑧,说之,欢大悦。

初,赵郡太守李元忠好酒⑨,无政绩。及尔朱兆弑敬宗,元忠弃官归,谋举兵讨之。会高欢东出,元忠乘露车,载素筝浊酒,以迎欢,欢未即见。元忠下车独酌,谓门者曰:"今闻国士到门,不吐哺、辍洗⑩,其人可知。还吾刺⑪,勿通也!"门者以告,欢遽见之。引入,觞再行,取筝

---

① 敬宗:北魏孝庄帝。
② 永安:指北魏孝庄帝。
③ 直:只是。
④ 成济之祸:司马昭手下成济杀曹魏高贵乡公曹髦。
⑤ 冀州:治今河北邢台市。
⑥ 壶关:此处或为县名,今山西长治市东南;或为关名,今长治市东北黎城县。
⑦ 高晋州:指高欢,时为晋州刺史。
⑧ 滏口:陉名,太行八陉之一,在今河北邯郸市峰峰矿区。
⑨ 赵郡:此南赵郡,治今河北内丘县东北。
⑩ 吐哺、辍洗:周公一饭三吐哺以待士,汉高帝辍洗以见郦食其。
⑪ 刺:名刺,自通姓名和身份之书札。

鼓之,长歌慷慨。歌阕①,谓欢曰:"天下形势可见,公犹事尔朱邪?"欢曰:"富贵皆彼所致,敢不尽节?"元忠曰:"非英雄也!"欢曰:"赵郡醉矣。"使人扶出。长史孙腾曰:"此君天遣来,不可违也。"欢乃复留与语,元忠慷慨流涕,欢亦悲不自胜。元忠因进策曰:"殷州小②,无粮、仗③,不足以济大事。若向冀州,高乾兄弟必为明公主人。殷州便以赐委。冀、殷既合,沧、瀛、幽、定自当弥服矣④。"欢急握元忠手而谢焉。欢至信都,封隆之、高乾纳之。

纲 魏封其故主晔为东海王。

纲 魏以高欢为渤海王。

目 魏封欢为渤海王,征之,不至,乃以为东道大行台、冀州刺史。

纲 夏四月,梁太子统卒。

目 统宽和容众,喜怒不形于色。好读书属文,引接才俊,不蓄声乐。每霖雨积雪,遣左右周行闾巷,视贫者赈之。天性孝谨,及卒,朝野愔愕,谥曰昭明。

纲 梁主立子纲为太子。六月,封孙欢为豫章王,誉为河东王,詧(chá)为岳阳王。

---

① 阕:曲终。
② 殷州:治今河北邢台市隆尧县。
③ 仗:兵器。
④ 沧:州名,治今河北盐山县。瀛:州名,治今河北河间市。

目初,昭明太子葬丁贵嫔①,有道士云:"此地不利长子,请厌之②。"乃为腊鹅及诸物,埋于墓侧。宫监鲍邈之密启梁主,云:"太子有厌祷。"梁主遣检掘,得鹅物,大惊。将穷其事,徐勉固谏而止。及太子卒,梁主欲立其长子华容公欢为嗣,衔其旧事③,犹豫久之,竟不立。既而立太子母弟晋安王纲为太子。朝野多以为不顺,侍郎周弘正以尝为纲主簿,乃奏记曰:"谦让道废,多历年所。愿殿下抗目夷之义④,执子臧之节⑤,改浇竞之俗,以大吴国之风⑥。"纲不能从。

纲以徐摛(chī)为家令⑦,兼管记⑧。摛文体轻丽,春坊学之⑨,时人谓之"宫体"。梁主闻之,怒,召摛,欲加诮责。及见,应对明敏,意更释然。因问经史及释教,摛商校纵横,梁主深叹异之,宠遇日隆。朱异不悦,谓所亲曰:"徐叟渐来见逼,我须早为之所。"遂乘间白梁主曰:"摛老,爱泉石,意在一郡。"梁主谓摛真欲之,乃谓曰:"新安大好山水⑩。"遂出为守。寻以人言不息,封欢、誉、詧等,以慰其心。

纲魏冀州刺史高欢起兵,讨尔朱氏。

纲冬十一月,魏高欢立渤海太守元朗,自为丞相,败尔朱兆等军于广阿。

---

① 丁贵嫔:太子母。

② 厌:即厌胜,以巫术驱镇邪祟。

③ 衔:恨。

④ 目夷:指春秋时宋桓公庶子司马子鱼,太子兹甫愿让国而子鱼退走。

⑤ 子臧之节:春秋晋厉公执曹宣公而欲立曹公子臧,子臧辞不受。

⑥ 吴国之风:周太伯、仲雍让国于季历而奔吴,后来吴季札又让国于诸樊。

⑦ 家令:太子家令,掌太子家事。

⑧ 管记:负责文书撰写的官。

⑨ 春坊:东宫。

⑩ 新安:郡名,治海宁县,今浙江淳安市。

纲壬子(532)①,春正月,梁封西丰侯正德为临贺王。

纲魏丞相欢克相州②,以杨愔(yīn)为行台右丞③。

纲三月,魏主朗入居于邺,高欢自为太师。

纲闰月,魏尔朱天光等会兵攻邺,高欢击破之。

纲夏四月,魏将军斛斯椿执尔朱天光、度律送邺。世隆伏诛,仲远奔梁。

纲高欢入洛阳,废其主恭及朗,而立平阳王修④,自为大丞相。

纲魏尔朱度律、天光伏诛。

纲五月,魏封其故主朗为安定王。

纲魏主修弑其故主恭。

纲秋七月,魏大丞相欢讨尔朱兆,走之,遂据晋阳。

纲冬十一月,魏主修弑安定王朗、东海王晔。

纲十二月,魏立后高氏⑤。

纲癸丑(533)⑥,春正月,魏大丞相欢袭秀容,杀尔朱兆。

---

① 梁中大通四年,北魏永熙元年。
② 相州:治今河北临漳县。
③ 行台右丞:行台左、右丞常不并设,掌行台诸务。
④ 修:孝武帝元修。
⑤ 高氏:高欢长女。
⑥ 梁中大通五年,北魏永熙二年。

纲 魏以贺拔胜为荆州刺史①。

纲 秋八月，魏以贺拔岳为雍州刺史②。

〔宇文泰定关陇〕

目 初，贺拔岳遣行台郎冯景诣晋阳，高欢与景歃盟，约与岳为兄弟。景还，言于岳曰："欢奸诈有余，不可信也。"府司马宇文泰请使晋阳，以观欢之为人，欢奇其状貌，曰："此儿视瞻非常。"将留之，泰固求复命。欢既遣而悔之，发驿急追，至关不及而返。泰至，谓岳曰："欢所以未篡者，正惮公兄弟耳，侯莫陈悦之徒，非所忌也。公但潜为之备，图欢不难。"岳大悦，复遣诣洛阳请事，密陈其状。魏主喜，以岳为都督二十州军事、雍州刺史。岳遂引兵西屯平凉③。岳以夏州被边要重④，欲求良刺史，众举宇文泰。岳曰："左丞⑤，吾左右手，何可废也！"沉吟累日，卒表用之。

纲 甲寅（534）⑥，春正月，魏秦州刺史侯莫陈悦杀贺拔岳⑦，魏以宇文泰统其军。

纲 夏四月，魏宇文泰讨侯莫陈悦，诛之，遂定秦、陇⑧。魏以泰为关西大都督。

---

① 荆州：时治今河南唐河县。

② 雍州：时治今陕西西安市。

③ 平凉：郡名，治今甘肃平凉市。

④ 夏州：治今陕西米脂县西。

⑤ 左丞：尚书左丞，指宇文泰。

⑥ 梁中大通六年，西魏永熙三年，东魏天平元年。是岁北魏分为东魏、西魏。

⑦ 秦州：治今甘肃天水市。

⑧ 秦、陇：关中与陇右，今陕西和甘肃一带。

〔北魏分裂为东、西魏〕

纲六月，魏大丞相欢举兵反。秋七月，魏主修奔长安。欢入洛阳，推清
　　河王亶承制决事。魏主以宇文泰为大将军、尚书令。

目高欢举兵向阙，中军将军王思政言于魏主曰："高欢之心，昭然可知。
　　洛阳非用武之地，宇文泰乃心王室，今往就之，还复旧京，何虑不克？"
　　魏主深然之，遣侍郎柳庆见泰于高平。泰请奉迎舆驾。
　　时东郡太守裴侠帅兵诣洛①，王思政问以西巡之计。侠曰："宇文泰
　　已操戈矛，宁肯授人以柄？虽欲投之，恐无异避汤入火也。"思政曰：
　　"然则何如而可？"侠曰："图欢有立至之忧，西巡有将来之虑。且至
　　关右，徐思其宜耳。"思政然之，乃进侠于魏主，授左中郎将。七月，魏
　　主西奔长安。欢遂入洛阳，杀仆射辛雄以下数人，推清河王亶为大司
　　马，承制决事。宇文泰备仪卫，迎魏主，谒见于东阳驿②。魏主遂入长
　　安，以泰为大将军、雍州刺史，兼尚书令。
　　先是，荧惑入南斗，去而复还，留止六旬。梁主以谚云"荧惑入南
　　斗③，天子下殿走"，乃跣（xiǎn）而下殿以禳之④。及闻魏主西奔，惭
　　曰："虏亦应天象邪？"

纲冬十月，魏大丞相欢立清河世子善见于洛阳⑤。

――――――――――

① 东郡：治今河南滑县。
② 东阳驿：在今陕西渭南市东东阳水附近。
③ 南斗：斗宿，二十八星宿之一。
④ 跣：光脚走。禳：祭祀以驱邪求福。
⑤ 魏：东魏。

目欢集百官耆老,议所立。时清河王亶出入已称警跸①,欢丑之,遂立其世子善见为帝,谓亶曰:"欲立王,不如立王之子。"善见即位,时年十一。

纲魏以宇文泰为大丞相②。

纲十一月,东魏迁于邺。

纲闰十二月,魏大丞相泰进毒,弑其君修。

纲乙卯(535)③,春正月朔,魏大丞相泰立南阳王宝炬。

纲魏大丞相泰自为都督中外诸军事,封安定公。

纲魏立后乙弗氏。

纲东魏大丞相欢自为相国,假黄钺,加殊礼。复辞不受。

〔西魏苏绰制计帐户籍法〕

纲魏大丞相泰以苏绰为行台左丞。

目宇文泰用苏绰为行台郎中,居岁余,未之知也。而台中皆称为能,有疑事,皆就决之。泰与仆射周惠达论事,惠达请出议之,以告绰。绰为之区处,惠达入白之,泰称善,曰:"谁与卿为此议者?"惠达以绰对,且称绰有王佐之才。泰召绰,问天地造化之始,历代兴亡之迹,绰应

---

① 警跸:古代帝王出入专用的戒严措施。
② 魏:西魏,《纲鉴易知录》以西魏为正统,以下的"魏"皆指西魏。
③ 梁大同元年,西魏大统元年,东魏天平二年。

对如流。遂留至夜,问以政事,卧而听之,绰陈为治之要,泰起,整衣危坐,不觉膝之前席,语达曙不厌①。诘朝②,谓惠达曰:"苏绰真奇士,吾方任之以政。"即拜左丞,参典机密,自是宠遇日隆。绰始制文案程式朱出、墨入,及计帐、户籍之法,后人多遵用之。

纲 夏五月,魏大丞相泰自加柱国。

纲 冬十一月,梁侍中徐勉卒。

目 勉虽骨鲠不及范云③,亦不阿意苟合。故梁世言贤相者称范、徐云。

〔东魏封高洋太原公〕

纲 东魏封高洋为太原公。

目 洋,欢之子也,内明决而外如不慧,众皆嗤鄙之④,独欢异之。谓长史薛琡(chù)曰:"此儿识虑过吾。"幼时,欢尝欲观诸子意识,使各治乱丝,洋独抽刀斩之,曰:"乱者必斩!"

纲 丙辰(536)⑤,春二月,东魏大丞相欢遣其世子澄入邺辅政,东魏以为尚书令、京畿大都督⑥。

纲 东魏大丞相欢以陈元康为功曹。

---

① 曙:天亮。
② 诘朝:次日早晨。
③ 骨鲠:刚直。
④ 嗤:嘲笑。
⑤ 梁大同二年,西魏大统二年,东魏天平三年。
⑥ 京畿大都督:京城宿卫兵的统领。

目 高季式荐元康于高欢,曰:"是能夜中闇书①,快吏也。"欢召之,一见,即授功曹,掌机密。时军国多务,元康问无不知。与功曹赵彦深同知机密,而元康性柔谨,欢甚亲之,曰:"此人天赐我也。"

纲 梁处士陶弘景卒。

目 弘景博学,好养生。仕齐为奉朝请②,弃官,隐居茅山③。梁主早与之游,及即位,恩礼甚笃,每得其书,焚香虔受。屡以手敕招之,弘景不出。国家每有大议,必先谘之,时人谓之"山中宰相"。将没,为诗曰:"夷甫任散诞,平叔坐论空④。岂悟昭阳殿,遂作单于宫!"时士大夫竞谈玄理,不习武事,故弘景诗及之。

纲 夏四月,梁以江子四为右丞。

目 子四上封事,极言得失。梁主诏曰:"古人有言:'屋漏在上,知之在下。'朕有过失,不能自觉,子四所言,尚书时加检括,速以启闻。"

纲 丁巳(537)⑤,秋八月,梁修长干塔。

目 梁主修长干寺阿育王塔⑥,出佛爪、发、舍利。幸寺,设无碍食,大赦。

纲 闰九月,东魏大丞相欢侵魏。冬十月,魏大丞相泰迎战渭曲,大

---

① 闇书:黑暗中写字。

② 奉朝请:有资格参加朝会的加衔。

③ 茅山:即句曲山,在今江苏句容市东南。

④ 夷甫:王衍字。平叔:何晏字。二人都是玄学家,善清谈。

⑤ 梁大同三年,西魏大统三年,东魏天平四年。

⑥ 长干寺:在今江苏南京市南。

败之①。

纲 戊午(538)②,春正月,朔,日食。二月,东魏遣行台侯景治兵虎牢,复
　取汾、颍、豫、广四州③。

纲 魏废其后乙弗氏,立柔然女郁久闾氏为后④。

纲 秋七月,梁大赦。

目 以得如来舍利也。

纲 冬十二月,东魏改停年格。

纲 己未(539)⑤,春正月,梁以何敬容为尚书令。

纲 夏五月,东魏立后高氏⑥。

纲 冬十月,魏置纸笔于阳武门,以求言。

纲 魏制礼乐。

纲 庚申(540)⑦,春二月,柔然侵魏,魏主杀其故后乙弗氏。

---

① 渭曲:在今陕西大荔县东南。
② 梁大同四年,西魏大统四年,东魏元象元年。
③ 汾:东魏南汾州,治今山西乡宁县。颍:州名,治今河南长葛市。豫:州名,治今河南
　息县。广:州名,治今河南鲁山县。
④ 柔然:北魏时北方少数民族政权。
⑤ 梁大同五年,西魏大统五年,东魏兴和元年。
⑥ 高氏:高欢次女。
⑦ 梁大同六年,西魏大统六年,东魏兴和二年。

纲 辛酉(541)①,秋九月,魏省官员,置屯田,颁六条。

目 宇文泰欲革时政,为强国富民之法,度支尚书苏绰赞成其事。减官员,置二长,并置屯田,以资军国。又为六条诏书:一曰清心;二曰敦教化;三曰尽地利;四曰擢贤良;五曰恤狱讼;六曰均赋役。泰常置诸坐右,令百司习诵之,非通六条及计帐者不得居官。既而又益新制十二条。

纲 冬十二月,东魏大稔。

纲 壬戌(542)②,秋八月,东魏以侯景为河南大行台。

纲 冬十二月,梁卢子略作乱,广州参军陈霸先讨平之。

目 孙囧、卢子雄讨李贲,以春瘴方起,请待至秋。武林侯谘趣之,众溃而归。谘诬奏囧及子雄逗留,赐死。子雄弟子略及杜僧明、周文育等帅众攻广州。参军吴兴陈霸先帅精甲三千击破之③,擒僧明、文育。霸先以二人骁勇过人,释之,以为主帅。诏以霸先为直阁将军④。

纲 癸亥(543)⑤,夏四月,东魏以侯景为司空。

纲 冬十一月,东魏筑长城于肆州。

---

① 梁大同七年,西魏大统七年,东魏兴和三年。
② 梁大同八年,西魏大统八年,东魏兴和四年。
③ 吴兴:郡名,治今浙江湖州市。
④ 直阁将军:在殿、阁执行宿卫任务的将军。
⑤ 梁大同九年,西魏大统九年,东魏武定元年。

纲甲子(544)①,春三月,东魏以高澄为大将军,领中书监。

目高欢多在晋阳,委孙腾、司马子如、高岳、高隆之以朝政。邺中谓之"四贵",权势熏灼,专恣骄贪。欢欲损夺其权,故以澄领中书监,移门下机事总归中书,文武赏罚皆禀于澄。

纲夏四月,梁尚书令何敬容有罪,免。

目敬容复为太子詹事②。太子尝于玄圃自讲老、庄,敬容谓人曰:"昔西晋祖尚玄虚,使中原沦于胡羯。今东宫复尔,江南亦将为戎乎?"

纲五月,魏大都督、琅邪公贺拔胜卒。

目宇文泰常谓人曰:"诸将对敌,神色皆动,唯贺拔公临陈如平时③,真大勇也!"

纲秋七月,东魏以崔暹(xiān)为中尉,宋游道为左丞。

目魏自正光以后,政刑弛纵,在位多贪污。高欢启以宋游道为御史中尉,澄请以崔暹为之,以游道为尚书左丞。谓曰:"卿一人处南台,一人处北省④,当使天下肃然。"暹选毕义云等为御史,时称得人。澄与诸公出之东山,遇暹于道,前驱为赤棒所击,澄回马避之。尚书令司马子如、太师咸阳王坦贪黩无厌,暹弹之,削其官爵,其余死黜者甚众。游道奏驳尚书违失数百条,省中豪吏并鞭斥之。高隆之诬游道有不臣之言,罪当死。黄门侍郎杨愔曰:"畜狗求吠,今以数吠杀之,

---

① 梁大同十年,西魏大统十年,东魏武定二年。
② 詹事:东宫要官,综理太子诸务。
③ 陈:同"阵"。
④ 南台:御史台。北省:尚书省。

恐将来无复吠狗。"游道竟坐除名。然遒实巧诈,高澄纳魏琅邪公主,
意遒必谏,遒入谙事,不复假以颜色。居三日,遒怀刺坠之于前,澄
问:"何为?"遒悚然曰:"未得通公主。"澄大悦,把遒臂入见之。崔季
舒语人曰:"崔遒常忿吾佞,及其自作,乃过于吾。"

纲乙丑(545)①,春正月,东魏作晋阳宫②。

〔西魏遣使突厥〕

纲三月,魏遣使如突厥。

目突厥本西方小国,姓阿史那氏,世居金山之阳。其酋长土门始强大,
颇侵魏西边。至是,魏使至,其国人皆喜曰:"大国使者至,吾国其将
兴矣。"

纲冬,梁散骑常侍贺琛上书论事,诏诘责之。

目琛启陈四事。启奏,梁主大怒,召主书于前,口授敕书诘责之。琛但
谢过而已,不敢复言。

梁主为人孝慈恭俭,博学能文。勤于政务,冬月视事,执笔触寒,手为
皴(cūn)裂③。自天监中用释氏法,长斋一食,惟菜羹、粝(lì)饭而已④。
身衣布衣,木绵皂帐,一冠三载,一衾二年,后宫衣不曳地。性不饮
酒,非祭祀、飨(xiǎng)宴及诸法事,未尝作乐。虽居暗室,恒理衣冠小

---

① 梁大同十一年,西魏大统十一年,东魏武定三年。
② 晋阳宫:高欢建立的宫殿,在晋阳,今山西太原市。
③ 皴:因受寒而皮肤开裂。
④ 粝:粗米。

坐,盛暑未尝褰(qiān)祖①,对内竖小臣,如遇大宾。然优假士人太过,牧守多侵渔百姓,使者干扰郡县。又好亲任小人,颇伤苛察。多造塔庙,公私费损。江南久安,风俗奢靡,故琛启及之。

梁主年老,又持佛戒,每断重罪,则终日不怿。或谋反逆,事觉亦泣而宥之。由是王侯益横,或白昼杀人,暮夜剽掠。梁主深知其弊,而溺于慈爱,不能禁也。

纲 丙寅(546)②,春三月,梁主讲佛书于同泰寺。夏四月,同泰浮图灾,复作之。

目 梁主幸同泰寺,讲《三慧经》。四月,解讲。是夕,浮图灾,梁主曰:"此魔也,更宜广为法事。"遂起十二层浮图,将成,值侯景乱,乃止。

纲 秋七月,梁禁用短钱③。

〔东魏迁洛阳石经于邺〕

纲 八月,东魏迁石经于邺④。

纲 魏以韦孝宽为并州刺史⑤,守玉璧⑥。

纲 冬十月,梁以岳阳王詧为雍州刺史。

---

① 褰:撩起衣服。祖:裸露手臂。
② 梁中大同元年,西魏大统十二年,东魏武定四年。
③ 短钱:亦称"短陌",即不足陌之钱。
④ 石经:指东汉熹平四年蔡邕于洛阳所书石经及三国曹魏时所刻三体石经。
⑤ 并州:治今山西太原市。
⑥ 玉璧:城名,在今山西稷山县西南。

目 詧以梁主衰老,朝多秕(bǐ)政①,遂蓄财下士,招募勇敢,左右至数千人。以襄阳形胜,梁业所基,可图大功,乃克己为政,抚循士民,数施恩惠,延纳规谏,所部称治。

〔玉璧之战〕

纲 十一月,东魏大丞相欢侵魏,围玉璧,不克而还。

目 东魏高欢悉山东之众伐魏,至玉璧,围而攻之,昼夜不息。魏韦孝宽随机拒之,欢无如之何。乃使祖珽说之使降,孝宽曰:"攻者自劳,守者常逸。孝宽关西男子,必不为降将军也!"欢乃解围去。

纲 东魏大将军澄如晋阳。

目 高欢病,使太原公洋镇邺,而征澄赴晋阳。

纲 魏度支尚书苏绰卒。

目 绰性忠俭,常以丧乱未平为己任,荐贤拔能,纪纲庶政。宇文泰推心任之,或出游,常预署空纸以授绰,有须处分,随事施行。绰尝谓:"为国之道,当爱人如慈父,训人如严师。"每与公卿论议,自昼达夜,事无巨细,若指诸掌。积劳成疾而卒,泰深痛惜之,谓公卿曰:"苏尚书平生廉让,吾欲全其素志,则恐悠悠之徒,有所未达;如厚加赠谥,又乖宿昔相知之心,何为而可?"令史麻瑶越次进曰:"俭约,所以彰其美也。"泰从之。归葬武功②,载以布车一乘,泰与群公步送之,酹酒言

---

① 秕政:衰败之政。
② 武功:在今陕西兴平市西北。

曰："尔知吾心,吾知尔志,方欲共定天下,遽舍吾去,奈何!"因举声恸
哭,不觉卮落于手。

纲 丁卯(547)①,春正月,朔,日食。

纲 梁以湘东王绎为荆州刺史。

纲 东魏大丞相渤海王高欢卒。

目 欢性深密,终日俨然,人不能测。驭军严肃,听断明察。雅尚俭素,刀
剑鞍勒,无金玉之饰。病笃,谓世子澄曰:"侯景专制河南,十四年矣!
常有飞扬跋扈之志,顾我能畜养,非汝所能驾驭也。今四方未定,勿
遽发哀。厍(shè)狄干、斛律金②,并性遒直,终不负汝。堪敌侯景者,
唯有慕容绍宗,我故不贵之,留以遗汝。"又曰:"段孝先忠亮仁厚,智
勇兼备,军旅大事,宜共筹之。"遂卒。澄秘不发丧,唯行台丞陈元康
知之。

纲 东魏大行台侯景以河南降魏。

目 景右足偏短,弓马非其所长,而多谋算。诸将高敖曹、彭乐等,皆勇冠
一时,景常轻之。尝言于高欢:"愿得兵三万,横行天下,要须济江,缚
取萧衍老公,以为太平寺主。"欢使将兵十万,专制河南。景素轻高
澄,尝曰:"高王在③,吾不敢有异;王没,吾不能与鲜卑小儿共事
矣④。"及闻欢疾笃,用其行台郎王伟计,拥兵自固。欢卒,遂以河南

---

① 梁太清元年,西魏大统十三年,东魏武定五年。
② 厍狄干:高澄的姑父。斛律金:时为大司马。
③ 高王:指高欢。
④ 鲜卑小儿:指高澄。

降魏。魏以景为太傅、大行台。

纲 二月,魏除官刑。

〔侯景以河南叛附于梁〕

纲 侯景复以河南叛附于梁。梁封景为河南王,遣兵援之。

目 景又遣郎中丁和奉表于梁,请举河南十三州内附。梁主召群臣廷议,仆射谢举等皆曰:"顷与魏和,边境无事,不宜纳其叛臣。"梁主曰:"机会难得,岂宜胶柱!"先是,正月乙卯,梁主梦中原牧守,皆以地来降。旦见朱异,告之,异曰:"此宇内混一之兆也。"及丁和至,称景定计,实以正月乙卯(十七日)。梁主愈神之,然意犹未决。尝独言:"我国家如金瓯,无一伤缺,今忽受景地,讵是事宜①?脱致纷纭,悔之何及?"朱异揣知梁主意,对曰:"今景分魏土之半以来,自非天诱其衷,何以至此?若拒而不纳,恐绝后来之望。愿陛下无疑。"梁主乃以景为大将军,封河南王,都督河南、北诸军事。遣司州刺史羊鸦仁督桓和②、湛海珍等,将兵三万趣悬瓠③,以应之。平西谘议周弘正善占候,前此谓人曰:"国家数年后,当有兵起。"及闻纳景,曰:"乱阶在此矣。"

纲 三月,梁主舍身于同泰寺。

纲 秋七月,东魏大将军澄入邺,幽其主于宫中,杀侍讲荀济等而还。

---

① 讵:难道。
② 司州:治今河南信阳市。
③ 悬瓠:今河南汝南县。

目东魏主多力，善射，好文学，时人以为有孝文风烈。高澄深忌之，使崔季舒察魏主动静。澄尝侍饮，举大觞属魏主①，魏主不胜，忿，曰："自古无不亡之国，朕亦何用此生为！"澄怒骂，使季舒拳殴魏主，奋衣而出。魏主不堪忧辱，咏谢灵运诗曰："韩亡子房奋，秦帝鲁连耻。"侍讲荀济知魏主意，乃与祠部郎中元瑾、华山王大器等谋诛澄。事觉，澄幽魏主于含章堂，烹济等于市。遂还晋阳。

纲九月，梁堰泗水，以攻东魏之彭城②。冬十一月，东魏行台慕容绍宗击败之，获萧渊明。

目梁主命侍中羊侃与渊明堰泗水于寒山③，以灌彭城，俟得彭城，乃进军与景掎角。堰成，东魏遣大都督高岳救彭城，欲以潘乐为副。陈元康曰："乐缓于机变，不如慕容绍宗，且先王之命也。"乃以绍宗为东南道行台，与岳、乐偕行。景闻绍宗来，叩鞍有惧色，曰："谁教鲜卑儿解遣绍宗来！若然，高王定未死邪！"绍宗帅众十万，据囊驼岘。羊侃劝渊明乘其远来击之，不从，侃乃帅所领，出屯堰上。绍宗将卒掩击之，梁兵大败，渊明为所虏，羊侃结陈徐还。

初，高澄以杜弼为军司，问以政要。弼曰："天下大务，莫过赏罚。赏一人使天下之人喜，罚一人使天下之人惧，二事不失，自然尽善。"澄大悦。至是使弼作檄，移梁朝，略曰："侯景以鄙俚(lǐ)之夫，遭风云之会，位班三事，邑启万家，而离披不已④，意亦可见。彼乃授之以利器，

---

① 大觞：大酒杯。属：劝酒。
② 堰：壅堵。
③ 寒山：在今徐州市东南。
④ 离披：散乱。

诲之以慢藏①,使其势得容奸,时堪乘便。终恐倔强不掉②,狼戾难驯,横使江、淮士子,荆、扬人物,死亡矢石之下,夭折雾露之中。彼梁主者,轻险有素,老耄及之。用舍乖方,废立戾所,矫情动俗,饰智惊愚。毒螫(shì)满怀,妄敦戒业,躁竞盈胸,谬治清净。灾异降于上,怨讟兴于下③,传险躁之风俗,任轻薄之子孙,朋党路开,兵权在外。必将祸生骨肉,衅起腹心,强弩冲城,长戈指阙。徒探雀鷇(kòu)④,无救府藏之虚;空请熊蹯(fán)⑤,讵(jù)延晷刻之命。外崩中溃,今实其时。"其后梁室祸败,皆如弼言。

纲 戊辰(548)⑥,春正月,东魏慕容绍宗击侯景。景众溃走,袭据寿春,梁以为南豫州牧⑦。

目 慕容绍宗以铁骑五千夹击侯景,景众大溃。景与数骑济淮,稍收散卒,得步骑八百人,昼夜兼行。追军不敢逼,使谓绍宗曰:"景若就擒,公复何用?"绍宗乃纵之。

景走寿阳,夜至城下,监州事韦黯开门纳景,景遣其将分守四门。梁朝闻景败,咸以为忧。詹事何敬容言于太子,曰:"得景遂死,深为朝廷之福。"太子失色问故,敬容曰:"景翻覆叛臣,终当乱国。"

---

① 慢藏:典出《易》之"慢藏诲盗",义为敛藏财物不谨慎,等于诱人偷窃。

② 倔强不掉:无法无天,难以驾驭。

③ 怨讟:怨恨。

④ 探雀鷇:指战国时赵武灵王在沙丘之乱中被幽禁,被迫抓幼鸟以充饥。

⑤ 请熊蹯:指春秋时楚成王请求吃过熊掌再死。

⑥ 梁太清二年,西魏大统十四年,东魏武定六年。

⑦ 南豫州:治今安徽寿县。但南豫州治所常有变迁。

景以败,乞自贬。梁主不许,以景为南豫州牧。光禄大夫萧介谏曰①:
"臣闻凶人之性不移,天下之恶一也。侯景以凶狡之才,荷高欢卵翼
之遇,欢坟土未干,即还反噬之。力不逮,乃复逃死关西,宇文不容,
故复投身于我。陛下前者所以受之,正欲比属国降胡,冀获一战之效
耳。今既亡师失地,直是境上之匹夫,陛下爱匹夫而弃与国②,臣窃不
取。若犹待其岁暮之效,则彼弃乡国如脱屣(xǐ),背君亲如遗芥,岂知
远慕圣德,为江、淮之纯臣乎?"梁主不能用。

纲 二月,东魏求成于梁③。

目 高澄数遣书,求好于梁,梁未之许。澄谓萧渊明曰:"若梁主不忘旧
好,诸人并即遣还,侯景家属,亦当同遣。"渊明遣人奉启还梁,梁主与
朝臣议之。朱异等皆以为便,司农卿傅岐独曰④:"此高澄设间,欲令
侯景自疑而作乱耳。若许通好,正堕其计中。"异等固执宜和,梁主亦
厌用兵,乃许之。使还过寿阳,侯景知之,摄问具服⑤。景乃诈为邺
中书,求以渊明易景,梁主复书曰:"贞阳旦至⑥,侯景夕返。"景谓左
右曰:"我固知吴老公薄心肠⑦!"王伟说景曰:"今坐听亦死,举大事
亦死,唯王图之!"于是始为反计。

纲 三月,梁交州司马陈霸先讨李贲,平之。

---

① 光禄大夫:有地位无实职的荣衔。
② 与国:盟国、友邦,指东魏。
③ 求成:求和。
④ 司农卿:掌钱谷仓储。
⑤ 摄:捕。
⑥ 贞阳:指贞阳侯萧渊明。
⑦ 吴老公:指梁武帝。

〔侯景之乱〕

纲 秋八月，梁侯景反寿阳，梁主遣邵陵王纶督诸军讨之。

目 景知临贺王正德屡以贪暴得罪，阴养死士，幸国家有变。遣徐思玉致笺，曰："天子年尊，奸臣乱国，大王属当储贰，中被废黜，景虽不敏，实思自效。"正德大喜，报之曰："仆为其内，公为其外，何有不济？机事在速，今其时矣。"景遂反于寿阳，以诛中领军朱异等为名。梁主诏以鄱阳王范、封山侯正表、司州刺史柳仲礼、散骑常侍裴之高为四道都督，邵陵王纶持节，兼督众军以讨景。

纲 冬十月，梁临贺王正德叛，引侯景兵渡江。梁主令宣城王大器、将军羊侃督军御之。

目 侯景引兵临江，梁主以正德督诸军，屯丹阳。正德遣大船数十艘，诈称载荻，密以济景，景乃济江。至慈湖①，建康大骇。梁主悉以内外军付太子，以宣城王大器都督城内诸军事，羊侃为军师将军副之。

纲 萧正德引侯景围梁台城②。十一月，景以正德称帝。

目 太子犹未知正德之情，使守宣阳门。俄而景至，正德帅众迎之，景军乘胜至阙下，列兵绕台城。十一月，朔，正德即帝位，以景为丞相。

纲 梁荆州刺史湘东王绎，移檄遣兵赴援。

纲 梁邵陵王纶还军赴援，侯景击之，大溃。

---

① 慈湖：镇名，在今安徽当涂县北。
② 台城：建康宫城。

纲十二月,梁鄱阳王范、南康王会理将兵入援。

纲梁将军羊侃卒。

纲梁散骑常侍韦粲及东西道都督裴之高、柳仲礼等,各以兵入援,推仲礼为大都督。

纲己巳(549)①,春正月,侯景袭梁援军,韦粲死之。柳仲礼击景,败之。

纲梁中领军朱异卒。

目朝野以侯景之祸,共尤朱异②,异惭愤发疾,卒。梁主痛惜,特赠仆射。

纲二月,梁以侯景为大丞相,与之盟,敕止援军。湘东王绎次于武城。

目初,台城之闭也,公卿以食为念,男女贵贱并出负米,取诸府藏钱帛,聚德阳堂,而不备薪、刍(chú)③、鱼、盐。至是,坏尚书省为薪;撤荐,剉以饲马;军士或煮铠、熏鼠、捕雀而食。侯景众亦饥,东城有米④,可支一年,援军断其路,景甚患之。王伟请伪求和,以缓其势。景从之,拜表求和,太子白梁主,报许之。梁主敕诸军不得复进,诏以景为大丞相、豫州牧,遣仆射王克与王伟等盟。既盟,而景围不解,了无去志。梁主常蔬食,至是蔬茹皆绝,乃食鸡子,邵陵王纶乃因使上鸡子数百枚。

湘东王绎军于郢州之武城⑤,淹留不进。

---

① 梁太清三年,西魏大统十五年,东魏武定七年。

② 尤:归咎。

③ 刍:喂牲畜的草料。

④ 东城:即东府城,台城附近。

⑤ 武城:一名武口城,在今湖北黄陂市东南。

纲 三月,侯景陷梁台城,自称大都督、录尚书事。邵陵王纶奔会稽①,柳仲礼等叛降景。景废萧正德,以为大司马。

目 三月,侯景复攻城,昼夜不息,城陷。梁主安卧不动,叹曰:"自我得之,自我失之,亦复何恨!"景入,见于太极东堂,以甲士五百人自卫,稽颡殿下②,典仪引就三公榻③。梁主神色不变,问曰:"卿在军中日久,无乃为劳!"景不敢仰视,汗流被面,退谓王僧贵曰:"吾常跨鞍对陈,矢刃交下,而意气安缓,了无怖心。今见萧公,使人自慑,岂非天威难犯? 吾不可以再见之。"于是矫诏大赦,自加大都督中外诸军、录尚书事。

邵陵王纶奔会稽,柳仲礼及羊鸦仁、王僧辩、赵伯超并开营降贼。景更以正德为大司马。正德入见梁主,拜且泣。梁主曰:"啜其泣矣!何嗟及矣?"

纲 夏五月,梁主衍殂,太子纲立。

目 梁主为侯景所制,所求多不遂志,饮膳亦为所裁节,忧愤成疾。口苦,索蜜不得,再曰"荷荷"④! 遂殂,年八十六。太子即位,立宣城王大器为太子。

纲 梁湘东王绎自称假黄钺、大都督中外诸军、承制。

纲 六月,侯景杀萧正德。

---

① 会稽:郡名,治今浙江绍兴市。
② 稽颡:举手加额,长跪而拜。
③ 典仪:殿中掌仪节之官。
④ 荷荷:愤怒声。

目 正德怨侯景卖己,密书召鄱阳王范,使以兵入。景遮得其书①,缢
  杀之。

纲 梁永安侯确谋讨侯景,不克而死。

目 景爱永安侯确之勇,常置左右。邵陵王纶潜遣人呼之,确曰:"景轻
  佻②,一夫力耳,我欲手刃之,恨未得其便。卿还启家王,勿以确为念。"
  景与确游钟山③,确引弓射鸟,因欲射景,弦断不发,景觉而杀之。

纲 秋七月,梁广州刺史元景仲谋反,西江督护陈霸先讨诛之④。

目 霸先欲起兵讨侯景,景使人诱景仲,许奉以为主,使图霸先。霸先驰
  檄讨之,景仲众溃,缢死。霸先迎定州刺史萧勃镇广州⑤,勃以霸先
  监始兴郡事⑥。

纲 盗杀东魏大将军渤海王高澄于邺。

目 澄获衡州刺史兰钦子京,以为膳奴。京屡自诉,澄杖之曰:"更诉,当
  杀汝!"京与其党六人谋作乱。一日,与陈元康、杨愔、崔季舒屏左右,
  谋受禅。京进食,置刀盘下,杀之。元康以身蔽澄,亦被伤而卒。澄
  弟太原公洋闻之,入讨群贼,斩而脔(luán)之⑦,秘不发丧。勋贵以重
  兵皆在并州,劝洋早如晋阳,洋从之。晋阳旧臣、宿将素轻洋,及至,

---

① 遮:拦截。
② 轻佻:轻浮,不持重。
③ 钟山:在今江苏南京市内。
④ 西江督护:南朝时期治理岭南地区的重要官员。
⑤ 定州:治今湖北麻城市。
⑥ 始兴郡:治今广东韶关市。
⑦ 脔:切成小块肉。

大会文武,神彩英畅,言辞敏洽,众皆大惊。澄政令有不便者,洋皆改之。

纲九月,侯景陷吴兴,梁太守张嵊(shèng)、御史中丞沈浚死之。

目景使侯子鉴寇吴兴。吴兴兵力寡弱,张嵊书生,不闲军旅①。或劝嵊效袁君正迎降,嵊叹曰:"袁氏世济忠贞,不意君正一旦隳(huī)之②。吾岂不知此难久全,但以身许国,有死无贰耳!"战败还府,整服安坐,子鉴执送建康。景欲活之,嵊曰:"吾忝任专城,朝廷倾危,不能匡复,速死为幸。"景犹欲存其一子,嵊曰:"吾一门已在鬼录,不就尔虏求恩!"景怒,尽杀之,并杀沈浚。

纲梁岳阳王詧攻江陵,湘东王绎遣兵袭襄阳,詧遁还,绎使竟陵太守王僧辩攻湘州③。

[西魏助萧詧讨萧绎]

纲冬十一月,梁湘东王绎遣兵攻襄阳。岳阳王詧乞师于魏,魏遣开府杨忠率师救之。

目詧遣使求援于魏,请为附庸。湘东王绎使柳仲礼镇竟陵,以图詧。詧惧,遣其妃王氏及世子嶚(liáo)为质于魏。宇文泰欲经略江、汉,以杨忠都督三荆诸军④,镇穰城⑤。仲礼帅众趣襄阳,泰遣忠及仆射长孙

---

① 闲:熟悉。
② 隳:毁弃。
③ 竟陵:郡名,治今湖北天门市。
④ 三荆:北魏所置荆州、南荆州、东荆州。
⑤ 穰城:在今河南邓州市境。

俭将兵击仲礼,以救訾。

〔陈霸先起兵讨侯景〕

纲十二月,梁始兴太守陈霸先起兵,讨侯景。

目霸先结郡中豪杰,欲讨侯景。郡人侯安都、张偲(cāi)等各帅众千余人
归之。霸先遣杜僧明将二千人顿于岭上①。广州刺史萧勃遣人止
之,霸先曰:"京都覆没,君辱臣死。君侯体则皇枝,任重方岳,不能赴
援,遣仆一军,犹贤乎已②,而更止之乎!"乃遣使间道诣湘东王绎③,
受节度。时南康土豪蔡路养起兵据郡,勃乃以谭世远为曲江令,与路
养相结,同遏霸先。

〔梁淮南地尽归东魏〕

纲东魏取梁司州。

目于是东魏尽有淮南之地。

评梁武帝:

梁武帝惩前代之乱,承南、北对峙之势,即位后强化中枢,改善财政,
又汲引寒门,崇佛谈玄,兴学修礼,以为治国图强之道。数十年中,境内
粗安,北朝生畏而颂声渐起。然其政教芜杂,为政刻碎,好大喜功,筑基
不能稳,抚民无长策,大事每失当,至于耄年而尤甚。宽纵宗室,适成祸
乱;舍身佛寺,徒耗国帑;赏罚无章而小人道长,政以贿成而守宰乏良。

---

① 岭:即大庾岭,一名梅岭,在今广东南雄市北,江西大余县南。
② 犹贤乎已:仍比不遣军好。
③ 间道:小路。

故虽一时称盛而朝纲混乱,危机已伏。至于侯景来降之处置,几近全失其方,终至乱起蔓延,江东糜烂,坐困台城,众叛亲离。北强南弱,其势遂定。

陶新华 评注

楼　劲 审定

纲鉴易知录卷三九

卷首语:本卷起梁简文帝大宝元年(550),止陈宣帝太建十二年(580)。侯景之乱后,萧绎平乱,即位于江陵,后为扶持萧詧傀儡政权的西魏所灭。王僧辩等延续梁祚,终被陈朝取代。北朝则北齐、北周先后取代东、西魏,西魏、北周实行府兵等制,不断扩展势力,北周灭齐后,杨坚秉政。

梁纪附西魏北齐北周

太宗简文帝

〔高洋封齐王〕

纲 庚午(550)①,春正月,东魏高洋自为丞相、都督中外诸军、录尚书事,封齐王。

纲 梁以陈霸先为交州刺史②。

〔陈霸先进军南康〕

目 霸先发始兴,至大庾岭。蔡路养拒之,其党萧摩诃,年十三,单骑出战,无敢当者。霸先击之,路养败走。进军南康③,湘东王绎承制授霸先交州刺史④。

纲 夏四月,梁湘东王绎移檄讨侯景。

目 绎以天子制于贼臣,不肯从大宝之号,犹称太清四年。下令大举讨侯景,移檄远近。

---

① 梁大宝元年,西魏大统十六年,东魏武定八年,北齐天保元年。是岁东魏亡,北齐代。
② 交州:治今越南河内。
③ 南康:县名,今江西南康市。
④ 绎:萧绎,梁武帝第七子。

〔北齐取代东魏〕

纲 五月,齐王洋称皇帝,废东魏主为中山王。

目 东魏徐之才、宋景业善图谶,因高德政劝齐王洋受魏禅。洋以告娄太妃,太妃曰:"汝父如龙,汝兄如虎,犹以天位不可妄据,终身北面。汝独何人,欲行舜、禹之事乎!"洋以告之才,之才曰:"正为不及父兄,故宜早升尊位耳。"洋铸像卜之而成①,乃发晋阳。

洋至邺,使侍中张亮等见东魏主,逼以禅位。魏主敛容曰:"推挹已久②,谨当逊避。"乃下御坐,步就东廊,咏范晔汉献帝赞。遂迁于北城③,遣彭城王韶等奉玺绶,禅位于齐。齐王洋即皇帝位于南郊,封东魏主为中山王。追尊献武王、文襄王皆为皇帝。

纲 齐立子殷为太子。

〔西魏立萧詧为梁王〕

纲 魏立萧詧为梁王④。

目 魏人欲令岳阳王詧发哀嗣位,詧辞,乃遣使册命詧为梁王,建台⑤,置百官。

---

① 铸像卜之:北魏故事,铸其像而占之,成者为吉,不成则不得立。
② 挹:让。
③ 北城:指邺北城。
④ 萧詧:梁武帝孙,昭明太子萧统第三子。
⑤ 指建立朝廷台阁等理政设施。

〔侯景称汉王〕

纲 秋九月,侯景自称汉王。

目 景又自加宇宙大将军,都督六合诸军事①,梁主惊曰:"将军乃有'宇宙'之号乎?"

〔西魏初立府兵制〕

纲 冬十月,魏初作府兵。

目 魏宇文泰始籍民之才力者为府兵,身租、调、庸②,一切蠲之,以农隙讲阅战陈,马畜粮备,六家供之。合为百府,每府一郎将主之,分属二十四军。

纲 辛未(551)③,春二月,梁陈霸先讨李迁仕,杀之。

目 李迁仕击南康,陈霸先遣杜僧明等擒斩之。湘东王绎使霸先进兵取江州,以为江州刺史。

纲 三月,魏主宝炬殂,太子钦立。

纲 秋八月,侯景废梁主纲,杀太子大器,而立豫章王栋。

纲 冬十月,侯景弑梁主纲。

———————

① 六合:天地四方。
② 租调庸:按田亩交租谷,按户交调缯纩布麻,按丁交代役绢。
③ 梁大宝二年,西魏大统十七年,北齐天保二年。

〔侯景称帝〕

纲侯景废梁主栋,自称汉帝。

纲十二月,齐主洋弑中山王。

世祖孝元帝

〔梁讨平侯景〕

纲壬申(552)①,春二月,梁湘东王绎遣王僧辩、陈霸先讨侯景。

纲三月,梁王僧辩、陈霸先击败侯景,景亡走吴。

纲梁湘东王绎杀豫章王栋。

纲夏四月,侯景伏诛。

目羊侃之子鹍,为景都督,杀之。送尸建康,传首江陵,截其手送于齐。暴景尸于市,士民争取食之,并骨皆尽;溧阳公主亦预食焉②。景五子在北齐,皆杀之。

纲盗窃梁传国玺,归之于齐。

纲梁以王僧辩为司徒,陈霸先为征虏将军、开府仪同三司。

纲王伟等伏诛。

――――――――――

① 梁承圣元年,西魏主钦元年,北齐天保三年。
② 溧阳公主:简文帝女,侯景娶之。

目 湘东王诛王伟等于市。初,伟于狱中上诗,王爱其才,欲宥之。有言于王者曰:"伟作檄文甚佳。"王求得之,见其有"湘东一目"之语①,乃怒诛之。

纲 齐以辛术为吏部尚书。

目 自魏迁邺以来②,大选之职,知名者数人,互有得失。高澄少年高朗,所蔽者疏;袁淑德沉密谨厚,所伤者细;杨愔风流辩给,取士失于浮华;惟术性尚贞明,取士必以才器,循名责实,新旧参举,管库必擢③,门阀不遗④。考之前后,最为折衷。

纲 冬十一月,梁主绎立。

纲 甲戌(554)⑤,春正月,魏作九命、九秩之典。

目 宇文泰始作九命之典⑥,以叙内外官爵,改流外品为九秩。

纲 魏宇文泰废其主钦而立齐王廓,复姓拓跋氏⑦。

纲 三月,齐主杀其尚书左丞卢斐、李庶。

〔魏收撰《魏书》〕

目 齐中书令魏收撰《魏书》,颇用爱憎为褒贬。每谓人曰:"何物小子,

----

① 萧绎早年一目失明。
② 魏:东魏。
③ 管库:保管仓库钥匙的人。
④ 门阀:门指家世,阀指积功,门阀指世家大族。
⑤ 梁承圣三年,西魏恭帝元年,北齐天保五年。
⑥ 九命:仿《周礼》九命之制。
⑦ 复姓拓跋氏:北魏孝文帝汉化改革时,改皇室鲜卑姓拓跋为汉姓元,此时宇文泰又恢复鲜卑姓。

敢与魏收作色！举之则使升天，按之则使入地！"既成，中书舍人卢潜、左丞卢斐、李庶皆言其诬罔不直。收启齐主云："臣既结怨强宗，将为刺客所杀。"齐主怒，于是斐、庶皆坐谤史，鞭二百，配甲坊①。潜亦坐系狱，斐、庶死狱中。然时人终不服，谓之"秽史"。

纲 夏四月，梁以陈霸先为司空。

纲 魏宇文泰弑其故主钦。

纲 秋八月，梁主讲《老子》于龙光殿。

〔梁元帝江陵焚书〕

纲 冬十月，魏遣柱国于谨帅师伐梁②。十一月，入江陵。十二月，执梁主绎，杀之。

目 魏遣柱国于谨、中山公宇文护、大将军杨忠将兵五万伐梁。武宁太守宗均告魏兵且至③，领军胡僧祐、黄罗汉曰："二国无隙，必应不尔。"乃复使王琛使魏。于谨至樊、邓④，梁王詧帅众会之。梁主乃停讲，戒严。琛至石梵⑤，驰报罗汉曰："境上帖然，前言皆儿戏耳。"梁主乃复讲，百官戎服以听。

征王僧辩为大都督，命陈霸先徙镇扬州。十一月，魏军济汉。梁主出城行栅，插木为之，周六十里。魏军至栅下，于谨令筑长围，中外遂

① 甲坊：军器造甲作坊，掌缮甲弩，以时输武库。
② 柱国：柱国大将军，西魏府兵制的最高官。
③ 武宁：郡名，治今湖北荆门市。
④ 樊：樊城，在今湖北襄阳市樊城区。邓：邓城，今襄阳市东北。
⑤ 石梵：在今湖北钟祥市。

绝。梁主巡城,犹口占为诗,群臣亦有和者。梁主又裂帛为书,趣王
僧辩曰①:"吾忍死待公,可以至矣!"魏悉众攻栅,反者开西门,纳魏
师,梁主退保金城。日暝,闻城陷,梁主乃焚古今图书十四万卷。以
宝剑击柱,折之,叹曰:"文武之道,今夜尽矣!"命御史中丞王孝祀作
降文。梁主遂白马素衣出门,誓使铁骑拥之入营,因于乌幔之下。或
问梁主:"何意焚书?"梁主曰:"读书万卷,犹有今日,故焚之!"十二
月,魏人杀梁主及愍怀太子元良等。

[西魏立傀儡萧詧为后梁皇帝]

纲 魏取襄阳,徙梁王詧使称帝于江陵,屯兵守之。

目 魏立詧为皇帝,取其雍州之地,而资以荆州,延袤三百里②,又置防主,
　将兵居西城,名曰助防,实以制詧也。

纲 梁王僧辩、陈霸先奉晋安王方智承制③。

　　敬帝

纲 乙亥(555)④,春正月,梁王詧始称帝。

目 梁王詧即位改元于江陵,是为后梁。赏罚制度并同王者,惟上疏于魏
　则称臣,奉其正朔。

―――――――――

① 趣:催促。
② 延袤:方圆面积。
③ 晋安:郡名,治今福建南安市。
④ 梁绍泰元年,西魏恭帝二年,北齐天保六年。

纲齐遣梁贞阳侯渊明还梁称帝①,以兵纳之。

〔萧方智立为梁王〕

纲二月,梁王方智立。

目晋安王自寻阳入建康②,即梁王位,时年十三。以王僧辩为中书监、录尚书、骠骑大将军、都督中外军事,加陈霸先征西大将军③。

〔西魏宇文泰免梁俘数千口〕

纲三月,魏免梁俘数千口。

目魏宇文泰得庾季才,厚遇之,令参掌太史。季才散私财,购亲旧之为奴婢者。泰问其故,对曰:"仆闻克国礼贤,古之道也。今郢都覆没④,其君信有罪矣。搢绅何咎,皆为皂隶? 鄙人羁旅⑤,不敢献言,诚窃哀之,故私购之耳。"泰乃悟曰:"吾之过也! 微君,遂失天下之望!"因出令,免梁俘数千口。

纲夏五月,梁王僧辩奉渊明归建康,以梁王方智为太子。

纲六月,齐筑长城。

目齐发民一百八十万,筑长城,自幽州夏口西至恒州⑥,九百余里。

---

① 渊明:梁武帝兄子。

② 寻阳:郡名,治今江西九江市。

③ 骠骑大将军:高级将军号,位次大将军。

④ 郢都:江陵。

⑤ 羁旅:客居。

⑥ 夏口:即下口,居庸关下口,在今北京市昌平区居庸关上。恒州:治今山西忻州市西北。

［北齐令道士为沙门］

纲 秋八月,齐以道士为沙门。

目 齐主以佛、道二教不同,欲去其一,集二家学者论难于前,遂敕道士皆剃发为沙门。有不从者,杀四人,乃奉命。

纲 九月,梁陈霸先杀王僧辩,废渊明。冬十月,复立方智,称藩于齐。

目 初,王僧辩与陈霸先共灭侯景,情好甚笃。僧辩去石头城①,霸先在京口②。及僧辩纳渊明,霸先遣使争之,不从。霸先叹曰:"武帝子孙甚多,唯孝元能复仇雪耻③,其子何罪,而忽废之! 吾与王公并处托孤之地,而王公一旦改图,外依戎狄④,援立非次,其志欲何为乎!"乃举兵袭僧辩,杀之。渊明逊位,就邸。十月,方智即皇帝位。告齐以"僧辩阴图篡逆,仍请称藩于齐"。封渊明为建安公。

纲 梁陈霸先自为尚书令、都督中外诸军事。

［西魏初建六官］

纲 丙子(556)⑤,春正月,魏初建六官⑥,以宇文泰为大冢宰。

纲 夏五月,梁建安公渊明卒。

---

① 石头城:在今江苏南京市清凉山附近。
② 京口:在今江苏镇江市。
③ 孝元:梁元帝萧绎,谥孝元。
④ 戎狄:指北齐。
⑤ 梁太平元年,西魏恭帝三年,北齐天保七年。
⑥ 六官:指大冢宰、大司徒、大宗伯、大司马、大司寇、大司空。

纲 六月,齐大治宫室。

目 齐发丁匠三十余万,修广三台宫殿。齐主初立,留心政术,务存简靖,又能以法驭下,内外肃然。每临行陈,亲当矢石,所向有功。数年之后,渐以功业自矜,遂嗜酒淫泆,肆行狂暴。一日,典御丞李集面谏①,比之桀、纣。齐主令缚置流中,久之,引出,谓曰:"吾何如桀、纣?"集曰:"弥不及矣!"又令沉之,引出,更问,如此数四,集对如初。齐主大笑曰:"天下有如此痴人,方知龙逢、比干②,未是俊物!"遂释之。顷之,入见,似有所谏,竟斩之。

纲 秋八月,齐主如晋阳。

纲 九月,梁陈霸先自为丞相、录尚书事。

纲 冬十月,魏太师、大冢宰、安定公宇文泰卒,世子觉嗣。

目 时,泰北渡河,还至牵屯山而病。驿召中山公护至泾州③,谓曰:"吾诸子皆幼,外寇方强,天下之事,属之于汝,宜努力以成吾志。"遂卒。世子觉嗣位,为太师、柱国、大冢宰、安定公,出镇同州④。时年十五。

〔北周代魏〕

纲 十二月,魏太师觉自为周公。

---

① 典御丞:掌刑法的官。

② 龙逢:关龙逢,夏桀的辅臣,因对夏桀献忠言而被杀。比干:商纣王的叔父,因献忠言而被纣王剖腹挖心而死。

③ 护:宇文泰兄子宇文护。泾州:治今甘肃泾川县。

④ 同州:治今陕西大荔县。

右梁四主,合五十四年。

右魏十三主,合一百四十九年,而分为东、西魏,东魏一主,凡十七年;西魏三主,合二十二年。

陈纪附北齐周

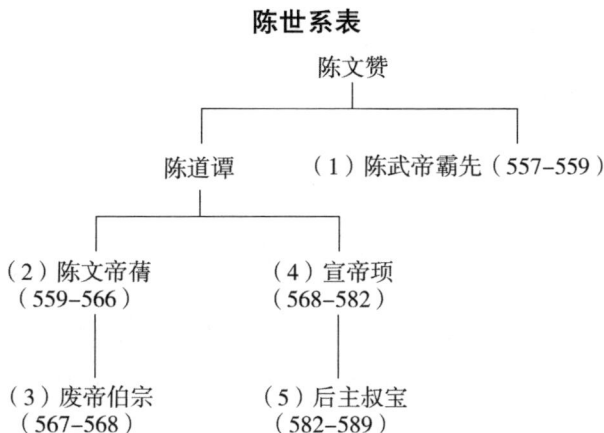

陈世系表

陈文赞

陈道谭　　　　（1）陈武帝霸先（557–559）

（2）陈文帝蒨　　　　（4）宣帝顼
（559–566）　　　　　（568–582）

（3）废帝伯宗　　　　（5）后主叔宝
（567–568）　　　　　（582–589）

高祖武帝

纲丁丑(557)①,春正月,周公觉称天王,废魏主为宋公。宇文护自为大
司马。

纲二月,周宇文护自为大冢宰。周冢宰护弑宋公。

纲夏四月,梁铸四柱钱,禁细钱。

〔陈霸先代梁立陈〕

纲秋九月,梁丞相霸先自为相国,封陈公,加九锡。

---

① 梁太平二年,陈永定元年;北齐天保八年;西魏恭帝四年,周孝愍帝元年,九月以后周
明帝毓元年。是岁梁、西魏皆亡,陈、周代。

纲 周冢宰护弑其君觉及其柱国李远①,而立宁都公毓。

纲 冬十月,梁陈公霸先进爵为王,遂称皇帝。废梁主为江阴王。

纲 戊寅(558)②,夏四月,陈主霸先弑江阴王。

纲 五月,陈主舍身于大庄严寺。

纲 己卯(559)③,春正月,周主始亲政。

纲 夏五月,齐主杀魏宗室二十五家。

目 齐太史令奏:"今年当除旧布新。"齐主问于彭城公元韶曰:"汉光武何故中兴?"对曰:"为诛诸刘不尽。"于是齐主诛始平公世哲等二十五家,囚韶等十九家。韶幽于地牢,绝食而死。

纲 六月,霖雨。

纲 周王赐处士韦夐(xiòng)号"逍遥公"。征魏将军寇俊入见。

目 夐,孝宽之兄也,志尚夷简,魏、周之际,十征不屈。太祖重之④,不夺其志。周王礼敬尤厚,号曰"逍遥公"。晋公护延之至第,访以政事,夐仰视叹曰:"甘酒嗜音,峻宇雕墙,有一于此,未或不亡。"护不悦。骠骑大将军、开府仪同三司寇俊,少有学行。家人尝卖物,多得绢五匹,俊知之,曰:"得财失行,吾所不取。"访主还之。自大统中,称老

---

① 柱国:高级武职。
② 陈永定二年,北周明帝二年,北齐天保九年。
③ 陈永定三年,北周武成元年,北齐天保十年。
④ 太祖:指宇文泰。

疾,不朝谒。王欲见之,儁不得已入见。王引与同席,问以旧事,以御
舆送之①。

〔陈霸先卒,侄陈蒨立〕

纲 陈主霸先殂,兄子临川王蒨立。

目 陈主临戎制胜,英谋独运,而为政务崇宽简,非军旅急务,不轻调发。
性俭素,常膳不过数品,后宫无金翠之饰。及殂,子昌、顼(xū)皆以江
陵之陷②,没于长安③,群臣奉临川王蒨(qiàn)嗣位。

纲 齐主灭元氏之族。

目 齐主尽诛诸元,前后死者凡七百二十一人。定襄令元景安欲请改姓
高氏④,其从兄景皓曰:"安有弃其本宗,而从人之姓者乎?丈夫宁可
玉碎,何能瓦全!"景安以其言白齐主,齐主诛景皓,赐景安姓高氏。

纲 秋八月,周王始称皇帝。

纲 冬十月,齐主洋殂,太子殷立。

目 齐主嗜酒成疾,谓李后曰:"人生必有死,何足惜?但怜正道尚幼⑤,
人将夺之耳!"又谓常山王演曰⑥:"夺则任汝,慎勿杀也!"召尚书令
杨愔等,受遗诏辅政。十月,殂于晋阳,太子殷即位。

---

① 御舆:皇帝乘坐的车。
② 昌:陈昌,陈霸先之子。顼:陈顼,陈蒨之弟,陈霸先之侄。
③ 长安:西魏都,今陕西西安市。
④ 定襄:县名,即今山西定襄县。
⑤ 正道:高殷字。
⑥ 演:高欢之子,高洋之弟。

世祖文帝

纲 庚辰(560)①,春二月,齐太傅常山王演杀尚书令杨愔等,自为丞相、都督中外诸军事。

纲 三月,齐丞相常山王演如晋阳。

纲 夏四月,周冢宰护进毒,弑其君毓。毓弟鲁公邕立。

纲 秋八月,齐常山王演废其主殷为济南王而自立。

纲 冬十二月,陈制春、夏不断死刑。

纲 齐以王晞为侍郎,不受。

目 齐主欲以司马王晞为侍郎,苦辞不受。或劝之,晞曰:"我少年以来,阅要人多矣,得志少时,鲜不颠覆。且吾性实疏缓,不堪时务,人主恩私,何由可保?万一披猖②,求退无地。非不好作要官,但思之烂熟耳。"

纲 辛巳(561)③,春正月,周太师护自加都督中外诸军事。

纲 秋七月,周更铸钱。

目 文曰"布泉",一当五,与五铢并行。

纲 九月,齐主演弑济南王。

---

① 陈文帝天嘉元年,北周武成二年,北齐乾明元年、皇建元年。
② 披猖:狼狈。
③ 陈天嘉二年,北周武帝保定元年,北齐太宁元年。

目初,齐主许以长广王湛为太弟;既而立太子百年,湛心不平。齐主在晋阳,湛守邺。散骑常侍高元海典机密,齐主以斛律羡为领军,分湛权。湛不听羡视事。是时,济南闵悼王在邺,望气者言:"邺中有天子气。"平秦王归彦恐王复立,劝齐主除之。齐主使归彦至邺,征济南王。湛内不自安,问计于高元海。元海曰:"有三策,请殿下从数骑入晋阳,见太后、主上,请去兵权,不干朝政。此上策也。不然,表请青、齐刺史,沉靖自居,此中策也。"更问下策,曰:"发言即恐族诛。"固逼之,元海曰:"济南世嫡,主上夺之。今集文武,示以征济南之敕,执斛律丰乐①,斩高归彦,尊立济南,号令天下,以顺讨逆,此万世一时也。"湛大悦,然未能用。林虑令潘子密晓占候②,潜谓湛曰:"殿下当为天下主。"湛乃送济南王于晋阳,齐主杀之。

纲冬十一月,齐主演殂,弟长广王湛立,废太子百年为乐陵王。

目齐主演出畋,马惊坠地,绝肋。娄太后视疾,问济南所在者三,齐主不对。太后怒曰:"杀之邪?不用吾言,死其宜矣!"遂去,不顾。齐主乃征湛立之。又与书曰:"百年无罪,可以乐处置之,勿效前人。"遂殂。湛驰赴晋阳,即位,立百年为乐陵王。

纲壬午(562)③,春闰二月,陈遣兵讨其江州刺史周迪于临川。

目初,陈主征迪,出镇溢城④,不至。豫章太守周敷独先入朝,进号安西

---

① 斛律丰乐:斛律羡之字。
② 林虑:县名,今河南林州市。
③ 陈天嘉三年,北周保定二年,北齐河清元年。
④ 溢城:即溢口城,今江西九江市。

将军,还豫章。迪不平,阴与缙州刺史留异相结①,遣兵袭敷。敷与战,破之。闽州刺史陈宝应亦阴与异合②,虞寄流寓闽中,常从容讽以逆顺,宝应辄引他语以乱之。宝应尝使人读《汉书》,卧而听之,至蒯通说韩信曰③:"相君之背,贵不可言。"蹶然起坐④,曰:"可谓智士!"寄曰:"通一说杀三士⑤,何足言智?岂若班彪《王命》⑥,识所归乎!"寄知宝应不可谏,恐祸及己,乃着居士服⑦,居东山寺,阳称足疾。宝应使人烧其屋,寄安卧不动,纵火者自救之。陈主乃以吴明彻为江州刺史,督黄法氍、周敷共讨周迪。

纲 陈改铸五铢钱。

目 梁末丧乱,铁钱不行,民间私用鹅眼钱。至是,改铸五铢钱,一当鹅眼之十。

纲 后梁主督䚍,太子岿立。

[北周送陈项归陈]

纲 三月,陈安成王项自周归于陈。

目 周遣杜杲送项南归,陈以为中书监。陈主谓杲曰:"家弟蒙礼遣,实周

---

① 缙州:治今浙江金华市。
② 闽州:治今福建福州市。
③ 蒯通:即蒯彻。
④ 蹶然:欢喜激动。
⑤ 一说杀三士:走田横,烹郦生,致韩信不能终。
⑥ 班彪著《王命论》述天命有归,斥隗嚣觊觎帝位。
⑦ 居士服:佛教在家信徒之服装。

朝之惠。然鲁山不返①,亦恐未能及此。"杲对曰:"安成,长安一布衣耳,而陈之介弟也②,其价岂止一城而已哉! 本朝敦睦九族,恕己及物,上遵太祖遗旨,下思继好之义,是以遣之南归。今乃云以寻常之土易骨肉之亲,非使臣之所敢闻也。"陈主甚惭,曰:"前言戏之耳。"待杲有加。顼妃柳氏及子叔宝犹在穰城③,陈主复遣毛喜如周请之,周人皆归之。

纲 夏四月,齐青州言河水清④。

纲 癸未(563)⑤,夏四月,周主养老于太学。

目 周主将视学,以太傅燕国于谨为三老,遂幸太学。谨入,升席,南面凭几而坐。周主北面立而访道。谨起,立于席后,对曰:"木受绳则正,后从谏则圣⑥。明王虚心纳谏以知得失,天下乃安。"又曰:"去食去兵,信不可去⑦。愿陛下守信勿失。"又曰:"有功必赏,有罪必罚,则为善者日进,为恶者日止。"又曰:"言行者,立身之基。愿陛下三思而言,九虑而行,勿使有过。天子之过如日月之食,人莫不知,愿陛下慎之。"周主再拜受言,谨答拜,礼成而出。

纲 甲申(564),春三月,周初令百官执笏。

---

① 鲁山:郡名,治今河南鲁山县。去年陈以鲁山郡赂周。
② 介:大。介弟,对他人之弟的敬称。
③ 穰城:今河南邓州市。
④ 青州:治今山东青州市。
⑤ 陈天嘉四年,北周保定三年,北齐河清二年。
⑥ 后:君主。
⑦ 信:诚信。

纲 夏六月,白虹贯日,齐主湛杀其兄之子乐陵王百年。

〔北周封李昞为唐公〕

纲 秋九月,周封李昞为唐公。

目 以追录佐命元功封。昞,虎之子也①。

纲 乙酉(565)②,夏四月,彗星见。

纲 齐主湛传位于太子纬,自称太上皇帝。以祖珽为秘书监③。

〔北周中州刺史贺若敦因言获罪〕

纲 冬十月,周杀其中州刺史贺若敦④。

目 周以函谷关城为通洛防,以贺若敦为中州刺史镇之。敦恃才负气,以湘州之役,全军而返,谓宜受赏,翻得除名,对台使出怨言⑤。宇文护怒,征还,逼令自杀。临死,谓其子弼曰:"吾志平江南,今而不果,汝必成吾志! 吾以舌死,汝不可不思。"因引锥,刺弼舌出血,以诫之。

纲 丙戌(566)⑥,夏四月,陈以孔奂为太子詹事⑦。

----

① 虎:李虎,唐高祖李渊祖父。
② 陈天嘉六年,北周保定五年,北齐天统元年。
③ 秘书监:秘书省长官,掌图书秘籍。
④ 中州:治今河南洛阳市新安县。
⑤ 台使:朝廷使者。
⑥ 陈天康元年,北周天和元年,北齐天统二年。
⑦ 太子詹事:太子府众务的掌管者。

目陈主不豫①。以太子伯宗柔弱,谓安成王顼曰:"吾欲遵太伯之事②。"
　顼拜泣,固辞。陈主又谓仆射到仲举、尚书孔奂等曰:"今三方鼎
　峙③,四海事重宜须长君。卿等宜遵此意。"孔奂流涕对曰:"皇太子
　圣德日跻④,安成王足为周旦⑤。若有废立之心,臣诚不敢奉诏。"陈
　主曰:"古之遗直,复见于卿。"乃以奂为太子詹事。

纲陈主蒨殂,太子伯宗立。

目陈主起自艰难,知民疾苦。性明察俭约,每夜,刺闺取外事分判者⑥,
　前后相续。敕传更签于殿中者⑦,必投签于阶石之上,令鎗然有声。
　曰:"吾虽眠,亦令惊觉。"

纲五月,陈以安成王顼为司徒、录尚书事,徐陵为吏部尚书。

纲冬十二月,齐始用士人为县令。

目魏末以来,县令多用厮役⑧,因是士流耻为之。齐仆射元文遥以为县
　令治民之本,遂请革选,密择贵游子弟,发敕用之。悉召集神武门,令
　赵郡王叡宣旨慰谕而遣之⑨。齐之士人为县令,自此始。

---

① 不豫:帝王有疾的讳称。
② 遵太伯之事:仿周太王子太伯让太子位于季历,让弟陈顼继位。
③ 三方:陈、北齐、北周。
④ 跻:登,升。
⑤ 周旦:周公姬旦。
⑥ 刺闺:宫中职名,负责将紧急情报投刺于宫门。
⑦ 更签:古代夜间报更用的记时竹签,一更一签。
⑧ 厮役:出身卑微之人。
⑨ 赵郡:治今河北宁晋县西北。

废帝

綱丁亥(567)①,春正月朔,日食。

綱二月,陈安成王顼杀中书舍人刘师知,又杀仆射到仲举。

綱戊子(568)②,秋七月,周隋公杨忠卒。

目忠子坚,为小宫伯③,宇文护欲引以为腹心。忠曰:"两姑之间难为妇④,汝其勿往!"坚乃辞之。至是,忠卒,坚袭爵。

綱冬十一月朔,日食。

綱陈安成王顼废其主伯宗为临海王⑤,而杀始兴王伯茂。

綱齐主湛殂。

目齐上皇疾作,驿追徐之才⑥。未至,疾亟,以后事属和士开,握其手曰:"勿负我!"遂殂。

高宗宣帝

綱己丑(569)⑦,春正月,陈主顼立。

---

① 陈光大元年,北周天和二年,北齐天统三年。
② 陈光大二年,北周天和三年,北齐天统四年。
③ 小宫伯:皇宫内的侍卫官。
④ 两姑:大姑、小姑,指丈夫的母亲和妹妹。
⑤ 临海:国名,都今浙江临海市。
⑥ 驿追:派传送公文的人骑马追。
⑦ 陈太建元年,北周天和四年,北齐天统五年。

纲秋八月，陈广州刺史欧阳纥反。

〔高凉冼夫人〕

纲庚寅(570)①，春二月，陈人讨欧阳纥，斩之。封阳春太守冯仆母冼氏，为石龙太夫人②。

目欧阳纥召阳春太守冯仆至南海，诱与同反。仆遣使告其母冼夫人。夫人曰："我忠贞两世，今不能惜汝而负国也。"遂发兵拒境，帅诸酋长迎章昭达③。击纥，擒之，斩于建康市。

纥之反也，士人流寓者皆惶骇。前著作佐郎萧引独恬然，曰："管幼安、袁曜卿④，亦但安坐耳。君子直己以行义，何忧惧乎！"至是，陈主征以为侍郎。

冯仆以其母功，封信都侯，迁石龙太守。遣使持节册命冼氏为石龙太夫人，赐以绣幰(xiǎn)安车⑤，鼓吹、麾、节⑥，卤簿如刺史之仪⑦。

纲秋七月，齐以和士开为尚书令。

目士开威权日盛，朝士不知廉耻者，或为之假子。士开伤寒，医云："应服黄龙汤。"士开有难色。有候之者请先尝之，一举而尽。

---

① 陈太建二年，北周天和五年，北齐武平元年。
② 石龙：郡名，治今广东化州市东北。
③ 章昭达：主持平定欧阳纥叛乱的陈朝将领。
④ 管幼安：管宁。袁曜卿：袁涣。
⑤ 绣幰安车：用刺绣的缯布遮盖的坐乘之车。
⑥ 鼓吹：军中乐，于马上奏之。麾：大将之旗。节：符节。
⑦ 卤簿：出行的仪卫。

纲 辛卯(571),夏六月,齐太宰段韶围周定阳。克之,获汾州刺史杨敷①。

目 齐段韶引兵围定阳,周汾州刺史杨敷固守不下。韶令壮士千余人伏于东南涧口。城中粮尽,敷走,伏兵击擒之,遂取汾州。

敷子素,少多才艺,以其父守节陷齐,未蒙赠谥,申理再三。周主大怒,命左右斩之。素大言曰:"臣事无道天子,死其分也!"周主壮其言,赠敷大将军,谥曰忠壮。素渐见礼遇,命为诏书,下笔立成,词义兼美。周主曰:"勉之,勿忧不富贵。"素曰:"但恐富贵来逼臣,臣无心图富贵也。"

纲 秋,齐琅邪王俨杀和士开。

纲 壬辰(572)②,春三月,周主讨其太师宇文护,杀之。周主亲政,以其弟齐公宪为大冢宰,卫公直为大司徒。

纲 癸巳(573),春三月,周获白鹿。

目 周太子获白鹿以献,周主诏曰:"在德不在瑞。"

纲 秋八月,周太子赟纳妃杨氏。

目 妃,隋公坚之女也。太子好昵近小人,左宫正宇文孝伯言于周主曰③:"皇太子春秋尚少,志业未成,请妙选正人,为其师友,调护圣质。如或不然,悔无及矣!"周主敛容曰:"正人岂复过卿!"乃复以尉迟运为

---

① 汾州:周西汾州,治今山西乡宁县西北。
② 陈太建四年,北周建德元年,北齐武平三年。
③ 宫正:太子府官,有左右之分,负责规谏太子。

右宫正。周主尝问万年丞乐运曰①："太子何如人？"对曰："中人。"周主问运中人之状。对曰："如齐桓公是也，管仲相之则霸，竖貂辅之则乱，可与为善，可与为恶。"周主曰："我知之矣。"乃妙选宫官以辅之，太子不悦。

纲 冬十月，齐主杀其侍中张雕、崔季舒。

目 齐国子祭酒张雕以经授齐主，因与宠胡何洪珍相结。洪珍荐雕为侍中，大见委信。雕欲立效以报恩，论议抑扬，无所回避，省宫掖不急之费，禁约左右骄纵之臣。贵幸侧目，阴谋陷之。左丞封孝琰、侍中崔季舒，皆祖珽所厚。尝谓："珽为衣冠宰相②。"近习恶之。会齐主将如晋阳，季舒与雕议，以为："寿阳被围③，大军出拒，信使往还，须禀节度。且道路相惊，以为大驾畏避南寇，则人情必致骇动。"遂与从驾文官，连名进谏。韩长鸾言于齐主曰："诸汉官连名总署，未必不反。"齐主悉召已署名者，集含章殿，斩雕、季舒等六人，遂如晋阳。

纲 甲午（574）④，春正月，周诏齐公宪等皆进爵为王。

纲 三月，周太后叱奴氏殂。

目 周叱奴太后殂。周主居倚庐⑤，朝夕进一溢米⑥。及葬，周主跣行至

① 万年：北周京县，今陕西西安市。
② 衣冠宰相：出自名门望族的宰相。
③ 寿阳：今安徽寿县。
④ 陈太建六年，北周建德三年，北齐武平五年。
⑤ 倚庐：为父母服丧时所居的棚屋。
⑥ 溢：计量单位，一溢为二十四分之一升。

陵所,诏曰:"三年之丧,达于天子。但军国务重,须自听朝。衰麻之节①,苫庐之礼②,率遵前典,以申罔极。百僚宜依遗令,既葬而除。"公卿固请依权制,周主不许,卒申三年之制。五服之内,亦令依礼。

〔**周武帝废佛、道**〕

纲　夏五月,周废佛、道教,毁淫祠。

目　初,周主定三教先后:以儒为先,道为次,释为后。至是,遂禁佛、道二教,经像悉毁,沙门、道士并还俗。诸淫祠,非祀典所载者尽除之。

评魏晋南北朝佛教:

魏晋南北朝时期,佛教中国化进展迅速,其内容和形式不断靠拢中土主流文化,适应和维护了既有统治秩序。此时期高僧辈出,西行求法者增多,佛经翻译渐入佳境,寺院、僧团和教义学派纷纷涌现,宣教、修行、义解、授律活动日趋活跃,常得统治者大力支持,后秦姚兴、梁武帝、北魏孝文帝、冯太后和灵太后等倡佛尤力。社会上、下层均向僧团、佛寺投献土地和物资,大批劳动力和土地被佛寺所占。北魏太武帝灭佛、北周武帝灭佛,根本原因都在于世俗政权忌惮佛教势力的扩展和对人口、财赋等诸多资源的侵占,然皆旋灭旋复,而后更盛,说明佛教已植根于社会深处。

纲　周更铸五行大布钱。

目　一当十,与布钱并行。

---

① 衰麻之节:为父母服衰服,穿粗麻布制成的衣服。
② 苫庐之礼:居丧睡草席,以土块为枕头。

纲 周立通道观①。

目 以壹圣贤之教也②。

纲 乙未(575)③,春三月,周使开府仪同三司伊娄谦如齐,齐人留之。

目 齐主言语涩呐,不喜见朝士。非宠私昵狎,未尝交语。好自弹琵琶,
为无愁之曲,民间谓之"无愁天子"。于华林园立贫儿村,自衣蓝缕之
服④,行乞其间以为乐。滥得富贵者,殆将万数,乃至狗马及鹰亦有
仪同、郡君之号⑤,皆食其禄。周主谋伐之,使开府仪同三司伊娄谦
聘于齐以观衅。其参军高遵以情告齐人,齐人留谦等不遣。

纲 夏四月,陈焚文锦于云龙门。

目 陈监豫州陈桃根得青牛以献⑥,陈主还之。又表上织成罗文锦被,诏
于云龙门外焚之。

纲 丙申(576)⑦,夏六月,陈太子詹事江总免。

目 初,陈太子叔宝欲以江总为詹事,孔奂曰:"江有潘、陆之华⑧,而无
园、绮之实⑨。不可。"太子深以为恨,自言于陈主,许之。总遂与太

---

① 通道观:北周所设学术机构,从还俗僧侣和道士中选择学士,讲《老子》《庄子》和《周
易》。
② 壹:等同。圣贤之教:指儒家学说。
③ 陈太建七年,北周建德四年,北齐武平六年。
④ 蓝缕:同褴褛,破烂。
⑤ 仪同:仪同三司之省称。郡君:授予官员母、妻的封号。
⑥ 豫州:治今安徽寿县。
⑦ 陈太建八年,北周建德五年,北齐隆化元年。
⑧ 潘、陆:西晋文学家潘岳、陆机。
⑨ 园、绮:汉高帝时东园公和绮里季,羽翼太子盈,高帝遂不易太子。

子为长夜之饮,养良娣陈氏为女。太子亟微行,游总家。陈主怒,免总官。

纲 冬十月,周主伐齐,取平阳①。十一月,齐主攻之,不克。十二月,周主复伐齐,齐主大败,走晋阳,遂奔邺。晋阳人立安德王延宗以守,周主拔而执之。

〔北周灭齐〕

纲 丁酉(577)②,春正月朔,齐主纬传位于太子恒。周师围邺。纬出走,周主入邺。齐丞相高阿那肱引周师追纬及恒,获之,遂灭齐。

纲 三月,齐东雍州行台傅伏降周③。

评北周灭北齐:

　　宇文泰经营关中,建立府兵,仿《周礼》改制,施行六条诏书,又恢复胡姓,著籍京兆,安抚、融合各族力量,使西魏依托关陇而基础渐固,国势转强。北周代魏后,政局曾有动荡,然已西有巴蜀,南控江陵,俯瞰关东、江左,初具建瓴之势。至武帝遂承之奋发,终以倾国之力夺取河东而平定北齐,统一了北方。反观东魏、北齐,虽据有河洛,承北魏资源,却始终未能安定内部,鲜卑和汉人矛盾尖锐。尤其武成以后诸帝昏庸腐败,疏于理政,胡商、恩倖横行,朝野人心涣散。其转强为弱,终至覆亡,实是势所必然。

———————————

① 平阳:在今山西临汾市西南。
② 陈太建九年,北周建德六年,北齐承光元年。是岁北齐亡。
③ 东雍州:治今山西绛县西北。

〔周武帝重忠臣〕

目 初,周主招齐东雍州刺史傅伏,不从。周主自邺还,至晋州①,遣高阿那肱等百余人临汾水,召伏。伏隔水问:"至尊何在?"阿那肱曰:"已被擒矣。"伏仰天大哭,帅众入城,于听事前北面哀号良久②,然后出降。周主见之,曰:"何不早下?"伏流涕对曰:"臣三世为齐臣,食齐禄,不能自死,羞见天地!"周主执其手曰:"为臣当如此。"乃以所食羊肋骨赐伏,曰:"骨亲肉疏,所以相付。"遂引使宿卫,授上仪同大将军③。

纲 夏四月,周主至长安,封高纬为温公。

纲 五月,周主毁其宫室之壮丽者。

〔周武帝焚九尾狐〕

纲 秋八月,周获九尾狐,焚之。

目 郑州获九尾狐④,已死,献其骨。周主曰:"瑞应之来,必彰有德。今无其时,恐非实录。"命焚之。

纲 冬十月,周主杀温公高纬,夷其族。

纲 十二月,周省后宫妃嫔之数。

———————

① 晋州:治今山西临汾市。
② 听事:亦作"厅事",即厅堂,是古代官府办公视事之所。
③ 上仪同大将军:北周府兵制二十四开府下属的统兵将领。
④ 郑州:治今河南许昌市。

右北齐六主,合二十八年。

纲 戊戌(578)①,春三月,周主初服常冠。

目 其制以皂纱全幅,向后襆(fú)发,仍裁为四脚。

纲 夏五月,周主邕伐突厥,有疾而还。六月,殂,太子赟(yūn)立。以郑译为内史中大夫②。

〔周宣帝昏政〕

纲 周主赟杀其叔父齐王宪。

目 周主以齐王宪属尊望重,忌之。乃与于智、郑译等谋,密使智告宪有异谋,召宪入殿,伏壮士执之。宪自辩理,周主使智证之。宪目光如炬,与智相质。既而叹曰:"死生有命,宁复图存? 但老母在堂,恐留兹恨耳!"因掷笏于地,遂缢之。周主召宪僚属,使证成宪罪。参军李纲,以死自誓,终无挠辞,抚棺号恸,躬自瘗(yì)之③,哭拜而去。

纲 闰月,周立后杨氏。秋七月,周以杨坚为上柱国、大司马。

纲 己亥(579)④,春正月,周作《刑经圣制》。

目 周主初立,以高祖《刑书要制》为太重而除之⑤。既而民轻犯法,又自以奢淫,多过失,恶人规谏,欲为威虐摄服群下,乃更为《刑经圣制》,

---

① 陈太建十年,周宣政元年。
② 内史中大夫:相当于中书省长官。
③ 瘗:埋。
④ 陈太建十一年,周大象元年。
⑤ 高祖:指周武帝。

用法益深。

纲二月，周治洛阳宫。

纲周主赟传位于太子阐，自称天元皇帝。

纲周徙石经还洛阳。

纲夏五月，周诸王皆就国。

纲秋七月，陈初用大货六铢钱。

纲冬十月，周主赟复道、佛像。

纲十一月，周铸永通万国钱。

纲庚子(580)，春正月，周税入市者，人一钱。

纲夏五月，周主赟殂，隋公杨坚自为大丞相、假黄钺，居东宫。征诸王还长安。

目天元昏暴滋甚①。后父隋公坚，位隆望重，天元忌之，尝因忿谓后曰："必灭尔家！"天元不豫，坚称受诏居中侍疾，天元遂殂。周主入居天台②，尊杨后为皇太后，以杨坚为大丞相、假黄钺、都督中外诸军事，以正阳宫为丞相府。时众情未壹，坚引司武上士卢贲置左右③，潜令部伍仗卫，因召公卿，谓曰："欲求富贵者宜相随。"至东宫，门者拒不纳，贲叱之，坚乃得入。贲遂典丞相府宿卫。以郑译为长史，刘昉为

———————

① 天元：北周宣帝自号天元皇帝。
② 周主：周静帝宇文阐，周宣帝之子。
③ 司武上士：内廷禁卫官员。

司马,李德林为府属。内史下大夫高颎明敏,有器局①,习兵事,多计略,坚欲引之,遣杨惠谕意。颎欣然许之,曰:"纵令公事不成,颎亦不辞灭族。"乃以为司录。坚革宣帝苛酷之政,更为宽大;删略旧律,作《刑书要制》,奏而行之;躬履节俭,中外悦之。坚夜召太史中大夫庾季才②,问曰:"天时人事何如?"季才曰:"天道精微,难可意测。以人事卜之,符兆定矣。"独孤夫人亦谓坚曰③:"骑虎之势,必不得下,勉之!"

纲 周复佛、道二教。

纲 周相州总管、蜀公尉迟迥举兵相州④,讨丞相坚。坚遣韦孝宽将兵击之。

纲 秋八月,周尉迟迥兵败,自杀。周丞相坚以高颎为司马。

纲 周丞相坚以其世子勇为洛州总管⑤。

纲 冬十一月,周相州总管、郧(yún)公韦孝宽卒。

纲 十二月,周丞相坚自为相国,进爵隋王,加九锡。

陶新华 评注

楼　劲 审定

---

① 内史下大夫:北周天官府属官,相当于中书省副长官。
② 太史中大夫:北周六官制的春官府属官,掌天文占测等事。
③ 独孤夫人:杨坚妻独孤伽罗。
④ 相州:治今河南安阳市。总管:周明帝武成元年改都督为总管,管军事。
⑤ 洛州:治今河南洛阳市。

纲鉴易知录卷四〇

卷首语:本卷起隋文帝开皇元年(581),止炀帝大业三年(607),所记为隋前期二十七年史事。杨坚代周立隋后励精图治,社会经济恢复发展,形成开皇之治。又灭西梁和南朝陈,统一全国,开启了中国历史上第二次大一统时代。炀帝继位后营建东都、修建大运河、设置进士科、经略西域,巩固了隋大一统局面。

陈纪附隋

隋朝世系表

（1）文帝杨坚 ——— （2）炀帝广 —— 杨昭 ——— （3）恭帝侑
（581－604）　　（604－618）　　　　　 （617－618）

高宗宣帝

〔杨坚称帝,隋朝开始〕

纲 辛丑(581)①,春二月,隋王坚称皇帝。

目 周主逊居别宫,隋王即皇帝位。窦毅之女闻周主禅,自投堂下,抚膺太息曰:"恨我不为男子,救舅氏之患②!"毅及襄阳公主掩其口曰:"汝勿妄言,灭吾族!"由是奇之。及长,以适唐公李渊。渊,昞之子也。

纲 隋追尊考为武元帝③。

纲 隋立后独孤氏。

目 后家世贵盛,而能谦恭,雅好读书。言事多与隋主意合,甚宠惮之。宫中称为"二圣"。

纲 隋立世子勇为太子,诸子皆为王。

---

① 陈太建十三年,周大象三年,隋开皇元年。是岁周亡,隋代。
② 舅氏:窦毅之妻襄阳公主是北周宇文泰之女。
③ 考:去世的父亲,指杨忠。

纲隋废周主阐,为介公。改封周太后杨氏为乐平公主①。

纲隋主尽灭宇文氏之族。

目虞庆则劝隋主尽灭宇文氏,李德林固争,以为不可。隋主作色曰:"君书生,不足与议此!"于是周太祖以下子孙皆死,而德林品位遂不进。

纲隋征苏威为太子少保②。

目威,绰之子也,少有令名,周宇文护强以女妻之。威见护专权,恐祸及己,屏居山寺,以讽读为娱。周高祖闻其贤③,除车骑大将军④,辞疾不拜。隋主为丞相,高颎荐之,隋主召见,与语,大悦。居月余,闻将受禅,遁归田里。颎请追之,隋主曰:"此不欲预吾事耳,置之。"及受禅,征拜太子少保,追封绰为邳公,以威袭爵。

纲三月,隋以贺若弼为吴州总管⑤,韩擒虎为庐州总管⑥。

[隋谋划伐陈]

目隋主有并吞江南之志,问将于高颎,颎荐弼与擒虎。故以弼镇广陵,擒虎守庐江⑦,使潜为经略。

---

① 周太后:杨坚女。
② 太子少保:太子三少之一,掌辅导、保护太子。
③ 周高祖:周武帝。
④ 车骑大将军:北周府兵的统兵将领,位次柱国大将军和骠骑大将军。
⑤ 吴州:后改为扬州,治今江苏扬州市。
⑥ 庐州:治今安徽合肥市。
⑦ 庐江:郡名,即庐州。

纲 隋以苏威为纳言①。

目 初,苏绰在西魏,以国用不足,为征税法颇重。既而叹曰:"今所为者,正如张弓,非平世法也。后之君子,谁能弛之?"威闻其言,每以为己任。至是,奏减赋役,务从轻简。隋主从之,谓朝臣曰:"杨素才辩无双,至于斟酌古今,助我宣化,非威之匹也。威若逢乱世,南山四皓②,岂易屈哉!"威尝言于隋主,曰:"臣先人每戒臣云:'唯读《孝经》一卷,足以立身治国,何用多为?'"隋主深然之。

纲 夏五月,隋主坚弑介公阐。

纲 秋七月,隋定服色。

目 隋主始服黄,百僚毕贺。

纲 九月,隋仆射高颎督诸军侵陈。

〔隋以五铢钱为货币〕

纲 隋铸五铢钱。

目 背、面、肉、好③,皆有周郭④,每一千重四斤二两。

---

① 纳言:即侍中,避杨坚父忠名讳而改。
② 南山四皓:汉高祖时东园公、绮里季、夏黄公、甪里先生隐于商山,须发皓白,称为商山四皓。商山在长安南,又名南山。
③ 背、面、肉、好:分别指钱的背面、正面、钱体、钱孔。
④ 周郭:指古钱的圆边及其方孔凸起的轮廓。

纲 隋上柱国郑译有罪①，除名②。

目 译自以被疏，阴呼道士醮章祈福③，婢告以为巫蛊。译又与母别居，为
　　宪司所劾④，除名。隋主下诏曰："译若留之于世，在人为不道之臣；戮
　　之于朝，入地为不孝之鬼。宜赐以《孝经》，令其熟读。"仍遣与母共居。

〔隋定笞、杖、徒、流、死五刑〕

纲 冬十月，隋初行新律。

目 初，周法比于齐律，烦而不要。隋主命裴政等更加修定。始制死刑
　　二，绞、斩；流刑二，自二千里至三千里；徒刑五，自一年至三年；杖刑
　　五，自六十至百；笞刑五，自十至五十。

纲 十二月，隋听民出家，赋钱写书造像⑤。

右北周五主合二十五年。

纲 壬寅(582)，春正月，陈主顼殂，始兴王叔陵作乱⑥，伏诛。太子叔宝立。

后主

纲 癸卯(583)⑦，春三月，隋迁于新都⑧。

────────────

① 上柱国：隋最高级散实官。
② 除名：开除官籍。
③ 醮：设斋祭天；章：向天表告。
④ 宪司：御史别称，纠察官。
⑤ 书：佛书。像：佛像。
⑥ 叔陵：陈顼次子。
⑦ 陈至德元年，隋开皇三年。
⑧ 新都：隋以长安城狭小，改作新都于龙首山南。

纲 隋诏求遗书。

目 秘书监牛弘上表曰："典籍屡经丧乱,率多散逸。周氏聚书,仅盈万卷,平齐所得,裁益五千。兴集之期,属膺圣世,为国之本,莫此为先。"隋主从之。诏献书一卷,赉(lài)缣一匹①。

纲 冬十一月,隋罢郡为州。

纲 甲辰(584)②,春正月朔,日食。

纲 秋九月,隋诏公私文翰并宜实录。

〔隋文风改革,去浮华崇质朴〕

目 隋主不喜辞华,故有是诏。时泗州刺史司马幼之文表华艳③,诏付所司治罪。治书侍御史李谔亦上书,曰："魏之三祖④,崇尚文词,遂成风俗。江左齐、梁,其弊弥甚,竞一韵之奇,争一字之巧。连篇累牍,不出月露之形;积案盈箱,唯是风云之状。世俗以之相高,朝廷以之擢士,以儒素为古拙,以词赋为君子。故其文日繁,其政日乱,良由弃大圣之轨模,构无用以为用也。今朝廷虽有是诏,而州县仍踵弊风。躬仁孝之行者,不加收齿⑤;工轻薄之艺者,举送天朝。请加采察,送台推劾。"诏以其奏颁示四方。

---

① 赉:赐予。缣:双丝织成的细绢。
② 陈至德二年,隋开皇四年。
③ 泗州:治今江苏宿迁市南。
④ 魏之三祖:魏武帝曹操、文帝曹丕、明帝曹睿,庙号分别为太祖、高祖、烈祖。
⑤ 收齿:任用。

〔陈后主奢靡〕

纲 冬十一月,陈起临春、结绮、望仙阁。

目 陈主起三阁,各高数十丈,连延数十间。皆以沉檀为之,金玉珠翠为
饰,珠帘、宝帐、服玩瑰丽,近古未有。其下积石为山,引水为池,杂植
花卉。上自居临春,张贵妃居结绮①,龚、孔二贵嫔居望仙,复道往
来。以宫人袁大舍等为女学士。江总虽为宰辅,不亲政务,日与尚书
孔范、散骑王瑳等文士十余人,侍宴后庭,谓之"狎客"。使诸妃嫔及
女学士与狎客共赋诗,采其尤艳丽者,被以新声。其曲有《玉树后庭
花》《临春乐》等,大略皆美诸妃嫔之容色。君臣酣歌,自夕达旦。

纲 乙巳(585),春正月朔,日食。

〔隋置义仓、貌阅户口和作输籍法〕

纲 夏五月,隋初置义仓②,貌阅户口③,作输籍法④。

目 度支尚书长孙平奏⑤:"令民间每秋家出粟麦一石以下,贫富为差,储
之当社⑥,委社司检校,以备凶年,名曰'义仓'。"隋主从之。
时民间多妄称老、小,以免赋役。隋主命州县大索貌阅,以防容隐。

---

① 张贵妃:张丽华。
② 义仓:用于救荒的公益粮仓。
③ 貌阅户口:将户籍簿上的记载与本人的体貌相核对,以纠正户籍之不实。
④ 输籍法:根据家庭财产状况,确定缴纳赋税的等级。
⑤ 度支尚书:尚书省掌财政之部的主官。
⑥ 社:基层行政单位,一般是二十五家为一社。

高颎又言："民间课输无定簿,难以推校。请为输籍法。"隋主从之。

纲梁主岿殂①,太子琮立。

纲秋八月,隋筑长城。

目东距河,西至绥州②,绵历七百里。

纲丁未(587)③,春正月,隋制诸州岁贡士三人。

纲秋九月,隋灭梁,以其主萧琮为莒公。

纲冬十一月,陈临平湖开。

〔隋灭陈,南北复归统一〕

目隋主问取陈之策于高颎,对曰："江北田收差晚,江南水田早熟。量彼
收获之际,微征士马,声言掩袭,彼必屯兵守御,废其农时。彼既聚
兵,我便解甲。再三如此,彼以为常,后更集兵,彼必不信。犹豫之
顷,我乃济师,登陆而战,兵气益倍。江南土薄,舍多茅竹,储积皆非
地窖,当密遣人因风纵火,待彼修立,复更烧之。不出数年,财力俱尽
矣。"隋主用其策,陈人始困。隋主谓高颎曰："我为民父母,岂可限一
衣带水不拯之乎!"命大作战舰。人请密之,隋主曰:"吾将显行天诛,
何密之有!"使投其柿(fèi)于江④,曰:"若彼惧而能改,吾复何求!"时

---

① 梁:后梁。
② 绥州:后改为上州,治今陕西绥德县。
③ 陈祯明元年,隋开皇七年。是岁后梁亡。
④ 柿:造船削下的木片。

江南妖异特众,临平湖草久塞,忽然自开。陈主恶之,乃自卖于佛寺为奴,以厌之。

纲 戊申(588)①,春三月,隋下诏伐陈。

纲 冬十月,隋以晋王广为淮南行省尚书令②、行军元帅,帅师伐陈。

目 隋命晋王广、秦王俊、清河公杨素,皆为行军元帅。广出六合③,俊出襄阳,素出永安④,庐州总管韩擒虎出庐州,吴州总管贺若弼出广陵,凡总管九十,兵五十一万八千,皆受晋王节度。旌旗舟楫,横亘数千里。以高颎为元帅长史,王韶为司马,军事皆取决焉。

秦王俊督诸军,屯汉口⑤,为上流节度。陈以周罗睺督诸军拒之。杨素帅水军东下,舟舻被江,旌甲曜日。陈之镇戍相继以闻,中书舍人施文庆、沈客卿并抑而不言。及隋军临江,仆射袁宪等奏请防备再三。陈主从容谓侍臣曰:“王气在此。齐兵三来,周师再来,无不摧败。彼何为者邪!”孔范曰:“长江天堑,限隔南北,今日虏军岂能飞渡邪?”陈主以为然,故不为深备,奏伎、纵酒、赋诗不辍。

右陈五主合三十二年。

评南北朝:

公元 386 年北魏建立,逐渐结束十六国时期,统一了中国北方地区;

---

① 陈祯明二年,隋开皇八年。
② 淮南行省:全称淮南行台省,派驻淮南协助晋王理务的尚书省分支机构。淮南,后改寿州,治今安徽寿县。
③ 六合:今江苏南京市六合区。
④ 永安:即白帝城,在今重庆市东。
⑤ 汉口:汉水与涢水合流入长江处,即今湖北武汉市汉阳城。

魏末又分裂为东魏、西魏和北齐、北周;至北周灭齐再次统一北方,581年为隋取代,史称北朝。在南方,公元420年宋朝取代东晋,后有齐、梁、陈朝接踵相代,皆都于建康,依托江淮荆楚以南地区与北方诸朝相峙,至589年陈被隋灭、南北归一前,史称南朝。南朝和北朝之名背后,是彼此关系中夷夏对立成分的不断消褪,是南北经济文化发展、相互交流和民族交融逐渐整合的结果。

南北朝承接了秦汉魏晋时期的一些积弊,围绕土地、民族、门阀等问题发生的阶级对立和政治冲突,以及区域隔阂和发展不平衡,直接导致了长期战乱动荡和豪族拥众自保局面,构成了群雄割据、南北分裂的社会基础。但南北朝也在血火中逐渐消解着这些问题,江南的开发和北朝的均田显著促进了土地与劳动力结合,南北各地民族关系进入新阶段。北朝的一系列改革尤为引人注目,强调族际血统、地域之别转向了重视政教文化,北魏孝文帝以来的各族大融合更使中华民族活力倍增。寒门才俊的崛起与专制皇权的强化冲击了门阀政治,三省为代表的行政体制以及礼、法体系不断完善。这些趋势连同中外文化交流的空前活跃,思想、学术的长足进步,佛教中国化和道教转型进程的推进,体现了南北经济社会的恢复发展,北强南弱之势逐渐形成,奠定了隋唐王朝的历史基础。

隋　纪

高祖文皇帝

纲 己酉,隋高祖文皇帝开皇九年(589),春正月,总管贺若弼、韩擒虎进军灭陈,获其主叔宝。

目正月,朔,陈主会朝,大雾四塞。是日,贺若弼自广陵引兵济江,韩擒虎自横江济采石①,守者皆醉,遂克之。陈主以萧摩诃、樊毅、鲁广达并为都督,司马消难、施文庆并为大监军,遣樊猛帅舟师出白下②。既而贺若弼拔京口,韩擒虎拔姑孰。于是弼自北道,擒虎自南道并进,缘江诸戍,望风尽走。弼进据钟山。晋王广遣总管杜彦与韩擒虎合军,屯于新林③。陈人大骇,降者相继。陈主使鲁广达陈于白土冈④,任忠、樊毅、孔范、萧摩诃军以次而北,亘二十里,首尾进退不相知。韩擒虎自新林进军,任忠帅数骑迎降于石子冈⑤,引擒虎军直入朱雀门。陈主皇遽,从宫人十余出景阳殿⑥,自投于井⑦。既而军人窥井,以绳引之,惊其太重,及出,乃与张贵妃、孔贵嫔同束而上。贺若弼乘胜至乐游苑⑧,烧门而入。弼耻功在擒虎后,欲令叔宝作降笺归己,不果。

纲晋王广入建康,诛陈都督施文庆等五人。

目高颎先入建康,晋王广使人驰告之,令留张丽华。颎曰:"昔太公蒙面以斩妲己,此岂可留也?"斩之。广闻之变色,曰:"昔人云'无德不

---

① 横江:浦名,在今安徽和县东南,与马鞍山市采石矶相对。
② 白下:城名,在今江苏南京市西北。
③ 新村:浦名,在今江苏南京市西南,东晋南朝皆为屯军要地。
④ 白土冈:即钟山南麓,在今南京市内。
⑤ 石子冈:即今南京市内雨花台。
⑥ 景阳殿:在今江苏南京市内古台城内。
⑦ 井:即景阳井,一名胭脂井。
⑧ 乐游苑:在今江苏南京市北九华山南。

报'，我必有以报高公矣！"由是恨颎。寻入建康，以施文庆谄佞，沈客卿聚敛，与阳慧朗、徐哲、暨慧景皆为民害，斩之以谢三吴①。

纲 以许善心为散骑常侍。

目 帝使以陈亡告许善心，善心衰服号哭于西阶之下，藉草东向，坐三日，敕书唁焉。明日，就馆，拜散骑常侍。上曰："我平陈，唯获此人。既能怀其旧君，即我之诚臣也。"

纲 二月，置乡正、里长。

目 苏威奏请五百家置乡正，使治民，间辞讼。上从之，乃以百家为里，置里长一人。

纲 夏四月，晋王广班师，俘陈叔宝至京师，献于太庙。论功行赏有差。

目 进杨素爵为越公，贺若弼宋公。弼与韩擒虎争功于帝前。弼曰："臣在蒋山死战②，破其锐卒，擒其骁将，震扬威武，遂平陈国。"擒虎曰："臣以轻骑五百，直取金陵，执陈叔宝。弼夕方至，臣启关纳之，安得与臣比！"帝曰："二将俱为上勋。"于是进擒虎上柱国，高颎爵齐公，从容命颎与弼论平陈事。颎曰："弼先献十策，后苦战破贼。臣文吏耳，焉敢与之论功！"帝大笑，嘉其有让。初，上尝使颎问方略于李德林，至是，赏其功，授柱国，封郡公。已宣敕，或说颎曰："今归功德林，诸将必当愤惋，而公亦为虚行矣。"颎入言之，乃止。贺若弼撰其所画策上之，谓之《御授平陈七策》。帝弗省，曰："我不求名，公可自载家

---

① 三吴：多指吴郡、吴兴、会稽。此泛指江东。
② 蒋山：即钟山。

传①。"后突厥来朝,帝谓之曰:"汝闻江南有陈国乎?"因召左右引突厥诣韩擒虎前,曰:"此是执得陈国天子者。"擒虎厉色顾之,突厥惶恐,不敢仰视。庞晃等短高颎,帝怒,皆黜之,亲礼逾密。因谓颎曰:"公犹镜也,每被磨莹,皎然益明。"

评隋统一天下:

隋之所以灭陈,与两方面的历史进程密不可分。一是北强南弱局势的发展。宋文帝北伐失败,明帝时淮北和豫西之地归于北魏,南北以淮河为界。梁末侯景之乱使淮河以南和长江中游的荆楚之地分别归于北齐和北周。陈宣帝一度从北齐手里收复淮南,但最终败于北周,南北分界线退至长江一线。失去淮南缓冲地带的陈朝,很难守住江南半壁。二是民族融合的推进。北方五胡时期至北魏建立,经孝文帝汉化改革,魏末六镇、关陇等地各族起义,直至北周灭齐,在战乱中不断展开的民族融合逐渐改变了南北对峙的性质,南北文化趋同之势强劲。隋文帝承此之势灭陈,战略得当而将尽其才,遂使数百年分裂之南北重新归一。

纲 复故陈境十年②,余州一年。

纲 以陈江总、袁宪等为开府仪同三司③。

目 以江总、袁宪、萧摩诃、任忠为开府仪同三司。帝嘉袁宪雅操,下诏以为
 江表称首。初,陈散骑常侍韦鼎聘于周,遇帝而异之。谓曰:"公当大

---

① 家传:记述父祖事迹的传示子孙的传记。
② 复:免除赋役。
③ 开府仪同三司:位次三公的荣衔。

贵,贵则天下一家。岁一周天①,老夫当委质于公矣。"及归,尽卖田宅。或问其故,鼎曰:"江东王气,尽于此矣!"至是,召为上仪同三司②。

纲诏除毁兵仗。

纲秋七月,群臣请封禅,不许。

纲冬十二月,诏定雅乐。

纲以辛公义为岷州刺史③。

目岷俗畏疫,一人病,阖家避之,病者多死。公义命皆舆置厅事④。暑月,厅廊皆满,公义设榻,昼夜处其间,以秩禄具医药,身自省问。病者既愈,乃召其亲戚,谕之曰:"死生有命,岂能相染?若能相染,吾死久矣!"皆惭谢而去。其后人有病者,争就使君⑤,其家亲戚固留养之。始相慈爱,风俗遂变。

后迁并州刺史,下车,先至狱中露坐验问⑥。十余日间,决遣咸尽。还领新讼事,皆立决。有须禁者,公义即宿厅事,终不还阁。或谏曰:"公事有程,何自苦?"公义曰:"刺史无德,不能使民无讼,岂可禁人在狱,而安寝于家乎!"罪人闻之,咸自叹服。后有讼者,乡闾父老遽晓之曰:"此小事,何忍勤劳使君!"讼者多两让而止。

---

① 岁:岁星,即木星,十二年一周天。
② 上仪同三司:从四品勋官。
③ 岷州:治今甘肃岷县。
④ 舆置厅事:运来安置在官署厅堂。
⑤ 使君:对刺史的尊称。
⑥ 露坐:不设帏帐而坐。

纲 庚戌，十年（590），春二月，杀楚州参军李君才于殿内①。

目 帝性猜忌，不悦学。既任智以获大位，因以文法自矜，明察临下，恒令左右觇视内外，有过失则加以重罪。又患令史赃污②，私使人以钱帛遗之，得犯立斩。每于殿廷捶人，挥楚不甚③，即命斩之。李君才言："帝宠高颎过甚。"帝怒，命杖之，而殿内无杖，遂以马鞭捶杀之。未几，怒甚，又于殿廷杀人。兵部侍郎冯基固谏，不从。寻悔，宣慰基，而怒群臣之不谏者。

〔隋平江南之乱〕

纲 冬十一月，江南乱，以杨素为行军总管④，讨平之。

目 江表自东晋以来，刑法疏缓，世族陵驾寒门。平陈之后，尽反其政。苏威复作五教⑤，使民诵之。士民嗟怨，民间复讹言隋欲徙之入关，远近惊骇。于是越州高智慧、苏州沈玄憎皆举兵反，自称天子，攻陷州县。陈之故境，大抵皆反，执县令杀之，曰："更能使侬诵五教邪！"诏遣杨素讨之。素帅舟师自扬子津入击贼⑥。玄憎败走，追擒之。智慧据浙江东岸为营。子总管来护儿曰⑦："吴人轻锐，利在舟楫，必死之贼，难与争锋。公宜严阵以待之，勿与接刃。请假奇兵数千，潜

---

① 楚州：治今江苏淮安市。
② 令史：各级官署中办理案牍细务之吏。
③ 挥楚不甚：用棍棒打人不尽力。
④ 行军总管：出征军队的统帅。
⑤ 五教：五伦之教，指父义、母慈、兄友、弟悌、子孝。
⑥ 扬子津：在今江苏扬州市邗江区南扬子桥附近，瓜洲对岸，江滨津要。
⑦ 子总管：杨素麾下小总管。

渡掩破其壁①,使退无所归,进不得战,此韩信破赵之策也。"素从之。大破智慧。智慧走保闽越,素分兵追捕。密令人说贼帅王国庆,使斩送智慧以自赎。余党悉降,江南大定。

纲 辛亥,十一年(591),春二月,以刘旷为莒州刺史②。

目 平乡令刘旷有异政③,以义理晓谕讼者,皆引咎而去。狱中草满,庭可张罗。高颎荐之,故有是命。

纲 壬子,十二年(592),秋七月,苏威以开府就第,尚书卢恺除名。

目 博士何妥与苏威争议事,积不相能④。威子夔与妥议乐,复不同,议者以威故,同夔者什八九。妥恚,遂奏威与卢恺、薛道衡、王弘、李同和等共为朋党。帝大怒,威免官爵,以开府就第,卢恺除名。

威好立条章,每岁责民间五品不逊⑤,答者或云:"管内无五品之家。"其不相应领⑥,类如此。又为余粮簿,欲使有无相赡。民部侍郎郎茂以为烦迂不急,皆奏罢之。

茂,尝为卫国令⑦,有民张元预兄弟不睦,丞尉请加严刑。茂曰:"元预兄弟,本相憎疾,又坐得罪,弥益其忿。非化民之意也。"乃徐谕之以义,元预等各感悔,顿首请罪,遂相亲睦。

---

① 壁:军垒。
② 莒州:治今山东莒县。
③ 平乡:县名,在今河北巨鹿县南。
④ 不相能:关系不好。
⑤ 五品:即"五教"之五伦:父义、母慈、兄友、弟悌、子孝。
⑥ 不相应领:不答所问。
⑦ 卫国:县名,后改名观城县,在今山东范县西。

纲 冬十月，新义公韩擒虎卒。

〔贺若弼因居功自重而罢，杨素高颎掌朝政〕

纲 十二月，以杨素为仆射，与高颎专掌朝政。领军大将军贺若弼除名。

目 贺若弼自谓功名出朝臣之右，当为宰相。及杨素为仆射，不平形于言色，由是免官，怨望愈甚。久之，上下弼狱，公卿奏弼罪当死。上谓弼曰："臣下守法不移，公可自求活理。"弼曰："臣将八千兵擒陈叔宝，窃以此望活。"上曰："此已格外重赏。"弼曰："臣今还格外望活。"上低徊者数日，特令除名。岁余，复其爵位。

纲 癸丑，十三年（593），春二月，作仁寿宫①。

纲 甲寅，十四年（594），夏四月，行新乐。

目 太常卿牛弘使协律郎祖孝孙参定雅乐，复附帝意，销毁前代金石，以息异议。又作武舞，以象功德。至是，乐成，诏行之。乐工万宝常闻新乐，泫然泣曰："淫厉而哀，天下不久尽矣！"宝常竟饿死。且死，悉取其书烧之，曰："用此何谓！"

纲 秋七月，以苏威为纳言。

纲 关中旱，饥。八月，帝如洛阳。

目 上遣左右视民食，得豆屑杂糠以献。上流涕以示群臣，深自咎责，为之不御酒肉者期年②。至是，帅民就食于洛阳，敕斥候不得驱迫。男

――――――――――

① 仁寿宫：在今陕西凤翔县东北。
② 期年：一年。

女参厕于仗卫之间①，遇扶老携幼者，辄引马避之，至艰险处，见负担者，令左右扶助。

纲 冬十月，散骑侍郎王劭上《皇隋灵感志》。

目 帝好機(jī)祥小数②，劭前后上表，言上受命符瑞甚众，又探歌谣谶纬③，捃摭佛书④，曲加诬饰，撰《皇隋灵感志》三十卷。奏之，上令宣示天下。

纲 乙卯，十五年(595)，春正月，帝东巡，祀天于泰山。

目 以岁旱谢愆咎也。

纲 二月，收天下兵器。

纲 三月，还宫。

〔隋修仁寿宫，役夫死者众，文帝归咎于杨素〕

纲 仁寿宫成，以封德彝为内史舍人⑤。

目 仁寿宫成，幸之。时天暑，役夫死者相次于道，杨素悉焚除之，帝不悦。及至，见制度壮丽，大怒曰："杨素为吾结怨天下。"素闻之，虑获谴。封德彝曰："公勿忧，俟皇后至，必有恩诏。"明日，帝果召素入对，后劳之曰："公知吾夫妇老，无以自娱，盛饰此宫，岂非忠孝！"赐赉甚

① 厕：夹杂。

② 機祥小数：预测吉凶之术。

③ 谶：预示吉凶、预言未来的隐语。纬：附会和解释儒家经义的书籍。

④ 捃摭：拾取。

⑤ 内史舍人：即中书舍人，掌制诰起草等事。隋避杨坚父忠名讳，改中书省为内史省，相关官名随之而改。

厚。素屡荐德彝于帝,擢为内史舍人。

纲　夏六月,焚相州所贡绫文布于朝堂。

纲　秋七月,纳言苏威免,寻复其位。

目　威坐从祠不敬,免,俄而复位。帝谓群臣曰:"世人言苏威诈清,家累
　　金玉,此妄言也。然其性狠戾,不切世要,求名太甚,从己则悦,违之
　　必怒。此其大病耳。"

纲　冬十月,以韦世康为荆州总管。

目　世康和静谦恕,为吏部尚书十余年,时称廉平。常有止足之志,谓子
　　弟曰:"禄岂须多?防满则退。年不待暮,有疾便辞。"因恳乞骸骨。
　　不许,使镇荆州。

纲　十二月,敕:"盗边粮升以上,皆斩。"

纲　丙辰,十六年(596),夏六月,初制工商不得仕进。

纲　秋八月,诏:"死罪三奏,然后行刑。"

纲　丁巳,十七年(597),春三月,诏诸司论属官罪,听律外决杖。

目　帝以所在属官不敬惮其上,事难克举,故有是诏。于是上下相驱,迭
　　行捶楚。
　　又以盗贼繁多,命盗一钱以上皆弃市,或三人共盗一瓜,事发即死。
　　于是行旅皆晏起早宿,天下懔懔。有数人劫执事而谓之曰:"吾岂求
　　财者邪! 但为枉人来耳。而为我奏至尊①:自古立法,未有盗一钱而死

────────────

① 而:你。至尊:皇帝。

也。而不以闻,吾更来,而属无类矣①!"帝闻,乃为停之。

又尝乘怒,欲以六月杖杀人。大理少卿赵绰固争,帝曰:"六月虽曰生长,此时必有雷霆。我则天而行,有何不可!"遂杀之。掌固来旷告绰滥免徒囚②,推验无实,帝怒,命斩之。绰又固争,帝拂衣入阁。绰托奏他事复入,再拜曰:"臣有死罪三,不能制驭掌固,使触天刑,一也。囚不合死,不能死争,二也。本无他事,妄言求入,三也。"帝意解,旷因免死。

纲 冬,钦州刺史宁长真来朝③。

目 初,散骑侍郎何稠使岭南,及还,钦州刺史宁猛力请随入朝。稠以其疾笃,遣还而卒。帝不怿。稠曰:"猛力与臣约,假令身死,当遣子入侍矣。"猛力临终,果诫其子长真葬毕登路。至是,长真嗣为刺史,如言入朝。帝大悦曰:"何稠著信蛮夷,乃至于此。"

纲 戊午,十八年(598),冬十二月,置行宫十二所。

目 自京师至仁寿宫之道也。

纲 己未,十九年(599),秋九月,以牛弘为吏部尚书④。

目 弘选举先德行而后文才,务在审慎,虽致停缓,而所进用多称职。侍郎高孝基鉴赏机悟,清慎绝伦,然爽俊有余,迹似轻薄,时宰多以此疑之。弘独推心任委,得人为多。

---

① 无类:无遗类,无幸存者。
② 掌固:各机构掌琐务之吏。
③ 钦州:治今广西钦州市。
④ 吏部尚书:尚书省吏部主官,掌官员选用考课等政。

纲 庚申,二十年(600),春二月,贺若弼坐事下狱,赦出之。

目 弼复坐事下狱,帝数之曰:"公有三太猛:嫉妒心太猛,自是、非人心太猛,无上心太猛。"既而释之。他日帝谓侍臣曰:"弼将伐陈,谓高颎曰:'不作高鸟尽、良弓藏邪?'后又语颎曰:'皇太子于己,无所不尽。公终久何必不得弼力,何脉脉邪?'意图镇广陵,又图荆州,皆作乱之地也。"

〔太子杨勇被废〕

纲 冬十月,废太子勇为庶人。

目 初,帝使太子勇参决政事,时有损益,帝皆纳之。勇性宽厚,率意任情,无矫饰之行。帝性节俭,勇尝饰蜀铠,帝见而不悦。后遇冬至,百官皆诣勇,勇张乐受贺。帝不悦,下诏停之。自是恩宠始衰,渐生猜阻。

　　勇多内宠,昭训云氏尤幸。其妃元氏无宠,遇疾而薨。独孤后意其有他,深以责勇。然昭训自是遂专内政,生俨、裕、筼,诸姬子又数人。后弥不平,遣人伺求勇过。晋王广知之,弥自矫饰,后庭有子皆不育,后由是数称广贤。帝与后尝幸其第,广悉屏匿美姬于别室,惟留老丑者,衣以缦彩①,给事左右。帝见之喜,由是爱之特异诸子。

　　司马张衡为广画夺宗之策。广问计于安州总管宇文述②,述曰:"废立大事,未易谋也。能移主上意者,惟杨素耳。"乃结素弟约,以白素。

———————

① 缦彩:无文饰的丝织品。

② 安州:治今湖北安陆市。

素入侍宴,微称"晋王孝悌恭俭,有类至尊"。后曰:"公言是也!"素因盛言太子不才。后遂遗素金,使赞帝废勇立广。

勇颇知之,忧惧,计无所出,使人造诸厌胜。帝又使素观勇所为。素至东宫,还言:"勇怨望,恐有他变。"帝益疑之。十月,使人召勇。帝戎服陈兵,御武德殿,集百官诸亲,引勇及诸子列于殿庭。宣诏:"废勇及其男女并为庶人。"帝召东宫官属切责之,皆惶惧无敢对者。洗马李纲独曰①:"废立大事,今文武大臣皆知其不可,而莫敢发言。臣何敢畏死,不一为陛下别白言之乎?太子性本中人,可与为善,可与为恶。向使陛下择正人辅之,足以嗣守鸿基。今乃以唐令则为左庶子,邹文腾为家令,二人唯知以弦歌鹰犬娱悦太子,安得不至于是邪?此乃陛下之过,非太子之罪也。"又曰:"自古国家废立冢嫡,鲜不倾危。愿陛下深留圣意,无贻后悔。"帝不悦,罢朝。会尚书右丞缺,有司请人,帝指纲曰:"此佳右丞也。"即用之。

〔杨广为太子〕

纲 十一月,立晋王广为皇太子。是日,天下地震。

目 初,帝之克陈也,天下皆以为将太平。监察御史房彦谦私谓所亲曰:"主上忌刻而苛酷,太子卑弱,诸王擅权,天下虽安,方忧危乱。"其子玄龄亦密言于彦谦曰:"主上本无功德,以诈取天下,诸子皆骄奢不仁,必自相诛夷。今虽承平,其亡可翘足待②。"高孝基名知人,见玄龄,叹曰:"仆阅人多矣,未见如此郎者。异日必为伟器,恨不见其大

---

① 洗马:东宫侍臣。
② 翘足:跐起脚。

成耳。"见杜杲之兄孙如晦,谓曰:"君有应变之才,必任栋梁之重。"
俱以子孙托之。

纲禁毁佛、天尊及神像。

纲以王伽为雍令①。

目齐州行参军王伽送流囚李参等七十余人诣京师②。行至荥阳③,谓
曰:"卿辈自犯国刑,身婴缧绁④,固其职也。重劳援卒,岂不愧心?"
参等辞谢。伽乃悉脱其枷锁,停援卒,与约曰:"某日当至京师,如致
前却⑤,吾当为汝受死。"遂舍之而去。流人感悦,如期而至,一无离
叛。帝闻而惊异,召见与语,称善久之。于是悉召流人,宴而赦之。
因下诏曰:"使官尽王伽,民皆李参,刑厝(cuò)其何远哉⑥!"乃擢伽为
雍令。

纲辛酉,仁寿元年(601),春正月,改元。

目初,太史令袁充表曰:"京房有言:'太平,日行上道;升平,行次道;霸
代,行下道。'盖日去极近则景短而日长⑦,去极远则景长而日短。今
自隋兴,昼日渐长。开皇元年,冬至之景长一丈二尺七寸二分,自尔
渐短,至十七年,短于旧三寸七分矣。"上临朝,谓百官曰:"日长之庆,

_____

① 雍:县名,在今陕西宝鸡市凤翔区南。
② 行参军:州府佐僚之一。齐州:治今山东济南市。
③ 荥阳:县名,即今河南荥阳市。
④ 婴:系。缧绁:拘囚罪人之绳索。
⑤ 前却:提前或延后。
⑥ 厝:通"措"。刑厝,谓刑罚搁置不用。
⑦ 景:日光。

天之祐也。今当改元,宜取此意以为号。"仍命百工作役,并加程课,
丁匠苦之。

纲 以苏威为仆射。

纲 夏六月,废太学及州县学,改国子为太学。

纲 壬戌,二年(602),秋七月,以韦云起为通事舍人①。

目 兵部尚书柳述尚兰陵公主②,怙宠使气,自杨素之属皆下之。帝问符
玺直长韦云起以外间不便事,述时在侧,云起曰:"柳述骄豪,未尝经
事,兵机要重,非其所堪。臣恐物议以为陛下官不择贤,专私所爱,斯
亦不便之大者。"帝顾谓述曰:"云起之言,汝药石也,可师友之。"会
诏内外官各举所知,述举云起,除通事舍人。

纲 八月,皇后独孤氏崩。冬十月,葬献皇后③。

〔杨素权盛〕

纲 十二月,诏杨素三五日一入省,论大事。

目 素兄弟诸父并为尚书、列卿,诸子位至柱国、刺史,既废太子及蜀王,
威权愈盛,朝廷莫不畏附。敢与抗者,独治书侍御史柳彧及尚书右丞
李纲、大理卿梁毗而已。毗见素专权,恐为国患,乃上封事④,曰:"杨
素幸遇愈重,权势日隆。天下无事,容息异图,四海有虞,必为祸始。

---

① 通事舍人:中书省属官,掌诏命和章奏传通。
② 兰陵公主:隋文帝女。
③ 献皇后:独孤皇后谥献。
④ 封事:用皁囊封缄的奏折。

陛下若以素为阿衡①,臣恐其心未必伊尹也。"书奏,帝大怒,收毗系狱,亲诘之。毗极言:"素擅宠弄权,杀戮无道。又太子及蜀王罪废之日,百僚无不震悚,惟素扬眉奋肘,喜见容色。利国家有事,以为身幸。"帝乃释之。其后帝亦寖疏忌素,乃下诏曰:"仆射,国之宰辅,不可躬亲细务。三五日一向省,评论大事。"外示优崇,实夺之权也。

太子尝问于贺若弼曰:"杨素、韩擒虎、史万岁,皆称良将,其优劣何如?"弼曰:"杨素猛将,非谋将;韩擒虎斗将,非领将;史万岁骑将,非大将。"太子曰:"然则大将谁也?"弼拜曰:"惟殿下所择。"弼意自许也。

〔文中子王通〕

纲　癸亥,三年(603),秋九月,龙门王通献策②,不报。

目　通诣阙,献太平十二策。帝不能用,罢归。通遂教授于河、汾之间③,弟子自远至者甚众,累征不起。杨素甚重之,劝之仕。通曰:"通有先人之敝庐足以庇风雨,薄田足以供饘(zhān)粥④,读书谈道足以自乐。愿明公正身以治天下,使时和年丰,通也受赐多矣,不愿仕也。"或谮通于素,曰:"彼实慢公,公何敬焉?"素以问通,通曰:"使公可慢,则仆得矣;不可慢,则仆失矣。得失在仆,公何预焉!"素待之如初。弟子贾琼问息谤,通曰:"无辨。"问止怨,曰:"不争。"通尝称:"无赦之

---

① 阿衡:宰相。
② 龙门:县名,在今山西河津市。
③ 河、汾之间:约在今山西河津市、万荣县一带。
④ 饘粥:稠粥。

国,其刑必平。重敛之国,其财必削。"又曰:"闻谤而怒者,谗之囮(é)
也①;见誉而喜者,佞之媒也。绝囮去媒,谗佞远矣。"大业末,卒于
家,门人谥曰文中子。

纲 甲子,四年(604),春正月,帝如仁寿宫。

纲 秋七月,太子广弑帝于大宝殿而自立。遂杀故太子勇,流尚书柳述、
侍郎元岩于岭南。

目 四月,帝不豫。七月,疾甚,卧与百僚辞诀,握手歔欷(xū xī)②。越四
日,崩于大宝殿。

高祖性严重,令行禁止。勤于政事,虽啬于财,至于赏赐有功,即无所
爱③。爱养百姓,劝课农桑,轻徭薄赋。自奉俭素,后宫皆衣浣濯之
衣,天下化之。然猜忌苛察,信受谗言,功臣故旧,无始终保全者,乃
至子弟,皆如仇敌。

初,文献皇后既崩,帝以陈高宗女为宣华夫人,有宠。及寝疾,仆射杨
素、兵部尚书柳述、黄门侍郎元岩皆入阁侍疾,诏太子入居殿中。太
子虑帝有不讳,须预防拟,手自为书,封出问素。素条录事状以报。
宫人误送帝所,帝览而大恚。陈夫人且出更衣,为太子所逼,拒之得
免。上怪其神色有异,问故,夫人泫然曰:"太子无礼!"上恚,抵床曰:
"畜生! 何足付大事! 独孤误我!"乃呼柳述、元岩曰:"召我儿!"述
等将呼太子,上曰:"勇也。"述、岩出阁为敕书。素闻,以白太子,矫诏

---

① 囮:鸟媒,用于诱新鸟的活鸟。

② 歔欷:悲泣气咽而抽息。

③ 爱:吝惜。

执述、岩系狱。令右庶子张衡入殿侍疾，尽遣后宫出就别室。俄而上崩，故中外颇有异论。陈夫人闻变，战栗失色。晡后①，太子封小金合②，遣使者赐夫人。夫人以为鸩毒，惧甚，发之，乃同心结也。夫人恚而却坐，不肯致谢，诸宫人共逼之，乃拜使者。其夜，太子烝焉③。明日，发丧，即位。会杨约来朝，太子遣约入长安，矫称高祖之诏，赐故太子勇死，缢杀之。追封为房陵王，不为置嗣。除述、岩名，徙之岭南。

纲冬十月，葬泰陵④。

纲十一月，帝如洛阳。

目章仇太翼言于帝曰⑤："陛下酉命，雍州为破木之冲⑥，不可久居。"又谶云："修治洛阳还晋家。"帝以为然，遂幸洛阳，留晋王昭守长安。

纲陈叔宝卒。

〔隋以洛阳为东京〕

纲以洛阳为东京。

　　炀帝

纲乙丑，炀帝大业元年（605），春正月，立皇后萧氏。立晋王昭为皇

---

① 晡：申时，下午三时至五时。
② 合：即"盒"。
③ 烝：晚辈强奸或通奸长辈。
④ 泰陵：在今陕西兴平市西。
⑤ 章仇：复姓。
⑥ 雍州：谓长安。

太子。

纲 二月,以杨素为尚书令。

〔炀帝营东京,修大运河〕

纲 三月,命杨素营东京宫室。

目 诏杨素营东京,役丁二百万人。敕将作大匠宇文恺与内史舍人封德
　彝等营显仁宫①。发江、岭之间奇材异石,输之洛阳,又求海内嘉木、
　异草、珍禽、奇兽,以实苑囿。

纲 开通济渠②,引汴水,开邗(hán)沟③,置离宫,造龙舟。

目 命尚书右丞皇甫议发丁百万,开通济渠。引汴入泗,以达于淮。又发
　民十万,开邗沟,入江。沟广四十步,傍筑御道,树以柳。自长安至江
　都④,置离宫四十余所。遣黄门侍郎王弘等,往江南造龙舟及杂船数
　万艘。官吏督役严急,役丁死者什四五。

纲 夏五月,筑西苑⑤。

目 苑周二百里,其内为海,周十余里。为方丈、蓬莱、瀛洲诸山,高百余
　尺,台观宫殿,罗络山上。海北有渠,萦纡注海内。缘渠作十六院,门
　皆临渠,每院以四品夫人主之,穷极华丽。宫树凋落,则剪彩为花叶

① 显仁宫:在今河南洛阳市阜涧。
② 通济渠:即汴河故道修凿而成。
③ 邗沟:春秋时吴王夫差于邗江筑城,通沟以达江、淮,因名邗沟。隋运河西干渠自扬
　州西北达于淮阴,即古邗沟水疏通而成。
④ 江都:今江苏扬州市。
⑤ 西苑:在今河南洛阳市。

缀之。沼内亦剪彩为荷、芰(jì)、菱、芡(qiàn)①,色渝则易以新者②。十六院竞以殽羞精丽相高,求市恩宠。上好以月夜从宫女数千骑游西苑,作《清夜游》曲,于马上奏之。

纲 秋八月,帝如江都。

目 上幸江都,御龙舟。用挽士八万余人,舳舻(zhú lú)相接二百余里③,骑兵翊两岸而行。所过州县,五百里内,皆令献食,多者一州至百轝(yú)④,极水陆珍奇。后宫厌饫(yù)⑤,将发之际,多弃埋之。

纲 丙寅,二年(606),春二月,新作舆服仪卫。

目 课州县送羽毛,民求捕之,殆无遗类。乌程有高树⑥,逾百尺,上有鹤巢,民欲取之,不可,乃伐其根;鹤恐杀其子,自拔氅(chǎng)毛投于地⑦,时人或称以为瑞。

纲 夏四月,还东京。

纲 六月,以杨素为司徒。

纲 秋七月,太子昭卒。

---

① 芰:四角菱。芡:即芡实,其实称鸡头米。亦为水生植物。
② 渝:变。
③ 舳舻:前后首尾相接的船。
④ 轝:同"舆",车。
⑤ 饫:饱食。
⑥ 乌程:今浙江湖州市。
⑦ 氅:羽毛。

〔炀帝始建进士科〕

纲 始建进士科①。

纲 杨素卒。

目 越公素为帝所猜忌。太史言隋分野有大丧,乃徙素为楚公,意楚与隋同分②,欲以厌之。素寝疾,不肯饵药,曰:"我岂须更活邪!"

纲 八月,封孙倓(tán)为燕王,侗为越王,侑(yòu)为代王。

〔置洛口、回洛仓〕

纲 冬十月,置洛口、回洛仓③。

目 置洛口仓于巩东南原上,城周二十余里,穿三千窖。置回洛仓于洛阳北七里,城周十里,穿三百窖。窖皆容八千石。

纲 征天下散乐。

纲 丁卯,三年(607),春正月,突厥启民可汗来朝④。

纲 夏四月,诏颁新律。

纲 改州为郡。

---

① 后世进士之科始此。

② 意楚与隋同分:楚谓古楚国。隋即随州,故属楚,与楚皆同为翼、轸二星之分野。

③ 洛口仓:在今河南巩义市东北,旧洛水入河处。回洛仓:在今河南孟津市东。

④ 启民可汗:开皇十九年,隋文帝以突厥突利可汗为启民可汗,妻以义成公主,处之朔州。

纲 六月,帝北巡,次榆林郡①。启民可汗及义成公主来朝。吐谷浑、高昌皆入贡②。

纲 秋七月,筑长城。

目 诏发丁男百余万筑长城,西距榆林,东至紫河③。苏威谏,不听。

〔炀帝杀高颎、贺若弼〕

纲 杀太常卿高颎、尚书宇文㢸(bì)、光禄大夫贺若弼④。

目 帝之征散乐也,太常卿高颎谏,不听,退谓丞李懿曰:"周天元以好乐而亡,殷鉴不远,安可复尔!"又以帝遇启民过厚,谓何稠曰:"此虏颇知中国虚实,山川险易,恐为后患。"宇文㢸私谓颎曰:"天元之侈,以今方之,不亦甚乎?"贺若弼亦私议宴可汗太侈。并为人所奏。帝以为诽谤朝政,皆杀之。颎有文武大略,明达世务,以天下为己任,苏威、杨素、贺若弼、韩擒虎皆颎所荐。及死,天下莫不伤之。

纲 八月,帝至金河⑤,幸启民可汗帐。

目 车驾发榆林,甲士五十余万,旌旗辎重千里不绝。帝幸启民庐帐,启民奉觞上寿,帝大悦。

纲 还至太原,营晋阳宫。

---

① 榆林郡:治今陕西榆林市。
② 吐谷浑:在今青海东北部一带。高昌:在今新疆吐鲁番一带。
③ 紫河:即乌拉木伦河,在今内蒙古和林格尔县南。
④ 光禄大夫:散官,从一品。
⑤ 金河:即紫河下游,在今内蒙古托克托县东。

纲 宴御史大夫张衡宅①。

目 至济源,幸衡宅。留宴三日。

纲 遂还东都②。

[裴矩经略西域]

纲 冬,以裴矩为黄门侍郎,经略西域。

目 西域诸胡,多至张掖交市,帝使吏部侍郎裴矩掌之。矩知帝好远略,访诸商胡,以其国山川、风俗,撰《西域图记》三卷。入朝奏之,且云:"今羌、胡之国,并因商人密送诚款,引领翘首,愿为臣妾。若服而抚之,务存安辑,混一戎、夏,其在兹乎!"帝大悦。矩因盛言"胡中多诸珍宝",帝于是慨然将通西域。以矩为黄门侍郎,复使至张掖,引致诸胡,啖之以利,劝令入朝。自是,西域诸胡往来相继,所经郡县,糜费以万万计,卒令中国疲弊,以至于亡,矩唱之也③。

陶新华 评注

楼　劲 审定

————————

① 御史大夫:御史台长官。

② 东都:即洛阳。

③ 唱:首倡。